1만 년이 지나도 변하지 않는

부의 진실

1만 년이 지나도 변하지 않는

부의 진실

TODAY WE ARE RICH

마음부자들의
7가지 성공 원칙

절대 사라지지 않을 '부와 성공'의 비밀
진정한 부자가 되는 법을 알려주는
아주 특별한 이야기

팀 샌더스 지음 │ 권혜아 옮김

비전코리아

Contents

TODAY
WE
ARE
RICH

| 프롤로그 |

평생 잊을 수 없는 할머니의 교훈

화창한 어느 여름날이었다.

나는 여느 때처럼 할머니와 함께 아침을 먹고 있었다. 메뉴는 갓 구운 비스킷과 시럽을 곁들인 시리얼. 그런데 저 멀리 갑자기 창문 너머로 수상한 남자가 눈에 들어왔다. 그는 무언가를 생각하는 것처럼 고개를 숙인 채 밀밭을 가로질러 아주 천천히 우리 집 쪽으로 걸어오고 있었다.

할머니도 한 걸음 한 걸음 무겁게 발을 내딛는 그를 알아보았다. 할머니는 내 손을 잡더니 식탁에서 일어나 밭으로 걸어갔다. 우리는 밀밭을 둘러싼 전기 울타리 맞은편의 복숭아 과수원 앞에 멈춰 섰다.

"무슨 일인가요?"

할머니의 물음에 남자는 좀 놀란 듯 움찔대더니 곧 겸연쩍은 듯 미소를 띠며 대답했다.

"줄곧 누군가를 만날 수 있게 해달라고 얼마나 기도했는지 몰라요."

그는 잠시 한숨을 내쉬더니 겸연쩍어하며 말을 이어갔다.

"제 이름은 클라렌스입니다. 죄송하지만, 오늘 하루 일을 해드릴 테니 밥 좀 주십시오. 저는 지금 어떻게 살아야 할지 막막한 상황입니다. 다른 건 몰라도 일 하나만큼은 정말 잘할 자신이 있습니다."

할머니는 그를 훑어보았다. 남자는 머리가 희끗희끗한 중년의 흑인으로, 잿빛 양복을 입고 있었고 양복 사이로 누렇게 바랜 셔츠가 보였다. 행색은 초라했지만 나쁜 사람 같아 보이진 않았다. 할머니는 그에게 손짓으로 울타리를 넘어들어오라고 했다. 우리 세 사람은 과수원 테이블에 둘러앉았다.

"내 이름은 빌리고, 이쪽은 내 손자 팀이에요. 우선, 아저씨의 이야기 좀 들어볼까요?"

"네, 제 고향은 오클라호마 주에 있는 드리핑 스프링스입니다. 그런데 얼마전에 사기꾼에게 당해서 재산을 전부 날렸어요. 그래서 꼬박 며칠을 걸어 여기까지 왔지요. 가진 거라곤 베갯잇에 싸온 이게 전부입니다. 애리조나에 사는 친척들이 다시 시작할 수 있도록 도와주겠다고 해서 이렇게 길을 나섰고요. 일하고 싶습니다. 저를 믿어줄 사람이 필요해요. 오늘 단 하루만이라도 부탁드립니다."

남자는 이마를 쓸어올리며 말했다. 할머니는 잠시 하늘을 올려다보았다. 마치 하늘에 조언이라도 구하는 것 같았다.

"클라렌스, 지금부터 해가 질 때까지 일하는 대가로 10달러를 주겠어요. 우선 이 복숭아나무 위쪽 가지를 치세요. 내가 키가 작아서 손이 닿질 않거든요. 그 일이 끝나면 헛간을 정리하고, 그래도 시간이 남으면 사다리를 타고 올라가 헛간 위까지 말끔히 치워 주세요."

클라렌스는 재킷을 벗어 복숭아나무 가지에 걸더니 곧바로 일을 시작했다. 나는 이때다 싶어 마치 감독관이나 되는 양 그의 주변을 맴돌며 간섭을 해댔다. 그는 내가 온갖 질문을 하며 귀찮게 굴자 조금 투덜거렸지만 거의 모든 질문에 대답해주었다. 그리고 한 시간도 채 되지 않아서 복숭아 나무의 가지치기를 끝내곤 헛간 청소를 시작했다. 정말 먼지가 수북했다. 내가 그걸 치우려면 아마도 초인적인 힘을 발휘해야 될 거라는 생각이 들었다.

할머니는 가끔씩 헛간에 들어와서 말없이 살펴보곤 돌아갔다. 나중에 들은 이야기지만, 혹시 클라렌스가 빗자루에 기대어 쉬고 있나 해서 보러 온 거라고 했다. 속된 말로 '농땡이 치는 건 아닌지' 궁금했던 것이다.

정오에 할머니는 종이 접시에 먹을 것을 담아서 과수원으로 다시 왔다. 콩을 곁들인 슬라이스 핫도그와 머스터드 감자 샐러드, 텍사스 토스트, 게다가 아이스티까지…… 정말 풍성했다. 그는 음식을 보더니 정신없이 마구 먹어치웠다. 오전에 일을 해치웠던 것처럼 말이다.

그의 두툼한 손에 들린 플라스틱 포크가 마치 이쑤시개처럼 보였다. 남자는 식사하면서 점점 더 수다스럽게 변해갔다. 처음엔 나의 질문에 꼬박꼬박 대답만 하더니 이러쿵저러쿵 훈수까지 늘어놓기 시작했다. 그는 눈을 아래로 지그시 감고서 이렇게 말했다.

"너의 할머니는 정말 특별한 분이란다. 그분은 사람에 대한 믿음을 갖고 있거든!"

클라렌스는 아이스티를 벌컥벌컥 마시더니 잠시 멈추고 다시 말했다.

"팀, 너희 할머니는 하나님이 보내주신 천사일 거야. 세상 누구도 믿어주지 않는 나같은 사람을 위해 이 땅에 보내진 천사 말이야. 할머니 같은 사람이 있기에 세상이 아름답게 돌아가는 거란다. 무슨 말인지 이해하겠니?"

나는 고개를 끄덕였다. 나도 할머니가 특별하다는 건 알고 있었다. 우리 엄마가 나를 키울 수 없다고 했을 때, 할머니는 내 손을 잡고 이곳으로 데려왔다. 그때 내가 4살이었는데, 당시엔 할머니 형편도 썩 좋지는 않았다. 하지만 나를 맡아 기르기로 했고, 아들처럼 사랑해주었다. 내가 걷기 시작할 무렵부터 할머니는 언제나 이렇게 말했다.

"하나님은 너에 대한 큰 계획을 갖고 있단다."

할머니는 모든 사람에게 온정을 베풀고 믿음을 주는 분이었다.

그는 드디어 식사를 마쳤는지, 입을 닦으면서 밥상머리 교육을 마무리했다.

"요 며칠 사이엔 정말 많은 일이 있었단다. 그동안 알고 지냈던 사람들이 내게 총을 겨누고 심지어 개들까지 덤벼드는 거야. 이제 아무도 나에게 기회 같은 건 주지 않을 거라 생각했지. 그런데 오늘 너의 할머니가 나에게 기회를 준 거야. 네가 보기에도 할머니가 정말 행복해 보이지? 맞아, 너도 할머니처럼 산다면 행복해질 거야. 너도 사람들에 대한 할머니의 믿음을 배우거라. 다정다감한 면도 본받고 말이야."

클라렌스는 밥을 먹어서 에너지가 충전됐는지 일의 속도가 오전보다 더 빨라졌다. 그는 순식간에 헛간을 말끔히 치우고, 쓰레기도 싹 비워서 마무리까지 확실히 했다.

할머니는 일과가 끝날 무렵, 우리를 다시 찾아왔다. 클라렌스가 일을 잘했는지 평가하고 일당을 주기 위해서였다. 그녀는 주변을 천천히 살펴보더니 미소를 지었다.

"클라렌스, 오늘 하루 일을 잘하면 10달러를 주기로 약속했었지요? 그런데 당신은 내가 기대했던 것보다 훨씬 더 잘했군요. 일솜씨가 보통이 아니에요. 정말 대단해요."

할머니는 지갑에서 닳아빠진 20달러짜리 지폐를 꺼내 클라렌스에게 건네며 말했다.

"오늘 일을 잘해주었으니 약속한 금액의 두 배를 드릴게요."

클라렌스는 눈이 휘둥그레졌다. 그는 할머니에게 감사하고 또 감사해 했다.

"빌리 여사님, 당신을 만난 건 제 기도의 응답입니다."

"아니에요. 당신은 정말 일을 잘했어요. 클라렌스, 떠나기 전에 우리를 위해 기도해줄 수 있나요?”

그는 기꺼이 그렇게 하겠다고 했다. 우리 세 사람은 말을 묶어둔 헛간 마당에 무릎을 꿇고 앉았다. 그가 먼저 기도하기 시작했다. 그의 기도는 아주 단순하면서도 진심이 담겨 있었다. 그는 하나님께 이 농장으로 자신을 인도해 주신 것에 대해 감사했고, 우리와의 만남에 또한 감사했다. 그리고 우리 농장의 안전과 모두의 건강을 위해 기도했다.

곧바로 할머니의 기도가 이어졌다. 예상대로 할머니의 기도는 아저씨보다 훨씬 길었다. 언제나 할머니의 기도는 한 편의 대서사시 같아서 매번 무릎에 쥐가 나기 전엔 끝나는 법이 없었다.

할머니는 감사로 기도를 시작했다. 클라렌스의 좋은 성품에 감사하며, 내가 힘든 일의 가치를 배울 수 있게 되었음에 감사했다. 그리고 기쁨의 눈물을 흘리면서, 클라렌스가 애리조나로 가는 길에 조금이나마 도움을 줄 수 있었다는 점에 감사했다. 그리곤 그의 애리조나 행을 ‘클라렌스의 위대한 귀향’이라고 부르며, 그의 여정에 믿음의 사람들을 만나게 해달라고 기도했다. 마지막으로 “아멘” 하고서 할머니와 나는 자리에서 일어나 몸에 묻은 먼지를 털어냈다.

그런데 클라렌스는 여전히 무릎을 꿇은 채 조용히 혼자 기도하는 중이었다. 할머니와 나의 시선은 구멍난 그의 신발에 머물렀다. 은화 한 닢 정도는 돼 보이는 구멍 사이로 시커먼 발가락이 보였다. 잠시 후에 클라렌스가 일어나자 할머니는 이렇게 말했다.

"장비 정리가 끝나면, 떠나기 전에 잠시 우리 집에 들러주세요. 줄 게 있어요."

나는 클라렌스가 장비 정리하는 걸 도왔다. 모든 정리가 끝나자 집 뒷문 쪽으로 함께 걸어갔다. 그곳에는 이미 할머니가 밝게 웃으며 구두 한 켤레를 들고 우리를 기다리고 있었다. 외출용 고급 신발이었다. 나는 곧 그것이 돌아가신 토미 킹 증조할아버지의 신발이라는 걸 알아 챘다. 돌아가시기 몇 개월 전에 할아버지가 사둔 것을 지금까지 옷장에 잘 보관했던 것이다. 할머니는 클라렌스에게 신발을 건네며 말했다.

"잘 맞을지 모르겠어요."

그는 재빨리 현관 벤치에 앉더니 신발에 발을 넣어 보았다. 무리 없이 발이 쑥 들어갔다. 클라렌스는 우리를 보며 만족한 미소를 지었다.

"저를 위해 만든 신발처럼 꼭 맞는군요."

클라렌스의 눈가에 촉촉한 눈물이 맺혔다. 그는 할머니와 악수하고는 내 머리를 장난스레 툭 쳤다. 그리곤 물건을 담아온 베갯잇을 들어 올리더니 애리조나가 있는 서쪽으로 위풍당당하게 걷는 시늉을 했다. 나도 괜스레 눈물이 나오려고 했다. 그래서 누가 볼까 싶어 얼른 옷깃으로 눈물을 훔쳤다. 홀로 떠나는 클라렌스에 대해 안쓰러운 마음이 들었지만, 한편으론 오늘 나와 할머니가 그를 위해 뭔가를 했다는 생각에 조금은 우쭐해졌다.

우리는 점점 멀어지며 석양으로 걸어 들어가는 그의 모습을 지켜보

왔다. 할머니는 팔을 둘러 내 몸을 자신의 곁에 바짝 붙였다. 할머니는 거의 속삭이듯 내 이름을 불렀다.

"팀, 오늘은 우리에게 아주 특별한 날이란다. 이 느낌을 절대로 잊지 말아라. 우린 지금 부자란다!"

할머니는 내 얼굴을 쳐다보더니 이번엔 좀 더 또렷하고 큰 목소리로 목사님이 설교할 때처럼 다시 한 번 강조하며 말했다.

"우린 지금 부자란다."

며칠 후, 할머니와 나는 버거 쉐프에서 식사를 했다. 우린 한 달에 한 번 정도 외식하는데, 이번엔 치킨 스테이크 샌드위치와 감자튀김을 시켜서 나눠 먹은 후에, 얼음을 넣은 닥터 페퍼를 마시기로 했다. 이렇게 가끔 밖에서 식사하다 보면 어떤 날엔 문득 철학적인 생각이 들 때가 있는데, 그날이 그랬다. 나는 할머니가 음식 포장지와 냅킨을 정리하고 있을 때 이렇게 물었다.

"할머니, 지난번에 우리가 부자라고 했잖아요. 그게 무슨 뜻이에요? 우리가 우디 아저씨처럼 부자라는 말인가요? 아니면 레인의 아빠처럼 부자예요?

터너 아저씨는 터너 백화점의 주인이고, 레인의 아빠는 변호사인데, 우리 교회에서 제일 좋은 차를 갖고 있다.

"아니, 내 말은 우리가 클라렌스에게 뭔가를 나눠줄 수 있을 만큼 부족함이 없다는 뜻이야. 그리고 자신에게 있는 것을 나눠줄 줄 알아야 가치 있는 사람이 되는 거란다. 나눠줄 만한 것이 있고, 또 기꺼이 나눠준다면 부자인 거야."

나는 무슨 말인지 도통 이해할 수가 없었다. 할머니는 어리둥절한 내 표정을 보더니 설명을 더 자세히 해주었다.

"세상에는 은행에 모아놓은 돈이 많아서 부자인 사람도 있지만, 마음이 풍요로워서 부자인 사람도 있단다. 이런 두 번째 부자는 네가 좋은 사람이 되어야 할 수 있는 거지. 네 마음에 있는 돈은 너 말고는 아무도 가져갈 수가 없거든. 영원히 네 마음속에 있는 거야."

할머니는 닥터 페퍼가 들어 있는 컵을 들어 올리더니 내가 안을 들여다볼 수 있도록 내 쪽으로 컵을 기울였다.

"자, 이걸 보렴. 이 컵엔 목마름을 해결해주고도 남을 만큼의 충분한 음료수가 들어 있구나. 이게 바로 부富라는 거란다. 충분히 많다는 뜻이지. 할머니한텐 이 정도면 가득하다 못해 넘치는 것인데, 목마르면 할머니 것 좀 마시렴. 이제 무슨 말인지 알겠니?"

"나중에 할머니가 목말라지면 어떡해요?"

할머니는 내 질문에 전혀 당황하지 않고 음료수를 한 모금 마시더니 천천히 명확한 어조로 말했다.

"나의 믿음은 강력하지. 나는 나 자신을 믿고, 내 삶 속의 모든 사람을 믿는단다. 그리고 모든 것이 다 실패로 돌아간다 해도 하나님을 믿지. 이런 믿음이 있기 때문에 난 알 수 있는 거야. 이 모든 것을 주신 분에게는 언제나 그 이상의 것이 있다는 걸 말이야."

할머니의 눈이 빛났다. 나에게 아주 중요한 삶의 진리를 가르치고 있다는 증거였다. 그때의 가르침을 통해 나는 부자가 되는 길의 핵심은 언제나 나에게 충분한 것이 주어질 거라는 믿음에서부터 시작된다는 걸 깨달았다. 클라렌스에게 건넨 20달러, 지금 마시고 있는 음료수, 나의 다정한 친구들, 그리고 가족, 그밖에 무엇이든 말이다. 나는 할머니의 교훈을 절대 잊지 않을 것이다. 할머니는 테이블을 정리해달라고 부저를 눌러 종업원을 불렀다. 계산서를 기다리는 동안 할머니의 말씀이 머릿속에서 맴돌았다.

"컵에 음료수가 많구나 생각하고 편안한 마음으로 사는 사람이 부자인 거란다."

사실, 그때까지만 해도 나는 할머니의 말씀에 담긴 위대한 힘을 이해하지 못했었다. 하지만 그 힘을 느낄 수는 있었다. 할머니의 말씀은 힘들고 어려운 인생 경험에서 얻어진 진리였고, 그렇게 살아온 결과물이었다. 은행에 돈이 많은 부자가 얼마나 짧고 허무한 인생인지 할머니의 삶으로 말해주는 직접적인 교훈이었다.

할머니는 오클라호마의 한 영세한 농가에서 태어났다. 할머니의 아버지인 토미 킹 증조할아버지는 돈을 모아 뉴멕시코 주 동부 평야에 있는 클로비스 근교의 땅을 조금 샀는데, 누구보다 열심히 일했다. 할아버지의 손만 닿으면 모두 다 금으로 변한다고 소문날 정도로 할아버지는 거듭 풍작을 거둬서 매년 땅을 더 많이 사들였고, 주유소 겸 호텔도 갖고 있었다. 그는 시끌벅적한 월스트리트와는 달리 한적한 곳에서 부를 일궈낸 분이었다. 기계며 비료며 일꾼을 모두 돈으로 살 수 있는 몇 안 되는 재력가 중의 한 사람이었다.

부자 아버지 덕분에 빌리 할머니는 고등학교 때인 17살의 나이에 다른 친구들은 꿈도 꾸지 못했던 자동차를 갖고 있었다. 중심가로 차를 몰고 가면 풋볼팀 남학생들이 달려와서 좀 태워달라며 할머니의 차 안으로 뛰어들었다고 한다.

그런데 1940년대에 접어들면서 증조할아버지는 시련을 맞게 되었다. 10년이 넘게 힘들여 번 돈의 대부분을 오클라호마에 은행 계좌를 가진 조카 부부에게 맡겼었는데, 알고 보니 조카 부부가 사기꾼이었다. 결국, 하루아침에 땅만 갖고 있을 뿐 실제로는 땡전 한 푼 없는 거지가 신세가 되었다.

1960년대에 이르러 빌리 할머니는 퇴역 공군 장교와 결혼했다. 열심히 일한 덕분에 농장이 아주 잘 되었고, 헤어숍도 손님이 많아서 잃었던 모든 걸 되찾을 수 있었다. 그런데 몇 년 후에 할머니는 또다시 모든 재산을 잃게 되었다. 남편 로이드가 할머니의 헤어숍 단골들이 밀집해 있던 공군기지에서 할머니의 이름에 먹칠을 했기 때문이다. 할아버지는 온 동네 사람들에게 빚을 지고서 빌리 할머니가 미쳐서 그랬다고 말하고 다녔다. 할아버지는 얼마후에 도시를 떠나버렸고, 할머니에게 남은 거라곤 집안 물건들밖에 없었다. 할머니는 다시금 빈털터리 신세가 되고 말았다.

그러나 이렇게 하늘로 솟았다 땅으로 곤두박질치는 과정을 겪으면서 할머니는 아주 소중한 삶의 교훈을 얻게 되었다. 물질적인 부는 마음대로 조절할 수 없지만, 마음의 자세는 내 뜻대로 조절할 수 있다는 것이었다. 할머니는 강한 자신감으로 마음을 무장하고 세상에는 자신을 위해 준비된 것들이 충분하다는 믿음의 태도를 갖게 되었다.

어쩌면 할머니가 클라렌스에게 호의를 베풀었던 건 자신감과 믿음을 기르기 위한 마음 수련이었을지도 모른다. 비록 20달러가 사라지긴 했지만, 그래도 우리는 원래대로 한 달에 한 번 정도는 외식할 수 있었고, 일상생활에도 큰 지장을 받지 않았다. 할머니는 자동차 시동을 걸면서 이렇게 정리해주었다.

"부유하다는 건 자신감에서 비롯되는 마음가짐이란다. 자신감은 바로 거기서 나오는 거지. 잘 들으렴. 자신감은 로켓의 연료 같은 거야."

할머니는 점차 자동차의 속도를 높이며 이야기를 계속했다.

"자신감이 너를 높이 솟아오르게 하고, 너에게 필요한 모든 것이 충분하게 주어질 거라는 믿음을 갖게 해주지. 클라렌스와 있었던 일은 나중에 네가 풍족한 삶을 살기 위해 필요한 교훈이 될 거야."

바로 그 순간 클라렌스가 내게 해주었던 말 중에 하나는 옳다는 걸 깨달았다. 그는 나에게 할머니한테 배우고 할머니처럼 살면 행복한 사람이 될 거라고 말했었다. 물론 할머니가 천사라고 했던 건 틀렸지만 말이다. 할머니는 나에게 자신감에 대해 가르쳐 주는 선생님이었다.

그렇다면 클라렌스야말로 나에게 인생의 진리를 알려주려고 우리 집에 찾아온 진짜 천사가 아니었을까? 그렇게 생각하자 뒷목에 짜릿한 전율이 흘렀다. 하지만 그때까지만 해도 이 경험이 내게 평생 잊을 수 없는 교훈이 될 거란 사실을 미처 깨닫지 못했었다.

자신감

The Case for Confidence

Part
1

샛길 인생

1997년에 나는 에릭 골드하트라는 사람을 처음 만났다.

건장한 체격과 자신감 있는 태도 때문에 회사에서 그의 별명은 '록 스타'였다. 그의 회사는 댈러스에 새로 생긴 닷컴 회사였는데, 에릭은 거기서 생산은 물론 영업까지 총괄하고 있었다.

그의 카리스마와 리더십은 업계에선 정평이 나 있었다. 아무리 심지가 굳은 사람이라 해도 에릭에게 걸려들기만 하면 그 회사의 물건을 안 살 수 없을 만큼 설득력이 탁월했다. 성격도 낙천적이어서 어느 누가 반대해도 주눅 들거나 굴하지 않았으며, 오히려 설득하기 어렵고 의심 많은 고객을 더 상대하기 좋아했다. 그는 까다로운 고객을 넘기 어려운 장애물이라고 생각하기보다 오히려 도전의 기회로 삼았다.

그의 회사 연례행사 때 내가 프레젠테이션을 하도록 초청받으면서 알게 되었는데, 우리는 공통점이 많아서 금방 친해졌다. 둘 다 할머니 한테 컸으며 좋아하는 책도 비슷했다. 각자의 분야에서 나름 성공했고, 언젠가 자기 회사를 운영하겠다는 비슷한 꿈도 갖고 있었다. 그 후로 몇 개월간 우리는 점심시간마다 만나서 오랫동안 이야기를 나눴다. 나중에 각자가 비즈니스 세계에서 성공하게 될 때를 기약하며 조언하고 비전도 공유했다.

그러다 다음 해에 에릭이 시애틀에 있는 임대사업 회사의 지역 영업 책임자로 채용되었다. 이 소식을 듣고 나는 놀라지 않았다. 에릭이라면 마이크로소프트 사라도 충분히 운영할 수 있을 거라고 믿었기 때문이다. 한동안 서로 바쁘게 지내느라 그에 대한 소식을 몇 년간 듣지 못했다. 그런데 어느 날 갑자기 그에게서 한 통의 이메일이 도착했다. 나와 전화통화를 하고 싶다는 내용이었다. 하지만 그의 메일에선 반가움 뒤에 뭔가 불안한 기색이 느껴졌다. 예전에 내가 알고 있던 '록 스타'는 사라지고, 누군가의 도움을 필요로 하는 길 잃은 사람만이 그 글 속에 있었다. 주말에 나는 에릭에게 전화를 걸었다. 한 시간이 넘게 통화하면서 그의 현재 상황을 자세히 들을 수 있었다.

몇 년 전부터 닷컴 회사는 월스트리트의 영향으로 무너지기 시작했다. 그가 담당한 지역은 실리콘 밸리에서 시애틀에 이르는 곳이었는데, 가장 큰 피해가 컸던 지역이기도 했다. 매주 온갖 종류의 벤처 기업들이 문을 닫았고, 임대 비용을 감당하지 못해서 사무실 집기와 컴퓨터

를 헐값에 팔아넘기는 곳도 부지기수였다. 2001년부터 인터넷 사업에
는 엄청난 위기가 불어닥쳤고 상황은 암울하기만 했다.

그나마 살아남은 기업들은 대량 정리해고를 감행했는데, 에릭은 사
방에서 두려움과 불안감의 공격을 받아야 했다. 헬스장에서 운동하고
있으면 텔레비전에서는 곧 불황이 닥칠 거라고 떠들어댔고, 인터넷 시
대의 종언을 예견하는 기사가 연일 신문 지면을 채웠다.

에릭의 동료들도 역시 날로 걱정이 늘어갔고, 언제 불행이 닥칠지
몰라 두려워했다. 극도의 낙천주의자였던 에릭조차도 이 두려움에 저
항하기 어려웠다. 운전자가 자동차 사고 현장을 떨쳐버리지 못하듯, 아
무리 좋게 생각하려 해도 그가 읽고, 듣고, 보는 모든 것이 암울하기만
했다. 오래가지 않아 그의 낙천적인 마음에도 균열이 생기기 시작했다.
그는 자신의 능력을 의심하며 닥쳐오는 경제 위기에서 살아남지 못할
지도 모른다는 비관적인 생각마저 했다. 그동안 사무실에서 딴짓했던
시간들을 떠올리며 죄책감을 느꼈고, 혹시나 그렇게 흘려버린 시간 때
문에 회사가 망하게 된 건 아닐까 하는 생각마저 들었다.

에릭은 점점 자신감을 잃어버렸다. 선배 경영인들조차 좀 더 시간을
갖고 기다려보자고 하는데도, 그는 회사가 살아남을 가능성이 없다고
단정했다. 그러면서도 자신이 어떻게든 책임지고 이겨내야 한다는 생
각 때문에 눈앞의 실적에만 급급해했다. 결국 일하지 않은 시간에 대
한 죄책감 때문에 헬스장 다니던 것도 그만두었다. 회사가 망할 위기

에 처해 있는데, 저녁 6시에 퇴근한다는 건 말도 안 된다고 생각해서 밤늦도록 회사에 남아 일했다.

그는 집에 있는 동안에도 심리적 부담을 떨치지 못해 아내와 아이들과 보내는 저녁 시간을 포기하고 컴퓨터 방에만 처박혀 있었다. 텔레비전을 켜면 몇 시간씩 케이블 뉴스 채널만 멍하니 쳐다보았다. 그리고 현실감이 떨어지는 교회 사람들과 만나는 것도 무의미하게 느껴져서 아침 예배 모임도 생략하고 가족들과 교회에 나가는 것도 그만두었다. 이 엄청난 위기에서 어떻게 하면 살아남을 수 있을까 하는 고민만이 그의 머릿속을 가득 채웠다.

감정의 기복은 날로 커졌고 잠을 설치는 날이 많아졌다. 어린아이마냥 손톱을 물어뜯었고 눈 밑은 퉁퉁 부어올랐으며, 업무 생산성은 주식시장보다 더 빠르게 하강했다. 그는 온갖 나쁜 소식을 알리는 뉴스를 읽고 또 읽느라 시간을 낭비하면서 불길한 징조들에 대한 생각을 멈출 수가 없었다. 인터넷을 검색할 때도 새로 올라온 나쁜 소식만 찾아 읽었다.

일하면서도 매분매초 걱정거리가 너무 많았다. 그의 불안은 전염성이 있었다. 상황이 막다른 곳에 이른 만큼 그는 더욱 영업팀을 닦달했는데, 하지만 자신이 전염시킨 의심과 두려움 때문에 직원들의 업무 성과는 나날이 한없이 곤두박질쳤다. 회사의 분위기도 암울해져만 갔다. 그해 말, 에릭의 상사는 형편없는 연례 보고서를 보여주며 경고했다.

"자네, 예전 같지 않아. 다시 잘 좀 해보게. 이러다간 자네 대신 다른 사람을 써야 할 것 같아."

에릭은 여태껏 단 한 번도 지위가 하락하거나 해고를 당해본 적이 없었다. 그런데 지금 상황으로선 둘 다 당할 위기였다. 이 시점에 이르자 그는 진이 빠져 완전히 나가떨어질 지경이었다. 한 사람의 인생이 한없이 추락하고 있었다. 점차 술을 진탕 마시는 날이 늘어갔고, 주변에는 의지할 사람이 아무도 남아 있지 않았다.

새해가 밝아오던 날 그는 상황이 예전과 완전히 달라졌다는 걸 깨달았고, 이내 결심했다. 도움을 구하고 원래의 자리로 돌아가기로. 그때가 에릭이 나에게 편지를 보낸 시점이었다.

전화로 에릭의 이야기를 듣던 날 오후, 나는 몸서리치게도 그 이야기와 상황이 너무나 익숙하게 느껴졌다. 그는 '샛길 인생'을 경험하고 있었던 것이다. 자신의 인생에서 실패로 느껴지는 그때가 바로 샛길 인생이다. 나는 내가 에릭을 도울 수 있다는 것을 알았다. 그는 그런 인생을 겨우 한 해 겪었을 뿐이지만, 나는 15년 동안 겪었기 때문이다. 나의 샛길 인생은 20대 초반부터 30대 중반에 이른다. 그렇기에 나란 사람은 '누구든지 연료 탱크를 채우고 다시 솟아오를 수 있다'는 걸 보여주는 산증인이다. 에릭을 도와주는 길은 그동안 누구에게도 말한 적 없었던 내 이야기를 들려주는 것부터 시작하는 게 옳을 것 같았다.

때는 1981년의 늦여름이었다.

나는 새로 구매한 빨간색 폰티액 아스트르를 몰고 도시 서쪽으로 드라이브 중이었다. 자동차에서 스테레오로 나오는 예스^{Yes} 밴드의 노래에 한껏 취해 〈난 벼랑 끝에 서 있어$^{Close\ to\ the\ Edge}$〉라는 노래를 목청껏 따라부르고 있는데, 그때 뒤에서 헤드라이트가 번쩍이는 게 느껴졌다. 나는 길가에 차를 세웠다. 짐 삼촌이 검은색 폰테카를로를 몰고 내 뒤를 쫓아온 것이었다. 우리는 각자 차에서 내렸다. 삼촌은 다가와 내 어깨에 손을 얹고, 한참 동안 뜸을 들이다 말했다.

"뭐라고 해야 할지 모르겠구나. 아버지가 살해당하셨다."

"누가 살해당했다고요……."

나는 너무 놀라서 그 자리에 멍하니 서 있었다. 짐 삼촌을 따라 집으로 돌아오는 길에 아버지와 함께한 시간이 파노라마 필름처럼 머릿속을 스쳐 지나갔다. 어디선가 브뤼트 로션 냄새가 나는 것 같았다. 나를 힘껏 안아줄 때 내 볼을 누르던 구레나룻도 희미하게 느껴졌다. 눈물을 흘리지 않으려고 애쓰며 딴생각을 하려고 차의 음악을 바꿨다. 그런데 고작 고른 곡이 다이애나 로스 앤 더 슈프림스$^{Diana\ Ross\ and\ the\ Supremes}$의 〈언젠간 우리 함께할 수 있을 거야$^{Someday\ We'll\ Be\ Together}$〉였다. 눈물 때문에 시야가 흐려졌다. 길에서 나가떨어지지 않도록 삼촌 차의 뒤꽁무니를 뚫어져라 쳐다보며 바짝 붙어서 갈 수밖에 없었다.

매년 여름마다 나는 일주일 정도를 아버지와 같이 보냈다. 다른 아이들에 비하면 정말 짧은 시간이었지만, 아버지가 내게 준 영향은 너무나 컸다. 그는 나를 두 번이나 포기해야 했었다. 한 번은 그의 아내(나의 어머니)가 그렇게 만들었고, 그 다음에는 어머니가 나를 기르지 못하겠다고 하자 빌리 할머니가 나를 맡으면서 그렇게 됐다. 그는 성공한 젊은 사회인으로 다방면에서 바쁘게 생활했고, 대도시의 라이프 스타일을 하고 있었기에 당연한 결정이었다. 또한 그는 내가 할머니와 아주 잘 지내리라는 것도 알고 있었다. 그는 자주 전화를 걸어 내게 사랑한다고 말해주었다.

나의 아버지 탐 샌더스^{Tom Sanders}는 그 사고가 일어나기 일주일 전에 LA의 한 텔레비전 제조업체와 일하기로 결정돼 있었다. 내가 다니는 대학에서 멀지 않아, 마침내 아버지와 처음으로 같은 도시에 살 수 있는 기회가 생긴 것이었다. 그랬기에 당시 어린 나는 아버지와 더 친밀해질 날을 잔뜩 기대하며 들떠 있었다. 그는 재미있고 똑똑하며 세련된, 내가 열혈이 지지하는 사람이었다. 그런데 한순간에 나의 꿈이 사라져 버린 것이다. 운명이 우리의 재회를 가로막아선 것만 같았다.

집으로 돌아왔을 때 빌리 할머니는 친구들과 가족들에 둘러싸여 있었다. 할머니는 내가 얼마나 실의에 빠져 있는지 알고 있었다. 그래서 내가 집으로 들어서자 자리에서 벌떡 일어나 나를 향해 팔을 벌렸다. 그녀는 언제나 그렇듯 나를 위로해줄 준비가 되어 있었다.

할머니의 강고한 믿음과 고요한 자신감은 내가 고등학생이었을 때부터 대학 2학년생이 될 동안에 많은 것을 할 수 있도록 기운을 북돋워 주었다. 지난 여러 해 동안 나는 욕조에 걸터앉아 할머니의 자신감에 관한 수업을 들었다. 할머니는 머리를 정돈하는 동안 내가 바로 다음날 써먹을 수 있도록 요긴한 지혜의 말씀을 들려주었다. 할머니의 수업은 내 삶에 큰 도움이 되었다.

나는 어릴 적에 '훈육에 문제가 있다'는 평가를 받는 바람에 학교 대신 지역 특수교육 프로그램에 다녀야 했다. 그곳에서 2학년을 마치고 공립학교로 돌아오자 아이들은 나를 '특별반 샌더스'라고 놀려댔다. 하지만 그런 내가 6학년 때는 우등상을 탔고, 고등학교 3학년 때는 학급 반장이 되었으며, 각 주에서 개최한 토론대회에 참가하여 우승하기도 했다. 아버지가 돌아가시기 바로 몇 개월 전에는 전국 토론대회에서 수 차례 우승한 성과로 서부의 명문대학교에 다닐 수 있는 장학금도 받아둔 상태였다. 그렇다. 할머니가 삶을 통해 깨우치고 나에게 가르쳐준 자신감이라는 인생의 교훈이 내 삶을 완전히 바꿔 버린 것이다.

그랬는데, 아버지가 돌아가시던 날 철컹 하고 마음 문이 닫히는 소리가 들렸다. 할머니가 가족과 친구들과 함께 모여 기도하자고 했을 때 나는 소리를 지르며 화를 냈다.

"왜 매번 나에게만 이런 일이 생기는 거죠? 어떻게 하나님이 나한테 이럴 수 있죠?"

그때 나만큼이나 마음에 상처를 입은 할머니는 아무 말도 할 힘이 없었을 것이다. 그녀는 내 말에 대꾸도 하지 않고 다만 머리숙여 기도할 뿐이었다. 할머니가 늘 이야기해준 하나님의 사랑은 나에겐 이제 말도 안 되는 소리였다. 순식간에 내 믿음은 흔적도 없이 사라져 버렸다. 정말 아무것도 믿을 수 없었다.

할머니의 모든 원칙은 믿음에서 비롯된 것이었기에 나는 절대 그것을 진리라고 생각하지 않았다. 그달에 클로비스를 떠나 캘리포니아로 이사하면서, 나는 할머니한테서 몇 년에 걸쳐 배운 삶의 교훈들을 모두 내동댕이치기로 했다. 그래서 할머니의 책으로 가득 채워져 있던 가족 서재의 책을 단 한 권도 가져가지 않았다. 성경책마저 쓰레기통에 처박아버렸다.

로욜라 메리마운트대학을 다니던 시절에 나는 고등학교 때와 완전히 다른 사람이 되어 있었다. 좋은 학점을 받거나 뭔가를 이루려는 것에 전혀 관심이 없었다. 수업을 걸핏하면 빼먹었고 공부도 하는 둥 마는 둥 했다. 그나마 오래전에 쌓아두었던 약간의 자신감으로 버티며 겨우겨우 학교를 다니고 있었다.

나의 샛길 인생이 시작된 것이다.

대학원을 다니기 위해 투산으로 이사할 무렵엔 단순히 믿음과 신뢰를 잃어버린 정도가 아니라, 세상에 대해 부정적인 태도로 일관했다. 토론대회에서 우승하던 시절은 멍청이가 운이 좋았을 뿐이고, 지금은 돈을 벌려면 이것저것 가릴 처지가 아니라고 생각했다. 정말 다행스럽게도 퓨즈 항공사의 컨설팅 업무를 맡게 되었다. 하지만 비즈니스 세계의 성공 따위는 꿈도 꾸지 않았다. 그래서 업무에 진지하게 임하지 않았다. 대신 음악에 대한 열정을 쫓아 한 지역 밴드에 가입했다. 그렇게 매달 근근이 연명하는 생활에 안주하다, 결국엔 댈러스의 한 캠핑카 공원에 버려진 학교 버스에서 생활하는 신세가 되고 말았다.

그러다 몇 년 후에 지금 내 인생의 반려자가 된 4살짜리 아이 엄마 재클린을 만났다. 당시 나의 상태는 정말 엉망이었다. 하지만 그녀는 검정 로커 의상을 입은 내 겉모습이 아닌 염세주의로 무너진 나의 내면을 알아보았다. 나는 그녀의 아들 앤서니와 금방 친해졌다. 하지만 여전히 무기력한 나의 모습엔 변화가 없었고, 월급을 받는 것 말고는 그 이상의 어떤 삶의 가치도 찾고 싶은 열망이 없었다.

그러다 케이블 방송사에 영업직으로 취직했다. 나의 화술을 충분히 발휘하면 그 재능으로 좀 더 많은 돈을 벌 수도 있었지만, 회사의 운영에 적당한 거리를 유지했다. 바라던대로 안정적인 생활이 가능한 고정적인 수입이 생겼음에도 나는 여전히 행복하지 않았다. 그냥 거물급 레코드사에나 캐스팅되어 '회사의 사장'을 위한 음악만 하지 않으면 그만이라는 단순한 생각을 했다. 그것이 소원이라면 소원이었다.

1996년 봄에 나의 상태는 거의 무너지기 일보 직전에 있었다. 직장을 그만두고 수중에 있던 모든 돈과 힘을 쏟아 레코드사와 계약하려

했었다. 물론 이것이 하늘의 별 따기라는 건 알고 있었다. 하지만 당장 그달의 집세를 내기 위해 무슨 일이든 해야 했고, 재클린이 헤어숍에서 벌어오는 돈으로 세 식구가 생활하기란 턱없이 부족했다. 하루하루가 점점 더 절망스러워져만 갔다.

어느 날 오후, 절망이 극에 달한 나는 집으로 돌아가는 길에 충동적으로 핸들을 꺾었다. 속도를 높여 고속도로 콘크리트벽을 향해 들이받고 싶은 충동이 파도처럼 밀려왔다. 길가에 차를 세우고 진정하기까지 한참의 시간이 걸렸다. 그 해엔 이처럼 극도의 침울한 생각에 사로잡힌 게 한두 번이 아니었다. 그날 밤 나는 재클린에게 마음속 이야기를 하면서 한없이 눈물 흘렸고, 재클린은 그런 나를 안아 주었다.

나는 "삶을 사랑하고 훌륭한 일을 하라"는 할머니의 가르침을 받던 눈이 큰 아이 때와는 너무도 달라져 있었다. 이 샛길 인생에서 벗어날 방법을 찾아야 했다. 어떠한 대가를 치르더라도 삶을 원래 자리로 되돌려야 했다.

새로운 시작

2002년, 에릭과 나는 성 밸런타인 축일이 있던 주에 두 번째 전화통화를 했다. 내가 먼저 그에게 질문을 던졌다.

"에릭, 우리가 처음 만났을 땐 하고 있었지만, 지금은 당신이 하고 있지 않는 게 뭐가 있을까요?"

"글쎄요, 무슨 말인지 잘 모르겠네요."

그는 어색한 듯이 웃으며 대답했다. 나는 다시금 그에게 물었다.

"당신이 본인과 다른 사람을 위해서 해왔던 투자라고 할 만한 것들 중에 지금은 하지 않게 된 것이 뭔가요? 당신의 발전을 위해 매주 또는 매일 하던 일 중에 뭘 그만두었죠?"

에릭이 나의 질문에 곰곰이 생각하고 답을 찾아낸다면 그동안의 잘못된 길을 버리고 새로운 길을 가게 될 것이었다. 왜냐하면 이 질문에는 그만큼 엄청난 힘이 있기 때문이다. 내가 그걸 어떻게 아느냐고? 내가 바로 이 질문의 힘을 직접 경험한 산증인이니까!

할머니는 1996년에 내게 똑같은 질문을 던졌었다. 내가 콘크리트 벽을 차로 들이받다시피 한 뒤 몇 개월 후의 일이었다. 아버지의 죽음 이후로 나는 할머니와도 마음의 벽을 쌓고 있었다. 나는 이젠 욕조에 걸터앉아 할머니의 인생 교훈이나 반복해서 듣고 있을 어린아이가 아니라고 생각했다. 그리고 대학 때부터는 할머니와 헤어져 LA에서 생활하면서 더욱 세상을 믿지 않는 법을 배웠고, 점차 '세속적'으로 물들어갔다. 점점 인생이 허무하고 가치 없게 느껴져 날마다 자살을 생각했다. 그 지경이 돼서야 나는 언제나 내 곁을 지켜주던 할머니를 떠올렸다. 이제 할머니에게 돌아갈 때가 된 것이었다.

마침 추수감사절이 다가오자 나는 아내 재클린과 함께 비행기를 타고 텍사스의 라박으로 갔다. 거기서 자동차를 빌려 할머니가 있는 뉴멕시코 주의 클로비스로 넘어가기 위해서였다. 우리는 월그린 마트에 들러 일회용 카메라를 하나 산 다음에 고향을 이곳저곳 구경했다. 아내에게 내가 자란 밀 농장, 아버지가 묻힌 묘지, 어릴적 다녔던 고등학교 등 유년기의 추억이 담긴 장소와 물건들을 보여주며 일일이 그 모든 추억들을 사진기에 담았다. 할머니는 내 침실에 진열해둔 토론대회 트로피들을 자랑스러워하며 이것들도 찍어 가라고 했다. 하지만 나는 그 말을 듣지 않았다.

"이게 언제 적 일인데요."

나는 무뚝뚝하게 대답했다. 어릴 적 잘했던 것들에 대해서는 아무런 자부심도 느낄 수 없었다. 나에게 그 상들은 까마득한 과거의 기억일 뿐이었다.

댈러스로 돌아오자마자 카메라를 맡겨서 할머니 집에서 찍어온 사진들을 현상해 왔다. 부엌 테이블에 앉아 있는 할머니, 농장 풍경, 아버지가 묻힌 묘지 등 스무 장 정도 되는 사진들을 한 장 한 장 살펴보다가 마지막 사진 한 장을 보는 순간 나는 심장이 멎을 것 같은 놀라움을 느꼈다. 그것은 텍사스에 있는 워터 타워^{Water Tower} 사진이었다.

그곳은 엄마가 나를 호텔에 버리고 떠난 뒤에 할머니가 나를 데리러 온 바로 그 장소였다. 불쌍한 엄마가 나를 버리고 떠난 건 그때가 처음은 아니었다. 할머니는 울고 있는 나에게 다시는 이런 일이 없을 거라며 따스하게 안아주곤 집으로 데려왔다.

그 워터 타워의 사진을 보는 순간, 당시에 할머니가 도저히 나 같은 어린아이를 맡아 키울 형편이 아니었다는 사실이 문득 떠올랐다. 당시에 할머니는 80살의 증조할머니까지 모시고 있었다. 게다가 20년 간의 결혼생활에 종지부를 찍은 지 얼마 안 되어 은행 잔고는 바닥이 난 상태였으며, 신용거래도 한계에 달해 있었다.

내 기억은 점차 더웠던 어느 여름날까지로 거슬러 올라간다. 미납 대금에 대한 압류가 들어왔고, 건장한 남자 두 사람이 우리 집 부엌에

들이닥쳤다. 몇 분도 안 되어, 냉장고와 난로 등이 하얀 트럭에 실려 나
갔고, 부엌은 이내 텅 비어 버렸다. 나는 그날 처음으로 할머니의 눈물
을 보았다. 하지만 그녀는 금세 툴툴 털고 일어났다. 두 시간 가량을 욕
실에 틀어박혀 있다 나오더니 별일이 아니라고 말했다. 부지런한 할머
니는 이웃들과 교회 사람들의 머리를 잘라주고, 중고 기기들을 얻어왔
다. 물건들을 이집저집에서 가져왔기 때문에 서로 어울리지는 않았지
만, 이내 부엌은 다시 채워졌다.

그런 할머니였기에 어떤 희생을 치르더라도 나를 키우기로 결정했
을 것이다. 누구에게도 환영받지 못했던 존재, 버림받은 작은 소년이
가치 있고 소중한 사람이 될 수 있었던 건 바로 할머니의 그러한 결정
덕분이었다. 희미한 워터 타워의 사진을 바라보는데, 익숙한 흥분이 목
뒤를 스쳐 지나갔다.

'할머니가 모든 것을 잃고도 그 어려움을 다 이겨낼 수 있었던 것처
럼, 나도 아버지를 잃은 슬픔을 극복해낼 수 있지 않을까.'

그 워터 타워는 나에게 희망의 상징이었다. 지금의 상황을 바라보
지 않고 마음만 새롭게 먹는다면 어떤 이야기라도 다시 시작할 수 있
고, 누군가의 사랑으로 말미암아 행복한 결말을 기대할 수 있다는 희
망의 상징 말이다.

그날 밤, 나는 할머니가 예전에 내게 주었던 책을 펼쳐보았다. 제목
은 『놓치고 싶지 않은 나의 꿈 나의 인생Think and Grow Rich』이었다. 토미 킹

증조할아버지한테서 물려받은 이 책을 할머니는 가족 서재의 가장 소중한 곳에 간직하고 있었다. 나는 책을 대충대충 넘겨보다가 내 영혼을 씻겨주는 듯한 문장을 발견할 수 있었다.

가끔은 당신의 과거를 돌아보라. 지나가 버린 아름다운 사랑의 기억들로 당신의 마음을 말끔히 씻어내라. 지금의 근심과 짜증이 조금은 사그라질 것이다. 과거는 냉혹한 현실의 피난처가 될 수 있다. 이 잠깐의 후퇴로 당신의 마음을 다스릴 수 있을 것이다. 당신의 삶 또한 재정적·정신적으로 완전히 바뀔 수 있다.

나는 침대에 있는 아내 재클린을 바라보았다. 그녀는 항상 나를 믿어주었고, 내 안의 잠재력이 발휘될 때를 기다려주었다. 옆방에서 자고 있을 아들 앤서니도 떠올랐다. 훌륭한 아버지를 둘 자격이 있는 소중한 아이다. 나는 재빨리 책을 덮었다. 어느새 눈가가 촉촉해진 것을 느낄 수 있었다. 얼른 눈을 깜빡거리며 흐르려는 눈물을 참았다. 그날 밤 잠이 들 때까지 워터 타워의 이미지는 내 머릿속을 맴돌았다.

다음 날 점심시간에 할머니에게 전화를 걸었다.

"할머니, 나 예전으로 돌아갈 수 있을 것 같아요. 할머니가 주신 교훈, 읽으라고 주셨던 책, 매일 하라고 하셨던 일들로요. 나는 모든 사람에게 지독하게 굴었어요. 다른 누구의 잘못도 아닌 나의 문제였는데 말이죠."

"얘야, 네가 마음을 이제 좀 여는 것 같구나."

"재클린과 앤서니는 더 나은 삶을 누릴 자격이 있어요."

"그래, 그렇다면 몇 가지만 물어보마."

나는 할머니가 설교를 늘어놓는 대신 질문을 하려는 것에 짐짓 놀랐다.

"얘야, 네가 고교 시절과 대학 초반까지는 했었는데 지금은 하지 않는 건 무엇이지?"

할머니는 마치 고대 철학자 소크라테스처럼 물었다. 나는 10대 청소년 시절에 할머니가 들려준 가르침들을 되새겨 보았다. 할머니의 도움으로 기를 수 있었던 좋은 습관들과 나를 성공으로 이끌어주었던 삶의 원칙들을 떠올렸다. 그 방법은 정말 간단했지만, 효과는 강력하고 대단한 것들이었다.

마음에 좋은 양식을 공급하라.
감사의 근육을 단련하라.
준비된 사람이 되어라.

예전에는 매일 규칙적으로 했었지만, 지금은 일상에서 밀려난 일들을 하나씩 점검해보았다. 마음의 양식이 되는 좋은 책 읽기, 매년 이력이 될 만한 일하기, 자원봉사하기, 내 몸과 건강 돌보기 등.

할머니는 내 말을 가만히 듣고 있다가 이렇게 말했다.

"무엇을 해야 할지 너도 이제 아는 것 같구나. 내가 이미 다 가르쳐 준 것들이니 말이야. 그동안 너는 이 모든 걸 잊고 살았던 거야. 믿음과 마음을 단련하는 것이 얼마나 중요한지……. 다시 초심으로 돌아가 보렴. 제임스 앨런이나, 노먼 빈센트 필, 나폴레온 힐, 데일 카네기, 클로드 브리스톨, 맥스웰 몰츠 같은 위대한 사람들의 책을 다시 읽는 것부터 시작해보면 좋겠구나."

할머니와 대화하는 동안 내 마음은 흥분에 휩싸였다. 어떻게 시작해야 할지 알 수 있을 것 같았다! 나는 인생의 불확실함을 탓하며 무엇부터 해야 할지 몰라서 여태껏 방황했던 것이었다.

"오늘부터 다시 시작할 거예요. 어머니, 팀이 다시 돌아왔어요."

할머니는 나를 아들처럼 키웠기 때문에 늘 내가 어머니라고 부르기를 원했다. 내가 '어머니'라고 부르자 그녀는 기쁨에 가득 찬 목소리로 말했다.

"오늘, 우린 충분히 부자란다!"

그날 이후로 나는 절대 가난하지 않았다.

인생의 정상 궤도

그날 할머니의 질문은 나를 새롭고 흥미로운 길로 들어서게 했다. 신생 멀티미디어 회사의 말단 영업사원이었던 내가 단 4년 만에 야후의 경영진이 되었기 때문이다. 나는 책도 출판했고, 강연자라는 새로운 직함도 얻었다.

이 모든 일은 내가 어린 시절부터 할머니에게 배운 삶의 기본 원칙으로 돌아가면서부터 가능해졌다. 자신감의 원칙을 따르자 다시 인생의 정상 궤도로 올라서게 된 것이다. 그렇기 때문에 할머니가 내게 했던 질문을 에릭에게 똑같이 했을 때, 나는 경험상 이 질문이 큰 힘을 발휘할 거라고 믿었다.

"에릭, 우리가 처음 만났을 땐 하고 있었지만, 지금은 당신이 하고 있지 않는 게 뭐가 있을까요?"

에릭의 첫 반응은 싱거웠다.

"잘나가던 시절엔 신나게 놀았는데, 지금은 전혀 못 놀고 있죠."

나는 실망하지 않고 다시 물었다.

"그런 말이 아니에요. 당신이 본인과 다른 사람을 위해서 해왔던 투자라고 할 만한 것들 중에 지금은 하지 않게 된 것이 뭔가요? 당신의 발전을 위해 매주 또는 매일 하던 일 중에 뭘 그만두었죠?"

그제야 에릭은 스스로 그만둔 것들에 대해 곰곰이 생각하기 시작했다.

"비즈니스 관련서나 미래에 관한 책을 읽는 게 사치로 느껴져서 그만뒀어요. 기부, 공유, 가르치기, 상담하기, 협력하기, 인맥 쌓기, 고객의 성공을 돕기 등의 일들도요. 지금은 그저 생존을 위해 발버둥치느라 너무 바쁘거든요."

나는 전화통화를 하며 그가 닷컴 회사의 추락 때문에 포기했던 삶의 소중한 일들을 다시금 생각나게 했다. 그는 미래에 대한 불확실성 때문에 삶에서 중요한 모든 것들을 안하고 내버려둔 채 있었다. 이것은 빌리 할머니가 늘 경고했던 내용이기도 했다.

"얘야, 불확실성은 영혼의 적이란다. 너의 로켓 연료를 다 빨아먹어 버리지. 결국엔 무슨 일이든지 충분히 할 수 있었던 사람이 아무것도 할 수 없는 사람이 되고 말아."

에릭과 통화가 끝나자 할머니의 질문이 나에게 엄청난 효과가 있었던 것처럼, 에릭에게도 어떤 삶의 변화를 줄 수 있을지 궁금해졌다.

2003년 첫 번째 월요일, 궁금증에 대한 답이 돌아왔다. 그는 자신의 변화에 대한 놀라운 소식을 전해주려고 노트북을 두드렸다. 그의 글을 통해서 감정적으로나 정신적으로 매우 좋은 상태에 있다는 걸 느낄 수 있었다. "나 돌아왔다!"라는 메일 제목이 모든 것을 말해주고 있었다. 그는 내 질문 덕분에 무슨 생각을 했고, 어떻게 하루하루 미디어의 공격에서 벗어나 '콩가루 상태에서 좋은 상태'로 변할 수 있었는지 설명해주었다.

그는 회사에 출퇴근하는 긴 시간 동안 짐 콜린스Jim Collins의 『좋은 기업을 넘어 위대한 기업으로Good to Great』를 비롯한 양서들을 CD로 들으며 다녔다. 아침마다 〈파이낸셜 타임스〉를 뒤적거리던 습관에서 벗어나 종교 서적도 읽기 시작했고, 케이블 방송의 암울한 내용의 뉴스를 보는 대신에 아이들과 뒤엉켜 강아지랑 노는 시간을 가졌다. 그러자 즉시 사고방식에 변화가 오는 것을 느꼈다.

"1년 만에 얼마나 많이 달라졌는지 모릅니다! 작은 것부터 천천히 바뀌는 거예요. 가령, 먹는 음료수가 바뀌고 입에서 나오는 말이 바뀌더니 점차 인생이 확 달라지더군요!"

에릭은 이제 인생의 정상 궤도에 올라서기 위한 용기를 얻어 긍정적인 결과를 이끌어냈다. 할머니에게 배운 교훈의 효과가 그의 삶에도 나타난 것이다. 이후로 다른 사람의 삶에서도 에릭과 내가 겪었던 인생의 전환이 일어나는 것을 목격할 수 있었다.

고통과 불확실성은 자신감의 원칙에 따라 살지 않을 때 우리의 믿음을 뿌리부터 뒤흔든다. 그러면 주변 사람들은 물론 창조자에 대해서조차 믿음을 갖지 못하게 된다.

에릭은 시대의 불운과 맞섰고, 나는 개인적인 비극에 맞섰다. 에릭은 처음에는 자기 자신에 대한 자신감을 잃었고 결국 세상에 대한 신뢰와 믿음까지 잃어버렸다. 나 역시 세상에 대한 믿음을 잃었고, 주변 사람들에 대한 신뢰와 자신감을 잃어버렸다. 그리고 우리는 둘 다 부정적인 삶의 궤도를 걸었다. 결과는 똑같은 샛길 인생이었다. 위기의 시간 동안 정말 여러 날을 표류했다. 그때까지는 살아가는 데 있어서 자신감을 유지하는 게 얼마나 중요한지를 몰랐기 때문이다.

빌리 할머니는 경험상 자신감과 성취 사이의 중대한 관계를 알고 있었다. 이것은 다양한 연구 결과들을 통해서도 증명됐는데, 자신이 성공할 것이라고 믿을 때 삶의 도전에 당황하지 않고 상황을 분별할 수 있는 능력이 향상된다. 노먼 빈센트 필 박사가 말했듯이 "근심 걱정을 정복하면 안정을 찾고 상황을 극복하는 힘"이 생긴다.

앨버트 반두라 Albert Bandura 박사를 비롯한 많은 연구자는 시험을 앞둔 학생을 예로 들어 자신감에 대해 말해준다. 시험에 대한 준비가 잘되어 있고 좋은 성적을 거둘 수 있다고 확신하는 학생은 자신감이 넘친다. A를 받을 수 있다고 생각할 때 시험은 힘들고 어려운 상황이 아니라, 자신의 능력을 보여줄 기회가 된다. 마음이 안정된 상태에서 2 더하기 2는 4라는 걸 모르는 사람은 없다. 하지만 긴장된 마음에서는 이런 기초적인 수학·논리·사고·판단 영역에서도 실수할 수 있다.

런던의 골드스미스대학의 연구 결과만 봐도 시험을 치를 때 지능지수[10] 만큼 중요한 것이 자신감이라고 말한다. 우리의 마음은 명쾌하고 확실한 상태 혹은 부정적인 생각으로 혼란스러운 상태 둘 중의 하나이다.

자신감은 머릿속에 있는 어지러운 생각을 잠재우고 생각의 흐름을 정리해주는 여과장치와도 같다. 자신이 잘하는 활동을 할 때의 경험을 떠올려보면 어떤 상태를 말하는지 알 수 있을 것이다. 잘하는 일을 할 때는 자신이 무엇을 하고 있는지 고민하지 않고, 그냥 하면 된다. 많은 사람과 이야기를 나눠본 결과, 사람들은 다른 사람을 평가할 때 그 사람의 의지보다는 공식적인 자격 증명서를 더 신뢰하는 것으로 나타났다.

하지만 이것은 사람들이 편리상 그렇게 생각할 뿐이다. 카네기멜론대학교의 돈 무어Don A. Moore 교수는 이런 주장에 대해 실험했다. 그 결과 인간은 어떤 사람의 경력이나 이력서 때문이 아니라, 그 사람이 가진 자신감의 정도에 따라 조언을 받아들인다는 결론을 얻었다. 문을 열고 방 안으로 들어오는 순간 주변이 온통 환해지는 사람, 주변인들의 존경을 받으며 모든 이들에게 매력을 발산하는 사람이 주변에 있는지 떠올려보라. 그를 빛나게 만들어주는 힘이 바로 자신감인 것이다.

나는 할머니와의 대화, 그리고 내 친구 에릭과의 대화 이후 나의 임무를 깨달았다. 바이러스처럼 두려움이 번지는 이 시대를 살아가야 할 세대들에게 자신감을 심어주는 임무가 내게 주어진 것이다. 그래서 나는 다시 이 교훈의 원천인 빌리 할머니에게 돌아갔다.

이 책에는 할머니의 인생과 가르침을 요약해서 만든 일곱 가지 원칙이 담겨 있다. 나는 내적 동기에 관한 연구를 통해, 그리고 전문가들과의 대화를 바탕으로 이 원칙들을 검증해보았다. 확신하건대, 이 원칙들은 당신의 삶을 새롭게 해줄 것이다. 나의 고교 시절의 삶의 궤도를 높여 주었던 것처럼, 30대에는 나를 샛길인생에서 건져냈던 것처럼, 당신에게도 같은 효과가 있을 것이라고 확신한다. 이 원칙들은 당신의 사고방식에 즉각적인 영향을 줄 것이며, 당신이 받은 영향은 삶의 결과들로 입증될 것이다.

그럼 이제부터 행복한 밤잠을 자라. 당신은 내일 이 원칙들을 알기 전보다 세상을 위해 더 좋은 일들을 해낼 수 있을 것이다. 나와 에릭에게 일어났던 변화와 마찬가지로 당신의 삶은 정상 궤도에 올라설 것이다. 물론 이 원칙 중에는 당신의 믿음과 일치하는 것도 있고, 어쩌면 당신이 곧이곧대로 받아들이기 어려운 내용도 있을 것이다. 하지만 그 영향력에는 변함이 없다.

원칙을 제시할 각 장에서는 사고방식을 향상하는 훈련 과제를 더

불어 제공하려 한다. 지금 현재 속한 환경과 당신을 포함한 주변 사람들은 당신의 새로운 미래의 한 구성 요소가 될 것이다. 하지만 나는 이 과제가 쉽게 느껴지게끔 노력하지는 않을 것이다. 왜냐하면 이 원칙들은 실천이라는 노력이 필요하기 때문이다. 원칙대로 살려면 시간과 열정을 투자해야 한다. 또한 소중한 것을 지키기 위해서는 인내심도 발휘해야 한다.

나는 당신에게 이것 하나만큼은 자신있게 약속할 수 있다. 만약 당신이 원칙을 따른다면 지속적으로 성공을 거둘 것이다. 계속 전진하는 삶, 주변의 모든 사람에게 좋은 결과를 가져다주는 삶을 살게 될 것이며, 앞으로 삶에서 무엇을 만나든 이 원칙들은 당신을 정상 궤도에서 벗어나지 않게 지켜줄 것이다.

최근에 혹시라도 시련을 겪었거나, 예전의 '위풍당당'한 삶으로 다시금 돌아가고 싶은 마음에 이 책을 구매했는가. 그렇다면 지금 이 순간이 당신을 새롭게 변화시킬 워터 타워의 시간이다.

또한, 원래부터 자신감을 느끼고 있었거나, 앞으로 자신감 있는 삶을 살고 싶다면, 이 책은 당신이 계속 발전할 수 있도록 도와줄 것이다. 새로운 변화와 진정한 자신감의 비밀은 간단하다. 자, 기본으로 돌아가자.

완벽한 자신감을
갖는 원칙

The Principles of Total Confidence

Part 2

[원칙 1]
마음에 좋은 양식을 공급하라

빌리 할머니는 이른 새벽, 닭 우는 소리와 함께 일어나곤 했다. 하지만 곧바로 일과를 시작하지 않고, 아침 시간엔 마음에 좋은 양식을 채우는 일부터 했다.

나는 할머니의 아침 시간을 수백 번도 넘게 지켜보았다. 그녀는 자리에서 일어난 후에 안뜰로 걸어나가 천천히 스트레칭을 했다. 그런 다음 거실의 편안한 의자에 앉아 15분 동안 성경을 낭송하고, 커피 한 잔을 마시며 종교 서적이나 최근 출간된 〈미드나잇 크라이The Midnight Cry〉 또는 〈가이드포스트Guideposts〉지를 읽었다. 지역 신문인 〈클로비스 뉴스 저널 Clovis News Journal〉은 현관에 배달된 채 그대로 놓여 있기 일쑤였다. 30분 정도 마음에 양식을 채우는 독서가 끝나면, 할머니는 일기장에 뭔가를 적었다. 대개 아침 공부 시간에 깨달은 점을 적는 것이었다.

또한 할머니는 거의 하루도 거르지 않고 아침마다 친구와 전화 통화를 했다. 할머니처럼 아침마다 마음의 훈련 시간을 갖는 친한 친구와 서로 이야기를 나누는 거였다. 어떤 책을 읽었는지, 무슨 생각을 했는지 이야기하다가 종종 웃기도 했다. 할머니의 아침 시간은 의자 앞에 무릎을 꿇고 오랜 기도하는 것으로 마무리됐다. 그런 다음에야 자리에서 일어나 아침 식사를 했다. 드디어 하루의 고된 일과를 시작할 준비가 된 것이다.

빌리 할머니는 낮엔 절대로 텔레비전을 보지 않았다. 가끔 뉴스 채널을 보더라도 월터 크론카이트Walter Cronkite 또는 에드워드 머로Edward R. Murrow와 같은 몇 사람의 통신원만 신뢰했다. 나머지 통신원은 할머니가 말한 바로는 '마음에 때를 묻힌 후에 비누를 팔려고 하는 외판원'이기 때문이다. 할머니는 긍정적인 주제를 다루는 영화나 텔레비전 프로그램만 시청했다. 폭력적이거나 비속한 장면이 나오면 얼른 채널을 돌렸다.

그리고 마치 전염병이라도 되는 것처럼 '험담'을 싫어했다. 아무리 친한 사람이 부추겨도 아주 신중하게 대답했고, 함부로 말하거나 부정적인 생각을 가진 친구와 가까이 지내려 하지 않았다. 한번은 우리 교회의 한 아주머니가 할머니에게 왜 말 때문에 친구 관계를 저버리냐고 따져 물었다. 그러자 할머니는 노먼 빈센트 필의 『적극적 사고방식The Power of Positive Thinking』에 나오는 말을 인용해서 대답했다.

"마음에 심어둔 것은 밖으로 나오기 마련이에요. 몸에 영양을 공급하듯 마음에도 양식을 가려서 채워야 하죠."

할머니가 긍정적인 것만 받아들이려고 한 이유는 옹고집이라서가 아니었다. 분명한 목적을 두고 그렇게 했다. 세상의 소리와 사람들의 말을 걸러 듣는 분별력은 그녀가 삶을 통해 배운 바 긍정적인 사고의 비결이며, 마음의 올바른 양식을 소비하는 방법이었다. 그렇게 잠자는 의식을 깨움으로써 마음에 가장 좋은 양식을 공급했다.

야후에서 직장생활을 할 당시에 사귄 릭이라는 친구는 빌리 할머니와 다른 아침 시간을 보낸다.

그의 아침 일과는 일반 직장인들과 비슷하다. 알람시계를 끄기 무섭게 침대에서 튀어나와 커피포트에 전원을 넣고, 컴퓨터를 켜고서 이메일을 확인한다. 대부분은 그날 아침 일찍 동부에서 보내진 이메일들이다. 커피를 마시며 그 중 몇 개의 메일에 답장을 보내고 나머지는 휴지통에 버린다. 그런 다음 야후의 홈페이지, 〈허핑턴 포스트〉지, 몇 개의 블로그를 거쳐 기타 여러 사이트를 서핑한다. 페이스북이나 트위터와 같은 소셜 네트워크 사이트에도 접속한다. 그리고는 회사에 지각할 것 같은 시각이 되어서야 마지못해 웹 사이트에서 빠져나온다.

출근길에 운전하는 동안엔 라디오의 모닝 토크를 듣는다. 대개 유치한 잡담이거나 정치 관련 이야기들이다. 신호를 기다리는 동안에는 휴대전화로 이메일을 확인하고 직장 동료가 보내온 문자에 답신한다. 점심시간에는 CNBC를 보면서 헬스장에서 운동하고 신문을 찬찬히 뜯어보며 식사한다. 저녁에는 식사하면서 뉴스를 시청하고, 그다음에는 리얼리티쇼나 시트콤을 본다. 한 시간가량 웹서핑하다가 직장을 떠나 있는 동안에 도착한 이메일에 답장하고, 다음날 알람시계가 울리기 전까지 잠잔다.

내가 릭을 만났을 때 그는 점점 우울해져 가는 증상을 호소했다. 나는 그가 매일 '과다 정보 흡입'을 하고 있다는 점을 일깨워주었다. 릭이 그런 사실을 깨닫자 나는 최대한 필 맥그로의 흉내를 내서 질문했다.

"당신에게 어떤 효과가 있던가요?"

릭의 문제는 잘못된 마음의 식사 습관이었다. 그는 생각할 겨를도 없는 하루를 보내면서 자신만의 관점을 잃어가고 있었다. 그런데 이것은 아이러니였다. 릭은 건강에 과도한 신경을 쏟는 건강 광이었기 때문이다. 그는 정제당, 붉은색 육류, 가공식품은 먹지 않았고 과일이나 채소도 유기농만 먹었다. 식사하러 가면 메뉴판 재료를 꼼꼼히 살펴보며, 영양 정보를 명확히 표기할 것을 식당에 요구하기도 했다. 그런 그가 마음의 양식으로는 막대사탕이든 더블치즈버거든 개의치 않고 마구 먹어댔던 것이다.

곧 지금 이 책을 읽고 있는 당신과도 나눌

마음에 좋은 양식을 공급해야 하는 까닭은 마음에서 나오는 사고가 성공과 실패, 행복과 불행을 결정하기 때문이다.

내용이지만, 나는 릭과 함께 마음의 식사 습관에 대해 이야기를 나눴다. 곧바로 릭의 태도와 자신감에 근본적인 변화가 생기기 시작했다. 그는 몸이 양식을 먹듯 마음도 무언가를 '먹는다'는 사실을 깨달았으며, 마음이 먹는 양식에도 좋은 것과 나쁜 것이 있다는 사실을 알게 되었다. 그는 삶의 방식을 바꾸기로 했다. 더 많은 정보를 입수하기 위해 전전긍긍하던 생활에서 벗어나 새로운 친구를 사귀고 자신만의 관점을 되찾기로 한 것이다.

입에 좋은 음식을 넣듯 마음에 넣는 음식도 신중히 섭취해야 한다. 정보가 입수되는 순간 마음은 작동하기 시작해서 그것을 곱씹고 소화해 사고로 전환한다. 좋은 양식이 마음에 들어가면 좋은 생각이 나오기 마련이다. 그래서 긍정적인 자극을 통해 의도적으로 마음 다이어트를 하는 사람이 건강한 사고를 할 수 있다. 마음에 좋은 양식을 공급해야 하는 까닭은 마음에서 나오는 사고가 성공과 실패, 행복과 불행을 결정하기 때문이다.

무엇보다 당신의 삶의 환경이 섭취하는 마음의 양식을 통해 만들어진다는 사실을 기억하자. 마음의 식사 습관을 수정할 계획이 없는 사람은 나쁜 기억들과 끊임없이 세상이 떠들어대는 두려움에 구속되기 마련이다. 당연히 사고의 패턴이 방해받게 되고 말이다.

나폴레온 힐의 『놓치고 싶지 않은 나의 꿈 나의 인생』에는 다음과 같은 말이 나온다.

모든 사람은 자신의 모습 그대로이다. 자신의 마음을 차지하고 있는 지배적인 사고 때문이다. 우리는 우리의 모습 그대로이다. 그 이유는 우리를 둘러싼 환경에서 비롯되는 자극에 따라 우리가 선택해서 머리에 집어넣는 생각 때문이다.

생각의 중요성에 대해 말한 사람은 나폴레온 힐만이 아니다. 1903년 제임스 알렌James Allen이 쓴 획기적인 책 『생각하는 그대로As a Man Thinketh 』의 전제는 잠언 23장 7절이다. 사람은 자신이 마음속에 생각하는 대로 된다는 말은 의미심장하다. 좋은 생각은 좋은 열매를 맺고, 나쁜 생각은 나쁜 열매는 맺는 것이다.

클로드 브리스톨Claude Bristol은 『신념의 마력The Magic of Believing 』에서 우리가 두 마음을 갖고 있다고 했다. 그것은 바로 의식적 마음과 무의식적 마음이다. 이후 약 70년 동안 이 가설을 뒷받침하는 수많은 심리학적 연구들이 이뤄졌다. 생각은 무의식으로 인해 현실화된다. 무의식이 감정과 본능, 행동을 만들어내기 때문이다.

의식은 쉬지 않고 자극에 반응하며 무의식을 조종한다. 의식은 마음의 아주 일부만을 차지하지만 빠르게 상황을 분석하고 해석하는 역할을 한다. 반면에 무의식이 차지하는 부분은 아주 크다. 뇌를 위한 대용량 하드 드라이브인 셈이다. 그곳엔 살아가는 동안 관찰·경험한 것들과 상호 작용한 내용이 저장된다. 그러나 의식은 새로운 자극을 해석하기 위해 공간을 확보해야 하므로 의도적으로 아주 적은 양의 정보만 저장한다.

간혹 누군가의 이름이나 밴드, 영화, 책 이름이 생각날 듯하면서도 입 밖으로 나오지 않을 때가 있을 것이다. 이럴 땐 정말 답답해진다. 그런데 그렇게 생각해내려고 할 때는 생각이 안 나던 것이 나중에 마술처럼 생각날 수 있다. 그러면 안도감을 느끼고 긴장이 풀린다. 이것이 바로 무의식의 작용이다. 마치 지하 금고에서 정보를 꺼내오는 것과 유사하다. 당신은 그 정보를 정말로 잊어버렸던 게 아니라, 단지 새로운 정보를 받아들일 공간이 필요해서 의식이 무의식으로 그 정보를 보내뒀던 것이다.

무의식은 단순히 커다란 저장 장치에 불과한 것은 아니다. 이는 기본적인 본능 · 직관 · 행동 · 반응을 생성해내는 창조적인 장치이다. 생각은 의식적으로 마음에 믿음을 만들어낸다. 이 믿음이 일단 무의식으로 보내지고 나면 감정과 행동이 된다. 무의식적으로 성공할 거라고 예상한다면, 무의식은 당신의 모든 힘을 모아 성공을 현실이 되도록 할 것이다. 만약 무의식이 실패할 거라고 평가한다면 무의식은 이번에도 역시 현실로 이뤄지게 하는 행동을 하게 할 것이다. 즉 당신을 쉽게 포기하는 사람으로 만들어버린다.

또한, 생각은 당신을 바라보는 다른 사람들에게도 영향을 미친다. 당신의 생각에 따라 다른 사람의 생각이나 반응도 달라질 수 있다. 그리고 더 나아가서는 당신의 자아에 영향을 미친다. 생각과 그 생각에 따라 나타나는 감정이 당신 밖으로 드러나기 때문이다. 다른 사람들은 이것을 보고 신경계를 따라 흐르는 무의식을 사용해서 당신의 생각을 해석해버린다. 마음을 감추려 해도 어쩔 수 없이 부정적인 감정이 폭발하는 이유이기도 하다. 이럴 때는 아무리 당신이 의식을 통제하려고 애써도 소용이 없어진다.

제임스 알렌은 이에 대해 다음과 같이 표현했다.

"우리는 생각을 비밀로 지킬 수 있다고 여긴다. 하지만 그럴 수 없다. 생각은 빠르게 습관으로 구체화되고 습관은 삶으로 굳어진다."

당신은 언제나 생각하고 행동한다. 당신의 행동은 일련의 사건들을 만들어내며 일상을 형성한다. 마음이 잔뜩 괴로웠던 때를 생각해보자. 그런 감정에 대해 더 많이 생각할수록 화가 깊이 치밀어오를 것이다. 점차 감정은 시한폭탄처럼 언제 폭발할지 모르는 상태가 되고, 그래서 결국엔 감정을 아무리 억누르고 말하지 않으려 해도 부정적인 말을 하게 된다.

이럴 때 의식적으로 당신이 입을 다물어버려도 몸의 언어가 당신을 배신하고 만다. 당신은 팔짱을 끼고 두리번거리면서 안절부절못할 것이다. 상대방은 당신의 행동을 불쾌하게 받아들여 당신과 거리를 두거나 부정적인 당신의 태도에 적대적인 자세로 응할 수도 있다. 그러면 당신의 감정은 더욱 나빠질 테고, 이렇게 나쁜 생각이 나쁜 행동을 낳는 악순환이 이뤄진다.

생각은 신체 건강에도 영향을 미친다. 무의식은 신체에게 무엇을 하고 어떤 감정을 느끼며 어떤 화학성분을 생성해야 할지를 지시한다. 무의식 속에서 부정적인 생각이 두려움이나 스트레스로 전환되면 신체는 스트레스 호르몬인 코르티솔cortisol을 생성해낸다. 그리고 이 호르몬이 오랫동안 분비되면 심장질환이나 소화불량 등으로 이어진다. 현대 과학은 감정의 스트레스가 신체 건강에 미치는 영향에 관해 많은 연구 결과를 내놓았다. 하지만 이미 몇십 년 전에 이런 관계를 지적한 책들이 있었다. 맥스웰 몰츠 역시 이 점을 흥미로운 관점에서 지적해 "사소한 원인들이 모여 궤양을 일으킨다"라고 했으며, 노먼 빈센트 필은 "무엇을 먹는지가 원인이 아니라 무엇에 사로잡혀 있는지가 건강 문제를 일으킨다"라고 했다.

나는 고통을 호소하는 많은 사람을 만나 보았다. 그 결과 그들 문제의 원인은 영혼의 소화불량 때문이었다. 나의 개인적인 경험에 따르면 긍정적인 사고는 건강의 핵심 비결이다. 조각가가 조각 작품을 만들 듯 사고가 건강을 만든다. 마음의 식사 습관에 신경을 쓰다 보니 나는 어느덧 생각의 건강 광이 되어 있었다.

| 마음의 양식을 쌓는 일기를 쓰라

수많은 영양 전문가와 체중 감량 전문가들은 말한다. 어떤 다이어트 프로그램이든 최우선적인 과제로 삼는 것이 평소에 섭취하는 음식

목록을 확인하는 것이라고 말이다.

2002년 나는 절실히 체중 감량의 필요를 느끼고 운동을 결심했다. 지난 4년 동안 비즈니스를 위해 세계를 돌아다니며 너무 기름진 음식을 많이 먹었던 탓이다. 내 허리는 자그마치 6인치나 늘어 있었다! 내 키에 비해 심하게 볼록한 배는 우스꽝스러웠다. 빨리 체형을 바꿔야겠다는 생각이 들었다.

다이어트 결심을 실천에 옮기려고 상담사를 찾아갔다. 그는 우선 내가 평소에 먹는 음식을 적어오라고 했다. 물 한 잔까지도 빠짐없이 모두 적어야 한다고 했다. 나는 수첩을 들고 다니며 내 입속으로 들어가는 모든 것들을 기록했다. 몇 주 후에 수첩을 다시 들여다본 나는 소름이 끼쳤다. 수첩에 적힌 내용은 정제당, 가공식품, 탄수화물 등 한마디로 쓰레기 같은 음식들뿐이었다. 도대체 이걸 매일 몇 킬로그램씩이나 먹어댔다니! 음식 일기를 쓰는 것은 기초적이고도 매우 강력한 방법이었다. 2년이 채 안 되어 나는 18킬로그램이나 감량했다. 허리둘레도 4인치나 줄일 수 있었다.

이제 당신을 위한 비결을 알려주겠다. 앞으로 몇 주 동안 당신이 읽고, 듣고, 시청하는 모든 것을 기록하라. 이 기록을 제대로 활용하려면 항상 갖고 다닐 수 있는 작은 메모장이 있으면 좋다. 이것은 마음 다이어트는 물론이고 앞으로 다른 훈련에도 유용하게 사용할 수 있을 것이다. 당신의 마음속으로 들어가는 모든 것에 대해 그것의 출

처와 작가, 태도(긍정적·유용한·중립적·부정적)를 기록하라. 각 목록 옆에는 그것에 얼마나 시간을 들였는지도 기록하라. 당신이 만나는 사람에 대해서도 똑같이 기록하고 그들의 이름, 태도, 같이 보낸 시간을 적어라.

또한 요즘 시대에 매우 중요한 부분인데, 업무와 관련 없는 인터넷을 하며 보낸 시간도 적어라. 이제 당신이 '소비한' 부정적이거나 쓸데없는 정보와 영향력에 동그라미를 치고, 긍정적이거나 유용한 것에 밑줄을 그어라. 기록장을 보고, 그동안 얼마나 긍정적인 정보를 흡수했는지, 또 얼마나 부정적인 정보를 흡수했는지 한눈에 훑어보아라. 밑줄 그은 것보다 동그라미 친 것이 더 많다면 나쁜 '음식'들을 줄이기 위해 노력해야 한다. 이렇게 기록을 반복하다 보면 마음의 식사 습관에 더욱 주의를 기울이게 되고, 습관을 통제할 수 있게 된다. 이런 훈련을 통해 얻을 수 있는 초기의 효과는 경각심이다. 내가 음식 다이어트 일기를 쓰면서 그랬던 것처럼!

| 부정적인 사고를 걸러내라

당신의 마음 식단에 무슨 음식이 있는지 알아봤다면, 이제 마음의 정크 푸드와 부정적인 영향을 제거할 준비가 된 것이다. 이것들은 독소와 같다. 당신의 마음속에 있는 긍정적인 정보와 공존할 수 없는 것들이다. 이 독소는 제거하지 않으면 점점 부피가 커져 마음속의 좋은 재료들을 밀쳐낸다.

이상한 뉴스만 찾아다니는 당신의 마음속 호기심에 대해 생각해보자. 세상에 무슨 일이 일어나는지 '따라잡기' 위해 당신은 린제이 로한에 관한 최근 뉴스를 클릭할 것이다. 이것은 세상을 감염시키는 바이러스를 클릭하는 것과 같다. 그러나 당신은 내가 체중 감량 프로그램에서 사용한 방법과 정신력으로 이런 호기심을 극복할 수 있어야 한다.

텔레비전 뉴스가 당신에게 정보를 제공하는 데 목적이 있다고 생각한다면 큰 오산이다. 그들의 목적은 채널을 고정한 채 광고를 보면서 물건을 사게 하는 데 있다.

롱타임방송 Longtime Broadcast 의 저널리스트 테드 코펠 Ted Koppel 은 뉴스가 어때야 하는지를 말했다. 그는 뉴스의 장면을 구성하는 요령에 대해 일명 '국자 떨어뜨리기'라고 했다. 즉 주방에서 수프를 만들고 있던 엄마가 머리기사를 듣고 국자를 떨어뜨리곤 텔레비전 앞으로 뛰어와 처참한 광경을 보게끔 해야 진짜 뉴스란 말이다. 여기서 알 수 있듯이 긍정적인 이야기로는 시청률을 끌어올릴 수 없다. 그런 내용은 시청자의 관심을 끌만큼 위협적이지 않기 때문이다. 매일 밤 지역 텔레비전 뉴스를 보라. 자동차 사고, 살인, 정치 추문, 스포츠, 그나마 유용한 정보라곤 날씨밖에 없을 것이다.

감기 바이러스를 피하는 것처럼 가십을 피해야 한다. 가십은 사회적으로 공인된 포르노 같은 것으로 해악일 뿐이다. 다른 사람의 불행이 오락의 주제가 되어서는 안 된다. 가십을 퍼뜨리는 웹사이트, 방송 프로그램, 잡지를 접하면 즉시 거기서 눈을 떼라. 잡지의 유명인에 초점을 맞춘 기사도 조심해야 한다. 미디어의 잔인한 면이라고 할 수 있는 관음증을 조장하기 때문이다.

인터넷을 사용할 때는 목적을 분명히 가져야 한다. 당신의 관심을 끌 만한 것을 찾을 때까지 무작정 클릭하면서 돌아다니지 마라. 그러다 결국 불건전한 뉴스에 빠지게 된다. 라스베이거스의 카지노에서 통하는 법칙이 있다. 도박하는 사람을 한 테이블에 묶어두면 결국엔 모두 잃게 된다는 것이다. 매일 꼭 웹 사이트를 돌아다녀야겠다면 다음의 법칙을 적용하라.

"부정적인 것은 슬쩍 보고 지나친다. 하지만 긍정적인 것은 집중해서 관심 있게 본다."

그리고 부정적인 사람들과 그들의 나쁜 태도를 걸러내야 한다. 당신은 미디어보다도 주변 사람들을 더욱 신뢰할 것이다. 그런 만큼 지인들의 말은 당신으로 하여금 부정적인 사고를 하게 만들 수 있다. 사람들의 입에서 나오는 이야기나 가십거리들을 주의 기울여 들어보면 얼마나 부정적인지 알 수 있을 것이다. 만약 이들이 계속 험담과 불평을 늘어놓고 세상에 대해 투덜거린다면 그들에게 말해줘라.

"난 마음 다이어트 중이라서 좋은 것만 받아들여야 해."

그래도 그들이 부정적인 태도를 바꾸지 않는다면 앞으로 더는 어울리지 않는 게 좋다.

프레너미frenemy, 마을 소식통town crier, 비관론자Chicken Little 등의 매체도 당신의 사고에 독소가 된다. 사회적 모임, 직장, 온라인에서 그들과의 만남을 끊어라. 당신에게는 그렇게 할 힘이 있다. 부정적인 동료와의 관계를 모두 끊을 수야 없겠지만, 누구 옆에 앉을 것이며 누구에게 관심을 쏟을 것인지, 누구와 대화할 것인지는 당신이 결정할 수 있다. 극단적일 땐 친구나 연인과의 '결별'까지도 고려하라. 교회 또는 거주지를 바꾸고 직장을 그만둬야 할 수도 있다.

특별히 당신을 문제로 끌어들이는 사람들과는 대화하지 마라. 그들은 어차피 당신에게서 답을 구하려는 게 아니다. 당신이 그 나쁜 소식을 듣고 분개하는 것을 보며 즐거워할 뿐이다. 당신도 그 소식을 알고 있지만, 끼워줘서 고맙다고 말하는 걸 듣는 게 그들이 원하는 보상이다.

혹시 친구들과 연락을 주고받고 새로운 친구를 사귈 수 있는 소셜 네트워킹 사이트인 페이스북을 하고 있는가? 그렇다면 당신의 먹이(당신이 로그인했을 때 보이는 아이템들)가 될 수 있는 것들을 분별력 있게 봐야 한다. 부정적인 소식이 올라온다면 다음에는 그것을 보지 않도록 닫기 버튼을 눌러라. 또한 줄곧 사람들을 화나게 하는 부정적인 소식을 업데이트하는 사람이 있다면 그와 관계를 끊어라(그 사람의 프로필 왼쪽 아래에 버튼이 있다). 이렇게까지 한다니 너무 심한 게 아닌가 싶기도 할 것이다. 그러나 당신 자신에게 반문해보기 바란다. 내 마음에 독소가 퍼진다면 내가 어떻게 다른 사람들에게 좋은 사람이 될 수 있겠는가?

물론 이런 사람 중에는 삶에서 쉽게 끊어낼 수 없는 가족이나 이웃이 있기도 하다. 울며 겨자 먹기로 버틸 수밖에 없는 직장 동료도 마찬가지다. 이런 상황에는 '무시하기' 기술을 사용하라. 만화 영화 〈피너츠peanuts〉를 보면 교실 속 아이들은 알아들을 수 없는 '워워워' 소리로 말한다. 이처럼 다른 사람들의 말을 무시할 때 그들의 말을 알아들을 수 없는 말로 바꿔서 들어라. 즉, 한 귀로 듣고 한 귀로 흘려 버려라. 어릴 적 선생님이 반복해서 잔소리를 늘어놓을 때 아마도 그렇게 해봤을 것이다. 그 방법을 다시 활용하라!

| 좋은 책을 읽는 데 집중하라

나는 당신에게 머리를 땅속에 파묻고 현재의 사건 · 사고에 귀를 막고서 영혼을 살찌우는 것만 먹고살라 말하는 게 아니다. 마음 다이어트, 즉 마음을 위해 좋은 양식을 채워 넣으라는 것은 정보를 입수하면서 고도의 분별력을 발휘해야 한다는 뜻이다.

가장 보편적인 방법으로 당신의 관점을 더욱 풍성하게 해주고, 삶에 필수적인 정보를 주는 사설 위주로 신문을 읽어라. 개인적으로 나는 〈뉴욕타임즈New York Times〉와 〈월스트리트 저널Wall Street Journal〉을 추천한다. 이 둘은 명성이 있기도 하지만 상호보완적이어서 현실에 대한 청사진을 제공한다. 〈패스트컴퍼니Fast Company〉, 〈포춘Fortune〉, 〈석세스Success〉, 〈MPI's One+〉, 〈하버드 비즈니스 리뷰Harvard Business Review〉 등도 나에겐 건설적인 지식을 전해주는 훌륭한 원천이다.

이와 같은 견해를 보이는 방송 프로그램을 시청하는 것도 좋다. 많은 라디오 토크쇼가 새롭지 못하긴 해도, 대부분의 미국 공영 라디오 방송National Public Radio의 내용은 아주 훌륭하다. 통찰력 있고, 유용하며 긍정적인 태도와 목적이 있다. 오프라 윈프리Oprah Winfrey와 데이브 램지Dave Ramsy 역시 도움이 될 만한 정보를 제공한다.

하지만, 무엇보다 가장 중요한 것은 좋은 책을 읽는 것이다. 마음 다이어트가 좋은 책을 읽는 데 집중된다면 자신만의 관점이 개발되고 시간이 흐를수록 지혜를 얻게 될 것이다. 마음 다이어트를 위해 좋은 양식을 섭취하는 가장 이상적인 방법은 책에서 50퍼센트, 미디어에서 25퍼센트, 사회와 직장에서 나머지 25%를 얻는 것이다. 특히 잘 쓰인 책은, 당신의 발전에 도움이 되는 깊이 있는 지식과 완벽한 개념을 제공한다.

좋은 책은 다음 네 가지의 범주로 나눌 수 있다.

- 영감을 주는 책(철학적 · 심리학적 · 영적인 분야)
- 교육적인 책(개인적이거나 전문적인 안내서)
- 역사서 또는 참고서(논픽션이나 소설)
- 미래 또는 최근 경향에 관한 책(세상이 어떻게 변하는지에 관한 것)

근처의 서점이나 도서관에서 시간을 보내면서 책들을 둘러보라. 또한 마음의 긍정적인 양식이 될 책을 찾기 위해 매달 20달러 정도는 책 구입에 투자해야 한다.

친구를 사귈 때도 그가 어떤 사고방식을 가졌는지 살펴보라. 단순히 가까이 살거나 현실적으로 도움이 된다고 무작정 사귀지 말고, 당신의 사고력을 높여주는 대화 상대를 찾아 그와 함께 시간을 보내라.

마지막으로 마음을 좋은 것으로 채워주는 다이어트 요소는 주변 사람의 기쁨과 행복이다. 우리들 삶의 여정이 어떠냐에 상관없이 주변 사람들, 심지어 낯선 사람에게서도 긍정적인 사고를 흡수할 수 있는 기회가 올 수 있다.

가령 공항은 대부분의 사람에겐 스트레스받기 쉬운 장소이다. 아이 때문에 당황스러워하는 엄마와 거만하게 거드름 피우는 비즈니스석 승객들 때문에 나도 가끔은 짜증이 난다. 하지만 조금만 당신 내면의 마음을 정돈하고서 다시금 둘러보라. 그러면 오랜만에 만난 가족들의 재회와 기쁨, 나들이에 즐거워하는 아이들, 사람들의 미소가 눈에 들어올 것이다.

지난 몇 해 동안, 나 역시 여행을 다닐 때 느끼는 감성을 높이기 위해 그 방법을 써왔다. 예를 들면 공항에 있다 보면 중동에서 돌아오는 군인들을 자주 볼 수 있는데, 조종사, 승무원들, 여행객들은 이들에게 곧잘 반갑게 인사를 건넨다. 무늬가 어지러운 갈색 군복을 입은 군인들이 국제공항 게이트에서 열렬한 환호를 받으며 터미널을 통과할 때의 광경을 지켜보면 그들이 느끼는 자부심에 나도 함께 흠뻑 취한다. 그러면 그들의 기쁨과 긍정적인 에너지가 내게도 전달되어 가득 채워지는 것을 느낀다.

휴가철이나 생일 파티 때엔 다른 사람이 즐거워하는 것을 보고 그들과 함께 잔치 기분에 젖어본다. 직장에서 동료가 상을 받는 순간도 비슷한 상황이 된다. 이것은 내가 기르는 강아지가 잘하는 것이기도 하다. 누군가 기뻐하거나 흥분된 상태로 집에 돌아오면 강아지는 이유도 모르면서 같이 들떠서 요란을 떤다. 개는 정말 원래 그런 마음을 타고난다. 개는 훌륭한 성격을 가졌다.

| 지하 창고에서 마음의 양식을 가져오라

어릴 적 우리 집 농장에는 가축이 많았다. 할머니는 이 가축에 빗대어 마음의 양식에 관해 설명했다.

"소는 풀을 먹고 되새김질을 한단다."

빌리 할머니 말의 요점은 마음은 새로운 음식을 섭취할 때도 있지만, 먹었던 걸 '되새김질'할 때도 있다는 의미다. 인간은 매우 빠른 속도로 기억을 암호화하고 저장하는데, 나중에 그것을 끄집어내어 반추한다. 즉 인간이 되새김질하는 것은 머릿속에 저장된 기억과 그 기억에서 형성된 믿음과 신뢰감이다.

우리의 사고는 상당 부분이 기억에서 비롯된다. 이는 마음의 양식에도 최고의 원천이 기억이라는 점과 같다. 이 기억은 얼마 전의 기억(반응) 또는 몇 년 전의 기억(반추)일 수 있는데, 지하 창고는 의식(컴퓨터로 말하면 램)과 무의식(최근에 백업해 놓은 대용량 저장 장치)이라는 두 개의 창고에 보관된다. 사고를 다루는 데 있어서 가장 중요한 것은 지하 창고에서 어떤 기억을 불러와서 활용할 것인가 하는 점이다. 마음의 외적인 부분을 통제할 수 있다 해도 지하 창고에는 이미 두려움이나 분개·걱정으로 채워져 있을 수 있다. 기억이라는 마음의 양식을 불러올 땐 신중해야 한다. 느슨한 사고로 무의식이 제멋대로 돌아다니게 내버려두면, 무의식은 아무 기억이나 불러올 것이고, 그 기억 중에서 많은 부분이 부정적인 감정을 수반할 것이다.

두려움은 아주 강력한 감정이다. 일단 두려움을 느끼면 그때부터 두려움을 무시하기란 거의 불가능하다. 두려움은 마음에서 상전 노릇하면서 당신을 지배할 것이다. 그래서 의도적으로 어떤 노력을 하지 않는 한, 그 두려움은 반복해서 곱씹을 수밖에 없게 된다.

더불어 의식 속에 찾아오는 기억에 주의하라. 어떤 기억이 떠오를 때 자신에게 질문하라. "그것은 마음에 영양분이 될 것인가, 자극만을 줄 것인가?" 자극제라면 당신의 마음을 요란스럽게 하고 신체적인 증상도 만들어낼 것이다. 볼에 홍조가 나타난다든지, 위에 염증이 생긴다든지, 주먹을 불끈 쥐게 할지도 모른다. 반면에 영양분은 오랜 시간을 달린 후에 마신 시원한 물처럼 좋은 기분을 느끼게 해줄 것이다.

마음에 나쁜 기억을 양식으로 주고 있다는 걸 감지하면 그 기억을 빨리 씻어내야 한다. 나는 부정적인 기억을 화이트보드에 쓰인 글씨처럼 바라보는 나만의 방법을 사용한다. 그러면 언제든 정신의 지우개로 그것들을 보드에서 깨끗하게 닦아 없앨 수 있다. 만일 그렇게 했는데도 자꾸 눈앞에 그 글씨가 나타나려 하면 의식적으로 나에게 말한다.

"지워져라, 제발."

과거의 나쁜 기억이 다시 떠오르면 의식적으로 막아야 한다. 과거의 실수를 회상하면서 끊임없이 후회하는 것이 보통 사람들의 모습이다. 그렇게 되면 빌리 할머니의 말씀처럼 "그렇게 했어야만 해"라는 덫에 걸리게 된다. 고통스러운 과거를 곱씹을수록 무의식은 그 당시의 구체적인 일들을 더 뱉어내고 싶어하고, 사고 역시 고통스러웠던 과거에 더 얽매이게 된다. 일단 실수에서 교훈을 얻었다면 그 밖의 자잘한 것들은 '쓸데없는 기억들'이라고 단정을 짓고 지워버려라. 그리고 이때 얻은 통찰력을 저장하고, 나머지 세부적인 것들은 지워라.

　가장 건강한 마음의 양식은 성공의 경험이다. 성공의 경험은 당신이 용기를 내고 능력과 끈기를 발휘했던 시절의 기억이다. 당신은 정말 훌륭했고 기대 이상으로 성과를 냈을 것이다. 이런 긍정적인 결과를 얻었다는 건 뜨거운 반응을 경험했다는 뜻이다. 아마도 당신의 자신감은 위로 한없이 솟구쳤을 것이다. 이에 대해 맥스웰 몰츠는 이렇게 말했다.

　"우리는 성공을 경험함으로써 성공하는 요령을 배운다. 과거의 성공에 대한 기억은 현재의 임무에 대해서도 자신감을 갖게 한다."

　다음에 닥칠 도전 과제에도 이렇게 할 수 있도록 연습해야 한다. 직면한 과제를 걱정할 게 아니라, 그와 관련된 과거의 성공 경험을 떠올리는 것이다. 당신이 얼마나 용기 있고 창조적이며, 강한 힘을 갖고 있었는지, 그때 얼마나 좋은 결과를 이끌어냈는지 떠올려보라. 그리고 지금의 상황이 그때와 얼마나 비슷한지를 생각해보라. 과거의 사진을 지갑이나 스마트폰에 담아두는 것도 도움이 될 것이다. 지금 당신이 그때의 당신보다 더 낫지는 않더라도 최소한 같은 사람이라는 걸 기억하라.

　몇 년 전엔 나 역시 이런 마음의 양식을 활용했다. 미국 중앙정보국 CIA에서 강연할 때였다. 수백 명의 관계자가 모인 리더십 행사에서 나의 두 번째 책인 『완전 호감 기술The Likeability Factor』에 대해 이야기할 기회가 주어진 뜻깊은 자리였다. 그런데 행사 주최자는 청중들의 안목이 너무 높아서 웬만해서는 외부인의 연설에 감동하지 않을 거라고 행사 직전에 말해주었다. 나보다 앞서 다녀간 유명한 강연자들도 그 자리에서 얼마나 무시당하고 갔는지 너무 자세하게 설명하는 통에 나는 준비를 하면서 내내 긴장감을 떨칠 수가 없었다.

무대에 오르기 10분 전, 나는 잠시 눈을 감고 2004년의 성공적인 강연 기억을 떠올렸다. 그때의 자세한 상황을 또렷이 기억해냈다. 그때는 내 생애 첫 번째 강연이었다. 청중은 미국 해병대였는데, 그때 역시 만만찮은 상대였다. 특히 그들은 민간인의 강연을 좀 무시하는 경향이 있다는 이야기를 사전에 들었었다. 하지만 당시에 나는 준비를 정말 잘해서 한 사람 한 사람에게 감동을 주는 강연을 해낼 수 있었다. 심지어 강연이 끝나자 준장은 내게 추천장까지 주었었다.

그렇게 성공적이었던 해병대 앞에서의 강연을 떠올리며 그때의 상황을 다시 마음속으로 경험하자, 곧 그 추천장이 눈앞에 어른거렸다. 추천장 위쪽 모퉁이에 카투 장군과 미국 해병대 로고가 어른대자 나는 나 자신에게 말했다.

'그때 청중이 감동했다면 오늘도 그럴 수 있다. 나는 그때와 똑같은 사람이다. 그때 열심히 준비했던 것만큼 이번에도 만반의 준비가 되어 있으니까.'

이렇게 생각을 바꾸자 모든 게 달라졌다. 긴장했던 마음이 풀리고 강연을 들으러 온 사람들을 똑바로 바라볼 수 있었다. 자신감 있게 무대 위로 올라가서 그 똑똑하다는 청중들에게 인간성과 다른 사람의 마음을 읽는 방법, 인맥 맺기 등에 관해 생생한 경험담을 토대로 한 이야기를 들려주었다. 해병대에서 강연했을 때와 마찬가지로 모두들 내 강연을 경청했다. 결과는? 다음번에도 강연해줄 수 없겠느냐며 다시금 요청해왔다. 역시 성공의 경험만큼 성공에 도움이 되는 것은 없다.

성공의 경험 이상으로, 한가할 때 떠올려보는 행복했던 순간도 마음에 좋은 양식이 된다. 브루클린 다저스Brooklyn Dodgers 의 명투수였던 칼 어스킨Carl Erskine은 이렇게 말했다.

"자신을 큰 어려움에 빠지게 하는 생각은 형편없는 투구보다도 나쁩니다. 나에게 어느 코치의 충고보다 어려움을 극복할 수 있게 도움을 준 것은 어느 강연이었습니다. 그 강연 내용은 밤톨을 간직하고 있는 다람쥐처럼 우리도 행복과 승리의 순간을 간직하고 있어야 한다는 것이었습니다. 그러면 위기의 순간에 이 기억들로 말미암아 도움과 영감을 얻을 수 있습니다."

그렇다! 긍정적인 감정을 느꼈던 모든 순간을 잊지 말아야 한다. 거기에 큰 의미를 부여하고 쉽게 떠올릴 수 있도록 의식적으로 기억하고 있어야 한다. 왜냐하면 사람들은 이런 순간을 기억에서 쉽게 지워버리기 때문이다. 이처럼 마음에 긍정적인 기억을 공급하는 것은 매우 중요하다. 이전에 언급했듯이 의식은 제한된 공간을 갖고 있다. 좋은 기억으로 가득 차면 나쁜 기억이 발을 들여놓지 못한다. 나폴레온 힐은 이 점을 잘 알고 있었다.

"긍정적인 감정과 부정적인 감정은 한 마음을 동시에 차지하지 못하는 법이다."

| 하루 종일 좋은 양식을 먹어라

부정적인 것은 밖으로, 긍정적인 것은 안으로.

이 원칙을 일상적으로 마음 다이어트에 적용해야 한다. 아침마다 마음을 위한 아침 식사를 시작하라. 이것은 식사 중에서도 가장 중요한 식사이다. 왜냐하면, 이를 통해 하루의 태도가 정해지고, 무의식이 하루 동안 무엇을 관찰하고 사고하며 저장할지를 알아차리기 때문이다.

아침에 일어나면 가장 먼저 눈을 뜨자마자 하는 운동(이에 대해서는 원칙 3에서 자세히 설명하겠다)부터 하고, 그런 다음에 마음이 정신을 차릴 수 있게 천천히 침대에서 나오도록 한다. 예전엔 직장에 늦지 않으려고 침대에서 뛰쳐나와 출근하기 바빠서 아침에 마음을 위한 양식을 먹는다는 건 꿈도 못꿨을 것이다. 그렇다면 이제부터 좀 더 일찍 일어나라. 마음의 긴장을 풀고 일과를 편안히 시작하려면 아침에 눈을 뜬 다음 천-천-히 움직여야 한다.

눈을 뜨자마자 맨 처음 바라보는 세상이 온라인이면 곤란하다.

이메일을 확인하지 마라. 이메일은 나중에 처리해도 된다. 나는 대서양 연안과 3시간이나 시차가 나는 캘리포니아에 살고 있다. 그래서 늘 최우선적으로 이메일을 열어보고 그날의 업무 진행 상황을 체크해야만 마음이 놓였었다. 안 그러면 중요한 일을 놓칠 거라는 걱정에 늘 휩싸여 있었는데, 해보니 절대로 그렇지 않았다. 지난 5년간 나는 이메일과 인터넷 뉴스에 사용하는 시간을 원래보다 한 시간 미뤘다. 그러나 업무 수행을 단 한 번도 놓치지 않았다. 되도록 점심시간 전까지는 뉴스를 보지 마라. 신문 역시 나중에 읽어도 된다. 주가지수와 부고란, 스포츠 섹션을 읽지 않았다고 벙어리가 되지는 않는다.

그 대신 일찍 일어나서 책이나 수준 높은 간행물을 읽어라. 공부하는 자세로 독서하고 그 의미에 대해 목적을 갖고 생각하라. 그래서 배운 게 있다면 노트에 적어라. 나는 독서 시간의 반은 영적이고 교감을 주는 책에 할애한다. 또 나머지 절반은 교육적인 책을 읽는 데 사용한다. 이렇게 두 가지의 독서를 골고루 하면서 하루를 긍정적인 마음으로 시작해보자.

그리고 오후엔 점심시간이 끝나기 직전 5분 동안 긍정적인 생각을 하는 시간을 가져라. 이때엔 일이 잘 되고 있는지, 오늘 하루가 끝나기 전에 어떤 긍정적인 일을 할 것인지 생각하라.

오후에는 잠깐 동안 휴식 시간을 가져라. 날씨가 좋으면 밖으로 나가는 게 좋다. 데일 카네기는 업무 스트레스를 받을 때면, 몇 블록 떨어진 교회까지 걸어가서 10분간 명상했다고 한다. 이런 명상의 시간엔 머릿속 문제를 해결하기 위해 애쓰지 마라. 오로지 마음을 깨끗이 정돈하는 시간이라고만 여겨라.

체육관에서 운동하거나 출퇴근하는 시간 동안에도 좋은 책을 읽거나 오디오 북으로 들어라. 단, 미디어를 멍하니 보고 있는 것은 좋지 않다. 일을 마치고 집에 돌아와서 자동적으로 텔레비전을 켜지 마라. 몇 분 동안의 텔레비전 때문에 하루 동안 쌓은 마음의 양식이 헛수고가 될 수 있기 때문이다. 침대에 눕기 전, 조금 더 독서 시간을 가져라. 하지만 복잡하거나 자극적인 내용은 피해야 한다.

생각과 자신감의 열쇠는 마음이다. 내가 하루를 시작하는 이 원칙을 당신도 매일 꾸준히 시도하라. 그러면 사고의 패턴이 낙관적이고 희망적이며 건설적으로 되는 것을 경험할 수 있을 것이다.

[원칙 2]
대화를 발전시켜라

하지만 반대로 대화가 샛길로 빠지면 우리는 혼란스러워진다. 그렇기에 대화가 나쁜 쪽으로 빠지면 갈등과 부정적인 감정이 만들어진다.

랄프 왈도 에머슨 Ralph Waldo Emerson은 "대화란 집단으로 하는 게임이다"라고 말했다. 대화는 유용하지만 게임 참가자들에 의해 점점 복잡해질 수 있다는 의미다. 하지만 대화라는 고도의 상호작용을 통해 우리의 태도와 믿음이 형성된다.

삶의 대부분을 차지하는 대화란 것은 내부에서 일어난다. 의식과 무의식이라는 두 마음 사이에서 말이다. 당신은 자기 자신에게 완전히 소리를 죽여 내면의 대화를 나누는 것이다.

하지만 때로는 밖으로 큰소리를 내서 말하기도 한다. 그러나 어떤 방식으로 말하든, 당신은 다른 사람보다 당신 자신과 훨씬 더 많은 대화를 나눈다. 따라서 대부분의 내면의 대화에는 마음의 양식을 소화하는 행동이 포함된다.

"이 정보 또는 자극은 어떤 의미가 있을까?"
"어떤 감정을 느껴야 할까?"
"무엇을 해야 할까?"
"걱정해야 할까?"
"믿음을 가져야 할까?"

이런 내면의 대화는 사고와 행동의 중간 지점에서 이뤄진다. 그런데 마음을 아무리 좋은 양식으로 채워도, 내면의 대화가 왜곡되면 여전히 부정적인 사고를 만들어낸다. 실제 음식과 다르게 우리는 마음속 음식을 어떻게 소화시킬 것인지에 대해 선택권을 갖고 있다. 당신은 내면의 대화에 완벽한 통제권을 갖고 있고, 곧 알게 되겠지만 건강한 관점을 적용해 모든 대화를 매순간 건설적인 것으로 만들 수 있다.

| 껍데기는 버려라

빌리 할머니는 자신이 '알맹이와 껍데기'라고 이름 불렀던 훈련의

달인이었다. 12살이 되었을 때, 나는 처음으로 교회의 여름 캠프에 참가했다. 캠프장의 이름은 '노래 부르는 언덕'이었고 앨버커키 외곽에 위치해 있었다. 나는 예배 중 찬양하는 순서에서 대표로 뽑혔다. 짤막하게 내 개인적인 성취에 관한 이야기를 덧붙인 후 〈내 잔을 채우소서 Fill My Cup〉라는 찬송가를 불렀다. 이 노래는 내가 낼 수 있는 최대한으로 고음을 내야 하는 노래였다. 다른 캠프 참가자들은 나에게 열화와 같은 성원을 보냈다.

그런데 우리 교회 사람들의 반응은 좀 달랐다. 어떤 아이들은 내가 입고 온 옷이며 높은음을 부를 때 찢어지는 목소리에 대해 놀려댔다. 나보고 '꽥꽥이'라고 부르는 아이도 있었다. 길 존슨이라는 교회 후원자는 내가 장황하게 말을 늘어놓지 말고 노래만 집중해서 불렀어야 했다고 꾸짖기까지 했다. 나는 이 모든 혹독한 비판을 듣고 집으로 돌아와 할머니에게 다시는 집 안에서가 아니면 노래를 부르지 않겠다고 선언했다. 그러자 할머니는 피칸 한 줌을 통에서 꺼내며 말했다.

"비판은 피칸 열매와 같은 거야. 너도 알다시피 피칸을 통째로 삼킬 수는 없단다. 그대로 뱃속에 넣었다간 절대로 소화시킬 수 없거든. 그래서 너트 크래커가 있는 거야. 피칸은 깨뜨리면 돼. 그러면 먹을 수 있는 부분이 나오니까."

할머니는 나에게 피칸을 건네주며 말했다.

"얘야, 그럼 껍데기는 어떡해야 할까?"

"당연히 버려야죠."

"맞아! 알맹이는 먹고 껍데기는 버리는 거야. 정말 간단하지 않니? 근데 이건 언제나 효과가 있단다. 자, 사람들이 너의 노래에 대해 했던 모든 말들을 피칸 봉지로 생각하렴. 하나하나 그 안에 가치 있는 것이 담겨져 있단다. 네 노래 또는 그런 말을 해준 사람에 대해 네가 알 수 있는 점이 있으니까."

"무슨 말인지 모르겠어요. 그 사람들이 나를 놀렸다고요. 존슨 아저씨는 내가 노래를 부르기 전에 말을 덧붙였다고 야단까지 쳤어요. 모두들 나에게 가치 있는 것을 준 적이 없단 말이에요."

할머니는 기분이 상해 있는 나를 달래며 말했다.

"그래, 그럴지도 모르지. 그런데 할머니 생각엔 아이들이 그렇게 말한 걸 보니 네가 참 부러웠던 모양이구나. 네가 노래를 아주 잘 부른다는 걸 너와 나는 이미 알고 있잖니."

"그럼 존슨아저씨는요? 그 아저씨는 나를 부러워한 것 같진 않던데요."

"길 존슨은 너에게 호의를 베푼 거란다. 왜냐하면 그는 옳은 소리를 했기 때문이지. 너는 노래만 불렀어야 해. 아무도 너에게 설교를 요청하진 않았잖니?"

순간, 나는 뭐라고 정확하게 설명하기는 어렵지만 분명히 중요한 것을 깨달았다. 정보를 어떻게 소화하느냐가 정보의 영양적 가치를 결정한다는 것이었다. 나는 할머니의 가르침이 경험에서 비롯됐다는 걸 잘 알고 있었다. 지난 날 할머니가 혹독하고 파괴적인 소리에 시달려야 했던 시절에, 이 교훈은 할머니를 자유롭게 해주는 아주 소중한 발견이었을 것이다.

할머니는 남편이 떠나고 얼마 지나지 않아 10대의 두 아들들도 아버지를 따라 떠나 버렸다. 이 사건을 계기로 할머니의 삶은 완전히 무너지고 말았다. 처음에 할머니는 왜 아들들이 아버지를 선택했는지 이해할 수 없었다고 한다. 하지만 나중에 그 이유를 알게 되었다. 남편이 그녀를 떠난 후, 속상해서 청소기를 휘두르며 아이들을 야단쳤던 적이 있었던 것이다. 그 일이 있고 몇 주 지나지 않아 아이들은 두 부모 사이에서 결정을 내려야 하는 상황이 왔고, 결국 아이들은 아버지를 따라가기로 결정했다.

할머니 역시 이런 상황에서 결정이 필요했다. 그 일을 계기로 교훈을 얻을 것인가, 아니면 자신의 삶을 송두리째 내팽개칠 것인가 말이다. 당시 할머니가 겪어야 했던 정신적인 고통은 실로 엄청났다. 남편의 사기 사건과 더불어 찾아온 우울증을 극복하기란 쉽지 않았다. 할머니는 자신이 피해자라고 생각할 수도 있었고, 아이들에게 한 행동을 정당화할 수도 있었다. 아니면 앞으로는 마음을 굳게 닫고 살아야겠다고 결심할 수도 있었다. 그러나 할머니는 그렇게 하는 대신, 앞으론 절대로 아이들을 때리지 않겠다고 결심했다. 손자인 나를 포함해 그 누구도 말이다.

또한 아무에게도 화를 드러내 보이지 않기로 결심했다. 할머니는 그때의 사건을 체벌과 감정 통제에 대한 새로운 통찰을 얻는 기회로 삼았다. 일단 이런 결론에 이르자 할머니는 알맹이는 삼키고 껍데기는 버릴 수 있었다. 마음속에 소중한 교훈만을 남긴 채 나머지 일은 모조리 지워버렸다.

결국 두 아들은 집으로 돌아왔다. 할머니와 아들들의 관계는 회복되었고 지금까지도 그 관계는 계속 발전하고 있다. 할머니와 짐, 마이크는 서로 사랑하며 자주 함께 시간을 보낸다. 그때의 일은 다시 들먹이지 않는다. 이미 그 사건은 마음속에서 지워진 것이다. 이는 우리에게도 매우 소중한 교훈이 된다. 언제나 모든 정보에는 섭취할 만한 좋은 알맹이가 들어 있다. 아주 심한 비판일지라도 그것은 그 사람이나 당신에 관해 소중한 내용을 담고 있다.

'알맹이와 껍데기' 훈련은 실패를 다루는 데 있어서도 아주 훌륭하다. 일어난 일에 대해 교훈을 얻고, 나머지 자잘한 것들은 잊어버려라. 누구나 실패할 수 있다. 실패가 주는 교훈만 남기고 나머지는 완전히 지워버려야 한다.

물론 나중에 무의식이 그때의 경험을 꺼내올 수는 있다. 하지만 그렇다 해도 당신은 그때의 교훈만 기억할 뿐, 자신의 실수나 다른 사람의 비난은 기억하지 못할 것이다. 그러면 근심 또는 회의감 대신에 넘치는 자신감을 느끼게 될 것이다.

| 뉴스의 틀

매일 수십 건의 뉴스가 당신의 마음을 헤집고 들어오려 한다. 그 중 몇 개는 친구와 동료가 전해주고 나머지는 미디어를 통해 듣는 소식일 것이다. 당신이 접하는 뉴스는 원래 정해진 의미가 있는 게 아니다. 다만 거기에 의미를 부여하는 것은 당신의 사고이다. 셰익스피어의 『햄릿Hamlet』에 나오는 대사를 인용하면, "세상에는 좋고 나쁜 게 있는 것이 아니라 생각하기에 따라 그렇게 느껴질 뿐이다."

뉴스에 반응하는 우리의 마음은 너무 급하다. 좋다 나쁘다 둘 중의 하나로 얼른 결정을 내려야 속이 시원하다. 중간 정도로 평가하는 경우는 드물다. 마음이 무의식에게 그 소식에 대해 어떤 느낌을 가져야 한다고 말하면, 몸속에서는 화학물질이 대량으로 생성되고 여러가지 신체적 반응이 일어난다.

뇌에는 논리적 기능을 담당한 중추(신피질)와 감정적 기능을 담당한 부분(편도체)이 있다. 심리학 저술가인 대니얼 골맨Daniel Goleman의 『감성지능Emotional Intellingence』에 따르면 감정 중추가 갖는 기능은 논리적 중추의 기능보다 강하다. 즉 새로운 정보는 사람의 마음을 장악하고 위급한 상황인 것처럼 해석하며, 즉각적으로 호르몬 분비를 촉진시킨다고 한다.

미디어는 물론이고 우리가 가진 대부분의 지식도 모든 것을 극단적으로 보려는 경향을 띤다. 끝내주게 좋거나 비극적이거나 둘 중의 하나다. 뉴스는 당신으로부터 반응 얻는 것을 너무 좋아하는 특징이 있다. 따라서 전하는 소식이나 혹은 정보의 수위를 낮춰야 할 이유가 없는 것이다. 그래서 뉴스에 따라 감정이 올라갔다 내려갔다 하는 감정 통제 불능 상태에 빠지게 된다.

따라서 뉴스를 접할 때는 개인의 관점을 발휘해야 하며, 모든 뉴스를 대할 때 근본적인 틀을 갖고 있어야 한다. 또한 논리적 사고가 기능을 발휘할 수 있게 감정적 반응을 늦춰야 한다. 마치 〈스타트렉Star Trek〉에 나오는 벌칸 종족의 스폭처럼 말이다. 감정을 다스리고 싶다면 뉴스가 당신의 마음을 파고들 때, 정확한 틀을 사용해서 사고해야 한다.

새로운 정보, 즉 뉴스를 다루는 틀에는 다음 네 가지가 있다.

- 좋음 – 자신과 이해관계에 있는 누군가 또는 무언가에 대해 좋음.
- 중립 – 자신의 이해관계에 직접적인 영향이 없음.
- 고민 – 자신이 어떤 반응을 해야 할지가 어려운 문제임.
- 나쁨 – 자신의 이익에 치명적이고 부정적인 영향이 있음.

당신이 말하는 대부분의 나쁜 뉴스는 삶을 분주하게 만드는 뉴스일 것이다. 그래서 그런 정보는 당신에게 갑자기 활기를 주고, 해결에 집중해야 할 이유가 된다. 사실 상황을 어지럽게 하는 오해나 사건 등, 당신을 분주하게 만드는 뉴스는 불안한 내용이다. 그리고 손실이나 패배를 다루는 그런 종류의 기사는 너무 자주 눈에 띈다. 당신은 이런 뉴스를 들으면 즉각적으로 부정적인 틀에서 생각한다.

그러나 경험에 따르면 진정으로 나쁜 뉴스(내가 전혀 손쓸 수 없는 영구적인 손상을 입는 경우를 뜻함)는 거의 없다. 단순히 "당신은 이에 대해 고민하고 뭔가를 해야 한다. 현재 상황은 이젠 작동하지 않는다"는 뜻일 경우가 대부분이다. '나쁜 뉴스' 때문에 눈앞이 캄캄해질 필요는 없다. 단순히 당신에게 해결책을 생각해보라고 하는 것뿐이다. 이런 사실을 깨달으면 내면 대화는 패닉 상태가 아니라, 차분히 계획을 세울 수 있는 상태로 전환된다.

무엇인가 좋은 뉴스의 틀에 들어가는 소식을 접할 때면 나는 기뻐하며 무의식에게 명령한다. 이 정보에 내가 빠르게 접근할 수 있도록 머릿속 현관에 두라고 말이다. 그리고 중립적인 소식을 접할 때는 그것을 한 줌의 피칸 껍데기처럼 여기고 버린다. 또한 어떻게 할 수 없는 나쁜 뉴스일 경우, 그것으로 인해 발생한 감정을 인식하고, 무의식에게 그런 뉴스와 감정을 완전히 삭제하라고 명령한다.

| 최악의 상황에 부딪쳐라

치명적으로 나쁜 뉴스인지, 단지 괴로운 느낌을 주는 뉴스인지 분간이 안될 때가 있을 것이다. 이럴 때 당신은 어떻게 하는가? 보통 이릴 때 당신의 상상력은 마술을 부려 당신이 미래에 괴로워하는 모습을 볼 수 있게 한다. 그리고 무의식의 작용으로 인해 당신은 땀을 흥건히 흘리거나 배탈이 날 수도 있다. 점점 상황은 악화되고 이에 따라 정체 모를 두려움이 당신을 압도한다.

수많은 긍정적인 사상가들도 나쁜 뉴스를 무시하라고 조언한다. 나쁜 뉴스에 대해서는 생각하지 말고, 최고 좋은 뉴스에 대해서만 상상하라고 말이다. 그러나 이런 노력에도 불구하고 최악의 경우를 상상하는 시나리오는 점점 부풀려져 당신이 아직 직면하지 않은 극도로 심각한 상황까지 몰고 갈 것이다. 데일 카네기는 『카네기 행복론How to stop worrying and start living』에서 윌리스 캐리어(에어컨 회사 캐리어의 창립자)가 근심을 이겨내기 위해 사용했던 기술을 알려준다. 윌리스 캐리어가 공장에 취직한 지 얼마 되지 않았을 때의 일이었는데, 어떤 장치의 설치를 맡았다. 그는 2만 달러를 들여 장치를 설치했지만 결국 잘못되고 말았다. 캐리어는 첫 실패로 인해 단순한 걱정을 넘어서서 완전히 겁에 질려 있었다. 하지만 며칠이 지나지 않아 걱정은 아무런 도움이 되지 않는다는 사실을 깨닫게 되었다.

그는 최악의 시나리오를 상정해보았다. 첫째, 이번 실패로 인해 해고될 수도 있다. 둘째, 만약 최악의 시나리오대로 해고되면 다른 직업을 가질 계기가 될 수도 있을 것이다. 마지막으로 셋째, 최악의 시나리오보다 좋은 방법을 찾아낼 수 있다 등.

1. 최악의 경우를 상정하고 자신에게 솔직하게 물어보라. 일어날 수 있는 최악의 일이 무엇인가? 일단 이렇게 해보면 당신의 상상력은 반대로 최상의 결과를 떠올릴 것이다. 현실은 정의를 내리고 보면 생각보다 그렇게 나쁘지 않다. 불가사의한 채로 남겨둘 때가 가장 나쁘다.

2. 어쩔 수 없는 상황이었음을 받아들여라. 그리고 상황이 이미 끝난 것처럼 행동하라. 배울점이 있었던 하나의 교훈으로 흘려보내라. 그리고 최선을 다했더라도 어느 정도 부정적인 결과를 피할 수 없었다는 점을 받아들여라.

3. 최악의 시나리오에서 벗어날 수 있는 목표를 세워라. 피해를 줄이고 손실을 줄일 수 있는 대응법을 찾아라.

그는 차분하게 상사에게 가서 상황을 솔직히 털어놓았다. 그리고 실패한 장치를 고칠 수 있도록 추가 비용을 요청했다. 결국 수리한 장치는 정상적으로 가동되었고, 그는 직장도 지킬 수 있었다. 상황은 최악이었지만 그날 이후로 그에겐 걱정을 다스릴 수 있는 요령이 생겨났다.

당신도 근심 걱정에 사로잡힐 때 캐리어의 방법을 활용해보라.

2008년 케이블 뉴스를 녹화하면서 휴스턴에서 온 한 대출 브로커를 만난 적이 있다. 그녀는 최근 주택 가격이 폭락해 비즈니스와 삶에서 큰 어려움을 겪고 있다고 했다. 또한 자신의 지위를 수치스럽고 어색하게 느꼈다. 그러나 이 시점에서, 그녀는 자신의 불확실한 미래를 짐작만 해볼 수 있을 뿐이었다. 나는 조언하기 전에 먼저 그녀에게 물었다.

"당신에게 일어날 수 있는 최악의 일은 무엇일까요?

"집을 잃고 파산하는 거요."

"그럼 이제 당신의 집에 '안녕'이라고 말하세요. 그리고 새로운 시작을 준비하세요."

"그 다음엔 어떡해야 하나요?"

"연민에 빠질 시간이 없어요. 집을 잃거나 파산하는 것보다 나아질 수 있는 계획을 세워야 합니다. 지금 당신이 가진 선택지는 뭔가요?"

"은행에 연락해서 대출을 조정해달라고 해보는 거요. 그리고 내 부동산 거래 능력을 써먹을 수 있는 새로운 직업을 찾는 거고요. 지출도 줄이고 대여한 자동차도 반납해야겠죠."

"그럼 이제부터 당신에겐 최악의 경우보다는 나은 결과를 위한 계획이 생겼군요."

1년 후, 그녀는 나에게 매우 좋은 소식을 전해왔다.

"저는 결국 집을 잃었어요. 하지만 멋진 아파트를 장만했답니다. 파산은 하지 않았어요. 곧바로 새로운 직업을 구해서 다른 곳에서 대출을 받을 수 있었거든요. 처음엔 모든 상황이 얼마나 겁났는지 몰라요. 그런데 집에 작별 인사를 하고 대출금을 갚으려고 열심히 일하다 보니 마음이 침착해지고 최악의 상황은 피할 수 있을 거라는 느낌이 들었어요."

| 내면의 대화를 끝내라

당신은 반복적으로 같은 주제에 대해 어떻게 하겠다는 결정을 내린다. 그리고 이미 결정했음에도 불구하고 여전히 결정에 대해 좀 더 생각해봐야겠다며, 다시 내면의 대화를 시작한다.

외적 대화를 할 때와는 달리 내면의 대화 상대인 당신 자신은 항상 당신과 함께 있다. 즉 자신과의 대화는 하루 24시간, 1년 365일 내내 지속된다. 시간이 날 때마다 오랫동안 계속해왔던 내적 대화가 머릿속에서 또 재탕되고 있는 것이다. 이제는 적당한 선에서 그런 내적 대화를 끝낼 수 있어야 한다.

한 가지에 대해서 너무 오랫동안 생각하다 보면 사고에 마비가 올 수 있다. 또한 무엇에 대해 너무 오랫동안 말하다 보면 짜증이 날 수도 있다. 어떤 것을 너무 깊이 분석하다 보면 현실과 괴리가 생기게 된다. 이것이 바로 논리적 목적이 달성된 대화는 그만 끝내야 하는 이유다.

개인의 생산성을 높이는 비결 중의 하나는 책상 위에 있는 서류를 두 번 이상 건드리지 않는 것이다. 서류를 종류별로 분류할 때와 파일로 정리할 때에 한 번씩만 건드려라. 그 외의 경우에는 문서를 너무 오래 붙잡고 있을 필요가 없다. 안 그러면 오히려 서류가 쌓여 책상이 뒤죽박죽되고 업무가 뒤처지고 있다는 불안감이 생길 수 있다. 이는 당신의 내적 대화에도 똑같이 적용할 수 있다. 처리해야 할 정보가 등장하면 최악의 상황에 직면해서 계획을 세워라. 그리고 꼭 필요할 경우에만 상황을 확인하고, 계획을 확정하는 차원에서 다시 한 번 더 생각해봐라. 그 다음에는 정보를 흘려보내고 당신에게 말하라.

"대화는 끝났다. 이제 다음 사항으로 넘어가겠다."

일단 어떤 결정을 내리면 더는 다른 생각을 말아야 한다. 결정이라는 단어 'decision'은 '잘라내다'라는 뜻을 가진 라틴어 'decidere'에서 비롯되었다. 이처럼 진정한 의미의 결정이란 다른 모든 선택지나 대안을 '잘라내는' 것을 말한다. 일단 결정하면 실행 외에는 다른 생각을 할 필요가 없다. 결정한 것을 세부적으로 실행에 옮기는 것보다 '어떡하지?'라며 계속 생각하는 것이 더 쉽긴 하다. 하지만 모두 에너지 낭비일 뿐이다. 맥스웰 몰츠는 강력하게 충고한다.

"게임에 돈을 걸 때는 걱정하라. 하지만 게임이 시작된 다음에는 아니다."

어떤 실수를 하더라도 만회할 계획이 있다면 그냥 넘어가라. 껍데기는 버리는 것이다. 그렇기 때문에 껍데기는 더 생각할 필요도 없다. 빌리 할머니는 자주 나에게 말했다.

"실수하는 건 괜찮아. 다만 늘 새로운 실수를 하거라!"

그 말의 요점은 과거의 실수에 얽매일 필요가 없다는 것이다. 우리는 전진해야 하니까.

| 말의 힘을 믿어라

8살 무렵 나는 집안 일 중에서 먼지 털기를 담당했다. 할머니가 청소기로 먼지를 청소하는 동안 나는 낡은 티셔츠를 들고 할머니 뒤를 졸졸 따라다니면서 모든 가구들의 먼지를 닦았다. 그런데 내 청소 임무 중에 가장 하기 어려운 것은 식탁 위에 놓인 풍요의 뿔cornucopia (코르누코피아. 고대 그리스 시대부터 풍요를 상징하는 장식물. 일반적으로 곡식과 과일이 흘러넘칠 정도로 가득찬 염소의 구부러진 뿔의 모습으로 표현됨)을 닦는 것이었다.

풍요의 뿔은 촌스러운 녹색으로 페인트칠이 되어 있었고, 가짜 과일들이 주렁주렁 달려 있었다. 마치 먼지를 빨아들이는 소재로 만들어진 것처럼 특히 그 장식물엔 먼지가 잘 쌓였다. 어느 날 둥글넓적한 포도송이를 닦으면서 빌리 할머니에게 물었다.

"할머니, 왜 계속 이걸 갖고 있어요? 너무 오래됐고 먼지 때문에 끈적끈적해요. 이것보다 좀 더 좋은 걸 둬두면 안 되나요?"

"그건 그냥 장식품이 아니란다. 풍요를 나타내는 장식이야. 할머니가 훨씬 젊었을 때, 우리 나라에는 끔찍한 불황이 닥쳤었단다. 그때는 모두가 절망적인 생각을 하고, 모든 걸 잃어버리게 될 거라고 말했지. 이런 말을 하는 사람들과 함께 있으면 두려움이 생긴단다. 나의 아버지는 농작물 수확량이 좋고, 주유소도 운영이 잘 되었는데도 두려운 마음을 피할 수가 없었지. 저녁 식탁에서 오가는 이야기는 늘 경제에 관한 것이었고, 누구네 집이 망했다더라 하는 내용이었단다. 그러던 어느 날 나의 어머니, 즉 너의 증조할머니가 싸구려 잡화점에서 이 풍요의 뿔을 사오셨지. 증조할머니는 테이블 가운데 그걸 놓아두고는 누군가 그게 뭐냐고 묻기를 기다렸단다."

"그래서 누가 무슨 말을 했나요?"

"안타깝게도 사흘 내내 그것에 대해 묻는 사람이 아무도 없었단다. 그러다 마침내 할머니의 아버지가 말을 꺼내셨지. 왜 테이블 위에 생화 대신에 이걸 놔두었냐고 말이다."

"저랑 똑같은 생각이네요."

"너의 증조할머니는 그날 밤 우리 가족에게 영원한 변화를 줄 만큼 중요한 말씀을 하셨어. 매일 식탁에서 나누는 대화가 가족들의 기운을 빠지게 만들고 불안하게 한다고 말이야. 그리곤 우리에게 얼마만큼의 땅이 있는지, 가족들 모두가 얼마나 건강한지를 짚어 주시더니, 자리에서 일어나 지금 이 순간부터 우리 가족에게 불황은 끝이라고 선언하셨단다. 이런 할머니의 결정 때문에 우리는 이후로 식탁에서 발전적인 대화를 나눌 수 있었고, 좀 더 행복한 삶을 살 수 있게 되었지."

"정말 불황이 끝났나요?"

"적어도 우리한테는 그랬단다. 그날 이후 우리는 식탁에서 절대로 불행이나 부족함에 대한 말을 꺼내지 않았으니까. 그 대신 매일매일 어떤 발전이 있었는지를 이야기하며 식사했단다. 그 결과 1930년대의 나머지 기간 동안 우리 가족은 많은 기회를 발견할 수 있었지. 그 발견의 시작에 바로 이 풍요의 뿔이 있었던 거야. 너도 알다시피 대공황은 1942년 대통령이 라디오에서 대공황의 끝을 선언하던 그날 하루에 끝난 게 아니란다. 할머니의 어머니가 그랬던 것처럼, 이 풍요의 뿔을 식탁에 두고 공황의 끝을 선언했던 각 가정의 어머니들 덕분에 집집마다 공황이 막을 내린 거지."

그날 이후로 풍요의 뿔은 내 눈에 새롭게 들어왔다. 말의 힘과 말이 삶에 미치는 영향에 대한 교훈이 그 속에 들어 있었다. 이런 장식물은 당신도 본 적이 있을 것이다. 할머니 또는 증조할머니의 장식장이나 탁자에서 말이다. 이제 그들이 왜 그것을 간직하고 있었는지 알게 되었을 것이다.

당신이 사용하는 단어나 문장은 대화에 연료를 공급해 앞으로 나아가거나 샛길로 빠지거나 뒤로 물러나게 한다. 다른 사람과의 대화를 부정적인 방향으로 끌고 가면, 자기 자신은 물론이고 다른 사람에게까지 부정적인 사고를 하게끔 할 수 있다.

켄트 세이어^{Kent Sayre}의 『무한한 자신감^{Unstoppable Confidence}』에는 다음과 같은 신경 언어 프로그래밍 전문가의 말이 나온다.

"언어는 사고를 반영할 뿐 아니라 사고를 강화한다."

이 말은, 일단 사람이 자신의 입에서 나오는 목소리를 좋아한다는 점에서 사실이다. 하지만 잊지 말아야 할 것은 다른 사람들과 나누는 모든 대화를 무의식이 엿듣고 있다는 점이다. 당신이 음성으로 내뱉는 모든 말에 기초해서 무의식은 생각하고 감정을 느끼며 심리적인 반응을 생성한다. 따라서 상황이 점점 나빠진다고 말하면 자신감도 떨어지고, 자신도 모르게 현재와 미래에 대해 부정적인 관점을 갖게 된다.

우리가 사용하는 단어는 대화 상대에게도 영향을 미친다. 말투와 분위기에 영향을 주고 궁극적으로 현실을 인식하는 데에도 영향을 미친다. 지속적으로 부정적인 말을 하면 다른 사람의 에너지와 활력까지 떨어뜨릴 수 있다.

나는 이런 사실을 직접 경험할 수 있었다. 나는 고객을 방문하기 위해 한 소프트웨어 회사에 들렀다. 이 회사의 경영자는 직원들이 줏대가 없고 실패의 원인을 둘러대기에 바쁘다며 불평했다. 당연히 회사의 분위기는 점점 나빠졌다. 그날부터 나는 오전 미팅에 동석하여 직원들에게 설교하는 경영자의 태도를 관찰했다. 그는 나쁜 소식들, 회사에 닥친 문제, 회사와 직원들의 단점 등을 중점적으로 말했다. 그가 하는 말을 듣고 있으면 회사가 성공할 거라고 믿어야 할 이유가 전혀 없어 보였다. 그는 담당자에게 마땅한 책임을 묻기보다 회사를 통틀어 비난했고, 모두 담당자들이 부족하기 때문이라는 식으로 말했다. 또한 그는 말하는 내내 한 번도 웃지 않았다. 방 안의 뒤편에 서서 나는 옆에 있는 부사장 중의 한 사람에게 속삭였다.

"사장이 오늘은 기분이 나쁜 것 같네요."

"일 년 내내 저렇게 똑같은 말을 하고 있어요."

부사장의 대답을 듣고서야 나는 왜 직원들의 사기가 떨어져 있는지 알 수 있을 것 같았다. 이 회사의 분위기를 망치는 원인을 설명하기 위해 리더십 분야의 권위 있는 저자인 존 맥스웰의 말을 빌리자면, "물고기가 머리부터 썩는 냄새가 나는 것"과 같았다. 사장이 회의에서 사용하는 단어가 회사의 분위기를 우울하게 만들고, 직원들에 대한 신뢰를 떨어뜨렸다. 결국 그는 물론 회사가 더욱 부정적인 상태에 빠지는 악순환이 일어나고 있었다.

물론 당신이 부정적인 말을 한다고 사람들에게 직접적으로 피해를 주진 않을지도 모른다. 하지만 사람들은 당신 곁에 있기 힘들어할 것이다. 늘 부정적인 말만 하는 사람과 대화하고 싶은 사람이 있겠는가. 사람들은 당신을 피하거나, 심할 경우 통렬한 비난의 말로 쏘아붙일지도 모른다. 결국 당신은 자신감을 잃게 될 것이다. 그들의 부정적인 반응 때문에 자기 자신에게 문제가 있는 것처럼 여겨질테니 말이다.

반대로, 당신이 긍정적인 사고의 소유자라면 당신이 속한 팀은 보다 긍정적으로 되고, 더불어 당신의 마음도 밝아질 것이다. 물론 위기의 순간에 긍정적이고 밝은 이야기만 하기란 쉽지 않다. 그러나 문제를 해결하기 위해 대화를 진전시키면서 자신감을 높여갈 수는 있다. 긍정적인 대화의 핵심은 올바른 단어, 적절한 말투, 건설적인 의도를 통해 당신의 자신감 가득한 사고방식을 보여주는 것이다. 이 세 가지 요소를 제대로 활용하면 다른 사람들(그리고 당신에게)에게 열정과 용기를 북돋워 줄 수 있다.

| 어휘를 다듬어라

당신이 가장 먼저 해야 할 일은 사용하는 어휘 중에 '나약함'을 나타내는 단어나 문장을 지워라. '운이 좋다'라는 말을 예로 들어 보자. 누군가가 성공을 이뤘을 때, 사람들은 그가 운이 좋았다고 말한다. 하지만, 이런 말은 그 사람의 성취를 인정하지 않고 다른 구실을 찾는 표현이다. 그 말은 어쩌다 성공한 것처럼 느껴지고, 노력해도 이룰 수 없는 일처럼 여겨진다.

운이라는 말을 이제부터 쓰지마라. 『크게 생각할수록 크게 이룬다 The Magic of Thinking Big』라는 책에서 데이비드 슈워츠David Schwartz는 이런 표현을 사용해 대화하는 것에 대해 반박한다. 그는 운이 아니라 물리적 법칙이 세상사를 결정한다며 이렇게 말했다.

"운 타령을 그만하라. 인과법칙을 받아들여라. 누군가의 '운 좋음'이 어떻게 비춰질지 다시 한 번 생각해보라. 세상사란 다 그런 것이라고 여기는 것은 우리에게 아무런 가르침도 주지 않는다."

비즈니스 여행을 다니다 보면 브로드캐스트Broadcast.com의 창립자인 마크 쿠번^{Mark Cuban}에 대해 사람들이 자주 언급하는 걸 듣는다. 나는 이 회사에서 일했던 1998년에 비즈니스 세계에서 큰 성장을 이룰 수 있었다. 쿠번은 닷컴 회사들의 거품이 최고조일 때, 더는 고민할 것도 없이 딱 10억 달러를 받고 회사를 야후에 매각했다. 그리고 지금은 NBA 댈러스 매버릭스의 구단주이자 여러 개의 회사를 운영하고 있다.

"오. 마크는 정말 운이 좋았지!"

이 말은 내가 수십 번도 더 들었던 말이다. 하지만 진정한 기업가들이 이렇게 말하는 걸 한 번도 들어본 적이 없다.

마크는 운 좋은 사람이 아니다. 그는 똑똑하고 결단력 있는 사람이다. 그는 노력을 통해 공격적인 마케팅으로 회사의 자산을 축적했고, 야후와의 협상에 성공했다. 그리고 적절한 시기에 주식을 매각할 줄 아는 예지력을 겸비하고 있었다. 물론 그도 주식 시장은 물론이고 조언가와 파트너의 도움을 받기는 했다. 하지만 그 때문에 마크를 운 좋은 사람이라고 매도하는 것은 인과법칙을 완전히 무시하는 말이다. 그는 주어진 모든 시간 동안 성공을 위해 무한한 노력을 했다.

'운'과 밀접한 관계에 있는 단어는 '부족함'을 나타내는 말이다. '부족', '결여', '걱정' 등의 단어와 '두렵다', '그렇게 할 수만 있었다면' 등의 표현이 대표적인 예이다. 이런 단어는 패배를 암시한다. 근심 많은 '졸개'들에게나 어울리는 말이다. 만약 부족한 점에 대해서만 떠들어봐라. 그러면 얼마 지나지 않아 당신 주변에는 '부족한 인간들'만 모여들 것이다.

대화에서는 초조함을 부추기는 말을 절대 쓰지 말아야 한다. 마치 큰 나무 위로 삐쭉 튀어나온 작은 가지들 같은 사소한 근심이나 걱정을 나타내는 말을 잘라내라. 걱정돼서 다른 사람들과 근심을 나누는 것은, 춥다고 다른 사람들과 추위를 나누려는 것과 같다. 근심을 나눈다고 기분이 좋아질 리가 없다. 오히려 다른 사람까지 기분이 나빠질 뿐이다.

자신감이 없어 보이는 표현도 이제는 사용하지 않는 것이 좋다. 그런 표현을 쓰면 대화가 꽉 막혀 의미 없는 소리에 머물고 만다. 그래서 자신감 없는 사람은 성공한 사람들과 대화를 나눠도 아무것도 건지지 못한다. 자신감 없는 사람들은 주로 '아마도', '혹시', '그럴 거야', '아무래도', '그렇다고 하더라', '악의는 없었어', '말이 그렇지', '그럴 것 같지 않아', '그런 것 같아', '그런 생각이 들어' 등의 표현을 쓴다.

자신감을 보여주고 싶다면 믿는 바를 똑바로 말할 수 있어야 한다. 당신이 하는 말에 나약한 표현이 사라지면 자신감이 남는다는 걸 알게 될 것이다. 그런 말투를 고치려면 자신이 사용하는 단어를 테스트해 봐야 한다. 즉, 힘들거나 스트레스를 받은 날 자신이 쓴 이메일을 열어보면 된다. 힘이 들어가는 단어들을 사용했는가, 운이 없다고 축 처지는 말을 했는가를 정기적으로 점검하면서 사용하는 단어가 나아지고 있는지 살펴보는 것이 좋다.

노벨 사에 다니는 샘 놀이라는 직장인은 나에게 이메일 훈련을 받은 적이 있다. 그는 훈련을 시작한 지 3개월이 안 돼서 자신이 사용하는 단어에 놀라운 변화가 일어난 것을 체험할 수 있었다. 그리고 그밖에 또 다른 이득도 있었다.

"사흘간 이메일을 검토하면서 내가 얼마나 소심한지 깨닫고 깜짝 놀랐어요. 그 중 몇 개를 프린트해서 나약하고 부족함을 나타내는 표현들에 동그라미를 쳐보았죠. 조금만 읽어봐도 나의 글쓰기가 많이 달라져야 한다는 걸 절실히 느낄 수 있었어요. 문법을 고치는 건 물론이고 더욱 자신감 있는 어조로 써야 한다는 걸 깨달았어요. 지금 나의 이메일은 훨씬 더 생동감 있고 힘이 느껴져요. 게다가 훨씬 간결해졌고요!"

타임머신을 타고서 말하는 것도 나약한 표현이다. 이를테면 '옛날에 말이야' 하고 과거에 대한 향수를 떠올리면서 미화하는 것도 좋은 방식이 아니다. 당신이 사는 날은 오늘이고, 지금 이 순간 당신에게 확신이 있다면 내일은 오늘보다 더 나은 날이 될 것이기 때문이다.

'언젠가' 당신에게 성공이 찾아올 거라고 말하는 것, 가령 언젠가 나는 사람들의 인정을 받고 승진할 거야라는 생각 역시 '얼마간의 운'을 기대하며 하는 말이다. '언젠가'라는 단어는 미래를 불가사의한 세계로 만든다. 미래의 성공에 대해 말하고 싶다면 원인과 결과를 따져서 말해야 한다. "목표를 달성하면 나는 승진할 수 있을 거야." 이렇게 말하는 것이 자신감 있는 말투다!

| 긍정적인 어투로 말하라

대화할 때마다 당신은 선택해야 한다. 긍정적인 어투로 말할 것인가, 아니면 부정적인 말투를 쓸 것인가? 당신은 인사를 나누면서 이 선택에 대한 연습을 할 수 있다. 예를 들어 누군가가 당신에게 "요즘 어떠세요?" 또는 "잘 지내세요?"라고 인사를 건넸다고 하자. 이 시점부터 어떤 대답을 하든 상관없이 당신이 할 말에는 방향이 설정된다.

또한 당신이 생각하는 것 이상으로 상대방도 당신의 대답을 진지하게 듣게 된다. "그럭저럭 지내요" 또는 "그냥 그렇죠, 뭐"라고 대답한다면 소심한 대답이다. 실제로 안 좋은 상황이라면 자신감이 없다는 게 더욱 확실해진다. 경제 상황이나 당신이 가진 두려움, 부정적인 일들에 생각의 초점을 맞추면, 대화의 주제는 점점 더 부정적으로 변해갈 것이다.

다른 사람에게 자신의 건강에 대해 불평하는 것도 그가 당신의 주치의가 아닌 이상, 부정적인 대화로 흐르게 할 뿐이다. 아프다고 아무리 하소연해봤자 기분이 좋아지진 않는다. 오히려 무의식이 아픔과 고통에 더욱 초점을 맞추게 하므로 기분이 더 나빠질 수 있다.

대화를 긍정적인 방향으로 이끌어가는 방법은 형식적으로 "어떻게 지내요?"라고 묻는 말일지라도, 정직하고 긍정적인 대답을 하는 것이다. 그리고 구체적으로 대답할수록 좋다. 요즘 어떻게 지내느냐고 사람들이 물으면 나는 "아주 잘 지내요! 요즘 책을 쓰고 있는데 아이디어가 솟아나고 있어요"라고 말하면 저절로 대화의 톤이 긍정적으로 바뀐다.

만약 당신이 대화를 시작하는 주체라면 긍정적인 대답을 이끄는 질문을 던져라. "좋은 소식 있어?"라고 말이다. 이렇게 긍정적인 질문으로 대화를 시작하라는 것은 데일 카네기^{Dale Carnegie}가 어느 강좌에서 충고했던 말이기도 하다. 그는 힘든 시기에 대해 떠들지 말고 발전에 대해 이야기하라고 했다. 작가이자 마케팅 컨설턴트인 키이스 페라지^{Keith Ferrazzi} 역시 대화할 때 "요즘 무슨 일을 하고 있나요?"라는 질문으로 시작해서, 대개 상대방의 기회, 흥미로운 프로젝트, 개인적인 관심사 등에 초점을 맞춰 대화를 끝낸다고 한다.

어떤 문제에 관해 대화해야 할 때는 그 대화가 해결책을 찾는 방향으로 이어지게 하라. 문제에 대해 투덜거리는 것은 다른 사람은 물론이고 자기 마음에 고통을 확대하는 것이다. 문제에 대해 비난하거나 잘못을 따지는 대화는 과거에 얽매이게 하여 진전을 보일 수가 없다.

내가 야후에서 최고 자문위원으로 있을 때였다. 주요 고객을 잃을수도 있는 위기, 100만 달러짜리의 계약이 달린 분쟁 해결 등, 나는 상당히 까다로운 문제에 답을 내야 했다. 회사에는 젊은 직원들이 많았지만, 대부분이 현실 세계의 위기 관리 경험이 부족했다. 나는 그들의 얼굴에서 자신감의 부재를 읽을 수 있었다. 젊은 직원들이 나에게 문제에 관한 이야기를 꺼낼 때, 나는 우리의 부족한 점 또는 문제를 들먹이며 야단치지 않았다. 대신 "우선 우리에게는 어떤 가능성이 있는

지 목록을 적어봅시다. 이 상황을 해결하려면 어떤 전략을 세울 수 있을까요?"라고 말하며 대화를 시작했다. "우선 우리에게 부족한 것은"이라고 말하는 대신, "우선 우리에게 있는 것은"이라고 확실하게 말해주었다. 그러면 놀랍게도 걱정은 순식간에 흥미로 전환되었다. 대화의 초점이 해결에 맞춰졌기 때문이다.

대화할 때 가능하면 긍정적이거나 단호한 결심을 나타내는 단어를 사용하는 것이 좋다. 당신이 사용할 수 있는 가장 긍정적인 표현 중에는 "예"가 있다. 이 단어를 최대한 자주 사용하라. 동의와 지지를 이끌어내는 단어이다. 또한 '확실히', '꼭', '정확히', '분명히', '틀림없이' 등도 확신이나 지지를 나타낸다. 다른 사람에게 말할 때는 용기를 북돋워 주는 단어를 사용하는 것이 좋다. 그리고 진심을 담아서 그렇게 말하라. 다른 사람의 성공에 대해 "정말 잘 됐구나!"라고 말하며 긍정적으로 반응하면 된다.

대화를 발전시키기 위해서는 자신감을 다른 사람에게 분명히 전달해야 한다. 팀원들에게 우리는 꼭 성공할 거라며 당신의 강한 믿음을 전달해보라. 그러면 대화 상대는 용기를 얻고 당신의 자신감은 더욱 강해질 것이다. 자신에 대해 변명하지 않는 사람을 비판하거나 당신은 실패할 거라고 예견해서는 절대 안 된다.

무엇보다도 말투와 보디랭귀지에서 긍정적인 분위기를 느낄 수 있게 해야 한다. 미소를 짓고 수긍한다는 뜻에서 고개를 끄덕이면서 솔직한 마음을 표현하라. 우리 집 강아지는 나와 교감을 나눌 때면 긍정적인 반응을 보인다. 좋다라는 표현을 꼬리를 흔듦으로 나타내는 것이다. 강아지는 긍정적인 마음을 감추지 않는다. 절벽 아래로 떨어지는 바위처럼 기분이 바닥을 치게 하는 말을 하지 말고, 다른 사람들의 기운을 돋우는 말을 하라.

페이스북이나 트위터와 같은 소셜 미디어, 또는 블로그에 글을 올릴 때도 내용이나 어조를 긍정적으로 느낄 수 있도록 업데이트해야 한다. "지금 우리는 부자다!"라고 분명히 말하라. 아마 빌리 할머니가 페이스북을 한다면 "지금 우리는 부자다!"라고 매일매일 업데이트할 것이다. 항상 혼란스러운 정치 뉴스나 사건들을 링크해서 사람들의 마음을 어지럽히지 말고, 인터넷의 사회적 영향력을 활용해서 긍정적인 것을 강조할 수 있어야 한다.

| 협력자가 되라

당신은 대화에서 대화의 방향을 결정하는 역할을 할 수 있다. 꿈을 짓밟는 사람이 되지 말고 아이디어를 떠올리게 하는 사람이 돼야 한다. 또한 상대방을 깎아내리는 사람이 되지 말고 동반자가 돼야 한다. 가능한 한 협력자가 되도록 하라.

협력자 또는 동반자와 반대되는 말은 무엇일까? 그것은 바로 선의의 비판자, 즉 '데블스 애드버킷'이다. 이런 사람들은 누군가가 아이디어를 제시하면 "내가 비판자 노릇을 해야지"라며 나선다. 정작 무슨 말을 해야 할지도 모르면서 비판부터 하고 보는 매우 흔한 유형의 사람들이다.

데블스 애드버킷이라는 개념은 16세기 성인 임명식 또는 성인식에서 후보자의 자질을 검토하기 위해 생겨났다. 교회 임원들은 후보자가 어떤 사람인지를 조사하기 위해 변호사를 선임했다. 그러면 이 역할을 맡은 변호사는 특히 후보자의 인성을 샅샅이 조사했다. 대개 후보자는 마을에서 가장 신망있는 사람이기 때문에 비난받기 어려운 자리에 있었다. 하지만 데블스 애드버킷은 후보자의 주변을 기웃거리며 죄를 들추고, 아무리 성자 같은 사람일지라도 의심받게 하는 역할을 했다. 이런 이유로 악마의 변호사라고 불리게 된 것이다. 변호사는 평생에 딱 한 번만 이 역할을 하게 되어 있었다. 생각이 있는 사람이라면 자진해서 맡을 만한 일이 아니었기 때문이다! 그런데 오늘날 선의의 비판자는 훌륭한 대화 상대로 여겨진다. 당신도 몇 년째 이런 대화술을 사용하고 있었을지 모른다. 하지만 당장 그 기술을 포기해야 하는 이유를 지금부터 설명하려 한다.

애초부터 선의의 비판자 역할을 자처하는 사람은 대화가 아닌 논쟁을 시작하겠다는 뜻이다. 그들은 "그게 정말 그런지 확인해봤나요?"라고 질문하며 반대 의견을 제시한다. 하지만 사실 지적당하지 않아도 상대방은 처음부터 그런 반대 의견을 염두에 두고 있었다.

어쩌면 당신은 비판자 역할을 통해 위험을 예방하는 것이라고 나름 타당한 이유를 댈지도 모른다. 하지만 조사 결과에 따르면, 비판자는 상대방의 확신을 더 강하게 만든다고 한다. 당신이 비판할수록 상대방은 더욱 자신이 옳고 당신이 그르다고 생각하며, 당신이 (아이디어가 아닌) 자신을 반대하고 있다는 생각을 하게 된다. 따라서 어떤 아이디어 전제에 진정으로 동의하지 않을 때만 이의를 제기하는 것이 좋다. 아이디어의 세세한 부분에 토를 다는 것은 좋지 않다. 만약 현실성을 판단하겠다고 꼬치꼬치 캐물음으로써 대화의 흐름을 방해한다면, 상대방을 당황스럽게 만들고 부정적인 감정만 유발할 뿐이다. 그럴수록 당신의 의심은 더욱 커지고 '여기서 똑똑한 사람은 나밖에 없는 건가?'라는 착각에 빠지게 한다.

나는 정말로 훌륭한 생각을 하는 데블스 애드버킷을 만나본 적이 없다. 대개 그들은 다른 사람의 아이디어에 흠을 잡음으로써 자신의 부족한 점을 보상받으려 한다. 그리고 선의의 비판자는 자신의 부정적인 성향 때문에 점점 고립된다. 사람들은 다시는 그 사람 앞에서 새로운 의견을 내놓고 싶어하지 않을 것이다. 비판자들의 의견은 언제나 변화, 모험, 새로운 것에 대한 반대로 끝난다. "내가 잠시 선의의 비판자 역할을 해도 될까?"라는 질문은 상대방을 변명할 수밖에 없도록 몰아붙여 압박하는 심리학적 기술인 셈이다.

자신의 아이디어를 공유하기 위해 누군가가 당신에게 대화를 요청한다고 하자. 그러면 그가 충분히 자신의 아이디어에 대해 말할 수 있도록 기다려라. 당신이 나서서 비판자 역할을 하지 않으면 세상은 온통 실수투성이일 거라는 괜한 걱정을 할 필요가 없다. 그렇게 하지 않고서도 실수를 막을 방법이 있다. 아이디어에 대해 충분히 설명을 들었다면 이제 그에게 말을 하라. 이 계획에서 해결해야 할 문제점은 무엇이냐고 물어봐라. 그러면 거의 항상 그가 제시하는 문제점들은 당신이 생각했던 것과 일치할 것이다. 하지만 비판자의 입이 아닌 의견을 제시한 사람의 입에서 나오는 문제점이기 때문에 대화는 훨씬 더 부드럽고 긍정적일 수 있다.

즉흥적인 코미디와 비즈니스 혁신에 똑같이 적용할 수 있는 기술이 있다면, 그것은 '예, 그리고'라고 부르는 협력 기술이다. 어떤 사람이 의견을 제시할 때 "예, 그리고 우리는 이렇게 하면 되겠군요" 또는 "예, 그리고 우리는 그것을 저런 식으로 하면 되겠군요"라고 말하라. 나는 예전에 코미디언 루이 앤더슨과 카일 시즈^{Louie Anderson and Kyle Cease}가 이런 식으로 주고받으며 코미디하는 걸 보았다. 그들은 단순한 농담만으로도 큰 웃음을 자아냈다. 나중에 루이가 나에게 자신만의 비결을 알려주었다.

"'예, 그리고' 방법을 사용해서 대사가 창조적으로 이어지게 하는 거예요. 하지만 '그러나, 어쩌라고' 질문이 끼어드는 순간 대사는 끊기게 되죠."

아무리 창조적인 사람이라도 높은 사람들 앞에서 자신의 의견을 관철하기란 쉬운 일이 아니다. 상사가 가진 본래의 역할이 사람들의 아이디어를 차단하고 위험 요소를 낮추는 것이기 때문이다. 우리는 이들을 그냥 '나쁜 사람'이라고 부르자. 당신은 이런 사람들이 되기보다 아이디어를 생각해내는 사람, 새로운 개념을 연구하는 사람, 혁신을 창조하는 사람이 되라. 그러면 주변에는 온통 흥미로운 일로 가득하고, 사람들은 당신의 아이디어가 톡톡 튄다며 좋아할 것이다.

| 비관론자에 맞서라

부정적인 마음을 가진 한 사람 때문에 집단 전체의 분위기가 엉망이 될 수 있다. 이런 현상은 특히 상황이 어렵고 편집증이 마치 분별력인 양 여겨질 때 더 심하게 나타난다. 나는 비관적인 생각을 갖고 언제나 곧 큰일이 닥칠 것처럼 말하는 사람들을 치킨 리틀^{Chicken Littles}("하늘이 무너지고 있다! 하늘이 무너지고 있다"라고 외쳐대는 닭)이라고 한다.

대화가 나쁜 쪽으로 흘러가지 않게 하는 것만으로는 부족하다. 대화를 한 단계 끌어올려 더욱 발전적인 방향으로 이끌어가야 한다. 치킨 리틀이 당신의 말에 끼어들지 않도록 절대 틈을 보이지 마라. 이들이 끼어들면 격려하고 희망을 주는 말을 꺼내기도 전에 사람들의 마음을 두려움과 분노로 사로잡히게 만든다.

그 사례를 그레그 콜맨Greg Coleman의 이야기에서 찾아볼 수 있다. 그가 〈리더스 다이제스트Reader's Digest〉를 떠나 북아메리카 지역을 담당하는 야후의 경영진이 되었을 때의 이야기다. 콜맨은 30년 동안 여러 번의 퇴직 위기와 시장 변화를 견뎌온 베테랑이다. 그는 야후로 옮겨오자마자 회사의 분위기를 즉시 파악할 수 있었다. 대부분의 직원은 당시의 경제 상황과 구글이라는 거대 경쟁 상대의 등장으로 정신이 하나도 없는 상태였다.

"모두가 생존 투쟁하는 것처럼 일에만 죽기 살기로 매달려 있군요. 하지만 우리는 생존만을 위해 일하는 게 아닙니다! 우리의 대화를 긍정적인 것으로 바꿔봅시다. 치킨 리틀 따위 튀김이나 해먹자고요!"

매일 콜맨에게는 100통이 넘는 사내 이메일이 도착했다. 그중에 대다수는 '나쁜 뉴스를 그도 알고 싶을 거라고 생각하는' 피해망상증에 빠진 직원들이 보내온 것이었다. 그는 상습범의 편지를 골라내어 프린트했다. 그리고는 그 위에 매직펜으로 '치킨 리틀'이라고 썼다. 그런 다음 편지들을 사내 우편으로 본인들에게 돌려보냈다. 메시지가 전달되는 데는 그리 오랜 시간이 걸리지 않았다!

콜맨의 리더십에 감명을 받은 경영진 중의 한 사람은 아예 '치킨 리틀'이라는 도장을 제작해주었다. 그리고는 그에게 보내진 모든 부정적

인 편지에 이 도장을 찍어 사람들이 모두 볼 수 있게 '부끄러움의 벽'
이라는 곳에 붙여 놓았다.

나는 다음 해에 윌로우 크릭 연합회Willow Creek Association가 개최한 리더
십 토론회에서 이 이야기를 했다. 그랬더니 한 중소기업 경영자가 상
당히 뜨거운 반응을 보였다. 급기야는 그도 도장을 만들었다고 했다.
그 후 1년도 안 돼서 그에게 회사의 분위기가 많이 달라졌다는 소식
을 전해 들었다.

"직원들의 행동에 보상하니까 회사에 더 많은 것이 돌아왔습니다.
나는 당신의 말을 듣기 전까지만 해도 나쁜 소식들이 더 가치 있는 것
이라고 여겼지요. 고물상 주인이 낯선 사람을 보고 짖어대는 개를 애
지중지하듯, 나 역시 나쁜 소식들을 더 중요하게 생각했습니다. 하지
만 이제 나는 좋은 뉴스를 가져오는 사람들에게 상을 줍니다. 지금 우
리 회사는 그 어느 때보다도 분위기가 좋아졌습니다. 사람들도 여기
서 일하는 게 행복하다고 말합니다. 우린 문제가 아닌 해결에 초점을
맞추게 되었지요."

나폴레옹은 "리더의 역할이란 현실에 대해 설명해주는 것이다. 그
리고 희망도 주는 것이다"라고 말했다. 다른 사람을 이끌기를 원한다
면 대화가 두려움이나 근심 쪽으로 기울어지지 않게 균형을 잡아야 한
다. '현실'은 주로 권력자들에 의해 정의되며 부정적인 요소는 점점 조
직 내에서 증폭된다. 이런 이유 때문에 역경은 사람들에게 두려움을

불러올 수 있다. 세상은 낙관론자보다 비관론자로 넘쳐난다. 부정적이고 절망적인 말을 하는 사람들에게 맞서라. 그렇게 할 때 대화를 발전적으로 이끌어갈 수 있다.

♛

내 친구 에릭도 어려움에 부닥친 회사를 살리기 위해서는 대화를 발전시켜야 한다는 결론에 이르렀다. 그래서 판매 사원들과 함께 독서 클럽을 만들어, 읽고 있는 책의 내용과 배운 점에 대해 토론하는 시간을 가졌다. 또한 이렇게 해서 새롭게 얻은 지식을 업무에 바로 적용하기 시작했다. 이들의 작은 시도는 곧바로 예기치 못한 결과를 가져왔다. 에릭은 상담하는 동안에 내게 이렇게 말했다.

"우리 독서 클럽에서 다뤘던 『좋은 기업을 넘어 위대한 기업으로』라는 책 때문에 '사람이 최우선'이라는 핵심 가치를 구축할 수 있었습니다."

"사람이요?"

"예, 우리 비즈니스에 관련된 모든 사람 말입니다. 고객, 비즈니스 파트너, 우리가 만난 모든 사람이 여기에 해당되지요. 우리는 이들의 삶에 긍정적인 변화를 주려고 노력했습니다. 토론의 장으로 활용할 수 있는 사무실을 임대해줌으로써 함께 시간을 보내면서, 그들이 도약할 수 있도록 발판을 마련해준 겁니다."

"오, 정말 멋진 방법이군요. 사람들이 풍요로울 수 있게 만들어주는 거네요."

"바로 그거예요. 우리의 의식을 나쁜 뉴스에서 멀리하고 해결책의 세계로 뛰어든 겁니다. 우리는 실직한 기업가들이 다시 돈벌고 직업을 찾을 수 있도록 도와줍니다. 즉 파트너가 새로운 고객을 찾을 수 있도록 돕는 거죠."

에릭이 맞장구를 치며 진심으로 뿌듯해했다. 나는 이쯤에서 무엇을 주느냐에서 무엇을 얻느냐로 대화의 초점을 옮기기로 마음먹고 그에게 질문을 던졌다.

"요즘 비즈니스는 어떻습니까?"

"굉장해요. 6개월 만에 적자에서 흑자로 넘어왔습니다. 대부분이 우리 부서의 열띤 조사 활동 덕분이었죠. 사무실에는 매주 우리 팀의 '성과'를 기록하는 화이트보드도 걸려 있답니다."

사실상 2002년은 대단한 해가 아니었다. 사회적으론 여전히 불황이 계속됐고 사람들은 과거의 첨단기술 시대로 돌아갈 수 없을 거라며 절망했다. 그렇지만 에릭은 어느덧 내가 과거에 알고 있던 록스타의 모습으로 되돌아가 있었다.

"이전보다 업무 분위기가 좋아진 건가요?"

"우리에게선 열정이 넘쳐나고 있어요! 또한, 돈을 버는 것 이상으로 무엇인가 더욱 위대하고 강력한 것을 기대하는 믿음이 생겨났습니다. 다른 사람들을 돕는 것에 초점을 맞추다 보니 우리는 우리 자신을 의식할 겨를이 없어요. 시장에서 우리 회사의 위상이 어떻게 달라졌는지 상상이 되십니까?"

"이제는 경쟁 상대가 없을 것 같은데요?"

"정말 기대 이상의 결과입니다. 우리는 지난 6개월 동안 다른 사람을 위해 기회를 만드는 데 초점을 맞춰서 수많은 비즈니스 기회를 잡아냈습니다. 냉담한 고객들을 향해 전화 응대만 하고 있었다면 얻을 수 없는 것들이었죠. 우리는 임대 사업에서도 큰 수익을 내고 있습니다. 고객들 역시 진심으로 우리가 성공하기를 바라거든요."

에릭의 이야기는 활동에서 대화를 발전시킨 사례이다. 그러나 이것은 대화의 변화에만 국한되는 달라진 모습이 아니다. 더 나은 미래를 위한 발전에 관한 이야기이다.

[원칙 3]
감사의 근육을 단련시켜라

몇 년 전의 일이다. 식사하던 중 내 아들 앤서니가 지금 다니는 회사를 그만두고 더 괜찮은 직장을 알아보고 싶다는 뜻을 내비쳤다. 그는 LA에 있는 애플 사의 체험 판매장에서 지니어스(컴퓨터 수리 전문가)로 근무하고 있었다. 앤서니는 그 직장을 얻기 위해 얼마나 열심히 공부했는지 모른다. 결국 그는 수백만 명의 지원자들을 물리치고 합격할 수 있었다.

"저, 회사를 그만둘까 해요. 이전만큼 동료가 저를 대우해 주지 않는 것 같아요. 일정이 바뀐 것도 나중에 알려주고, 최근 들어서는 자꾸 주말에도 일하라고 해요. 다른 데 가면 이보다 더 좋은 대우를 받을 수 있을 거예요."

나는 이 말에 깜짝 놀라서 식사하던 중에 그만 포크를 떨어뜨렸다. 지난 몇 개월 동안 우리 부부에게는 앤서니가 애플 사에서 일하게 된 것이 큰 자랑거리였다. 아들은 직장 덕분에 약간의 주식도 보유하고 있었고, 의료 혜택도 받고 있었다. 무엇보다 아들은 내가 20대 때에는 꿈도 꾸지 못했던 어마어마한 월급을 받고 있었다. 앤서니처럼 디자인에 관심이 많은 컴퓨터 전문가에게 애플은 일하고 싶은 직장이었고, 일하는 환경도 좋다고 정평이 나 있었다.

"그리고 회사 환경이 점점 안 좋아지고 있어요. 애플은 수리와 반품에 매우 엄격한 규정이 있어요. 이 때문에 저는 종종 고객들의 엄청나게 까다로운 요구에 시달리고 있지요. 정말 이런 식으로 매일 일하고 싶지 않아요."

"그럼, 앞으로 뭘 할 작정이지?"

"내가 원하는 건 뭐든지요. 다른 컴퓨터 서비스 업체나 점포에서 일자리를 구할 수 있을 거예요. 애플에서 일한 경력 덕분에 나를 원하는 곳이 꽤 있거든요."

순간 나는 아들에게 애플 사가 얼마나 대단한 곳인지에 대해 일장연설을 늘어놓으려고 했다. 그해 2008년 가을, 애플 스토어는 쇼핑몰 중에서 최고의 인기를 누리고 있었다. 아이폰 출시 이후로 애플 사의 성공 이야기는 거의 모든 신문의 머리기사를 차지했다. 그러나 입을 막 열려는 순간 나는 스스로 멈칫했다. 지금 내가 무슨 말을 해도 아들의 마음을 바꾸는 건 불가능하다는 생각이 들었다. 그리고 때마침 내가 야후에서 근무하던 시절에 자주 써먹던 옛말이 기억났다.

"감정은 곧 사실이다."

지금 앤서니의 마음에는 내 잔소리가 먹혀들 자리가 없을 것이었다. 내 아들의 관점을 바꾸려면 그가 애플 사에서 일하면서 느끼는 감정을 바꿔줄 경험이 필요했다. 우리에게는 이미 그 다음 날의 약속이 정해져 있었다. 앤서니의 자동차를 검사하고 등록하기로 했던 것이다. 나는 아들과 함께하는 시간을 디킨스 소설에 나오는 '과거 · 현재 · 미래의 직업'을 경험하게 할 기회로 삼기로 했다.

다음 날 아들과 나는 자동차를 타고 이스트 할리우드에서 선셋대로를 지나고 있었다. 나는 앤서니가 고등학교에 다닐 때 일했던 주택 개조 센터를 가리키며 말했다.

"애야, 그럼 네가 지난번에 일했던 저곳으로 옮기면 되겠구나. 그쪽 사람들이 정말로 너를 원했던 것 같은데 말이야. 너는 그때나 지금이나 신체가 건강하잖니."

"음."

앤서니의 대답은 그것이 전부였다. 그때 마침 거대한 시멘트 부대를 트럭에 옮겨 싣고 있는 근로자들이 보였다. 땀을 비 오듯 흘리고 있었다. 앤서니가 그들을 보며 말했다.

"저 사람들을 짐꾼이라고 불러요. 저렇게 평생 일해서 겨우 생활비와 약값을 버는 거예요. 정말 힘든 일이죠. 저는 절대로 못할 거예요."

나는 미소를 지으며 생각했다.

'하나는 해결됐군. 이제 두 개 남았다.'

점심을 먹은 후에 우리는 몇 가지 물건을 사려고 어느 사무용품 가게에 들렀다. 텅빈 공간엔 손님 하나 없이 적막했다. 직원들은 멍하니 허공을 쳐다보고 있었고, 그중에 몇 몇은 휴대전화를 만지작거리며 시간을 보내는 중이었다. 나는 앤서니를 쳐다보며 물었다.

"얘야, 여긴 어떠니? 내 생각엔 확실히 저 사람들이라면 너같이 컴퓨터 분야에 경험 많은 사람이 일하겠다면 대환영할 것 같은데 말이야. 너 정도면 주중에만 일하겠다고 해도 그렇게 해줄 거다."

"아빠, 지금 농담하세요? 여긴 꼭 영안실 같아요. 쥐죽은 듯 고요하기만 하네요. 이런 곳엔 더는 기대할 게 없잖아요. 아마도 몇 년 안 돼서 문을 닫을걸요. 아이폰과 컴퓨터가 발전하면서 사람들은 점점 종이나 파일 폴더, 클립 같은 걸 쓰지 않아요. 조만간 심지어 펜조차도 필요 없게 생겼는데, 여긴 아직도 80년대군요."

"가게가 문을 닫는 건 있을 수 있는 일이야. 너는 어제 말하길, 너를 잘 알아주는 곳에서 일하고 싶다 했잖니. 너는 분명히 여기서 좋은 대우를 받을 거야."

"말도 안 돼요. 우리 회사는 음악가나 영화배우같이 잘나가는 사람들이 찾는 곳이에요. 우린 그들한테 최첨단 기술을 팔고 있고요. 리갈 패드(줄이 쳐진 황색 용지 묶음)나 스테이플러를 파는 거랑은 차원이 다르다고요!"

'드디어 나머지 두 가지가 해결되었군.'

그날 우리가 마지막으로 들른 곳은 무시무시한 자동차 관리국이었다. 자동차 등록을 갱신하는 데는 엄청난 서류가 필요했다. 그래서 온갖 서류를 작성하느라 한 시간도 넘게 진땀을 뺐다. 그곳은 정말 우중충한 공간이었다. 직원들에게서는 서비스 정신이라곤 눈곱만큼도 찾아볼 수 없었고, 실내는 참을성 없는 손님들 때문에 혼잡하고 분주했다. 직원들은 껌을 씹으며 시큰둥한 태도로 줄을 잘못 섰다든지, 필수 서류가 빠졌다는 등의 말을 했다. 나는 앤서니에게 이번에야말로 정말 좋은 곳을 찾았다는 듯이 확신에 가득 찬 목소리로 말했다.

"너는 여기서 대단한 일을 해낼 수 있을 것 같구나! 애플 사에서 경험했던 전문가적 경력을 내세우면 넌 1년도 안 돼서 컴퓨터 관리 총책임자가 될 수 있을 거야. 이곳은 너에게 푸짐한 보상은 물론이고, 그 달콤하다는 월요일에서 금요일까지만 일하는 일정표를 줄 거다."

"진심이세요? 여긴 정말 끔찍해요. 저는 여기 자동차 관리국 사람들이 하는 대로 손님들에게 호통을 치거나 무례하게 굴고 싶지 않아요. 절대로요. 이런 사람들과 같이 일하라니, 말도 안 되죠! 여기 사람들은 우리 같은 손님에게 전혀 관심도 없고, 게다가 서로에게도 무관심하다고요."

앤서니는 지금의 동료 직원들과 얼마나 깊은 동료애를 나누고 있는지, 고객의 문제를 해결하기 위해 서로 얼마나 진지하게 관심과 열정을 공유하는지를 설명했다. 직원들은 일이 끝나면 함께 식사하러 가기도 하고, 주말엔 함께 놀러 가기도 한다고 했다. 집으로 돌아오는 차 안에서 아들은 애플 사에서 일하는 게 얼마나 좋은가에 대해서 계속 떠들어댔다. 저절로 자신의 직장에 대한 감탄사가 흘러나오고 있었다.

"결국 가장 큰 기회는 애플이에요. 첫 직장을 이렇게 좋은 곳으로 들어갈 수 있었다니, 정말 나는 행운아인 거죠. 애플은 정말이지 세상에서 가장 좋은 회사에요. 지난번에 그런 말을 했던 건 잠시 지쳐서 그랬던 거예요."

그날 하루가 끝날 즈음엔 앤서니의 마음이 완전히 애플 사로 돌아와 있었다. 그리고 내가 이 글을 쓰는 지금도 그는 회사에서 열심히 일하고 있다. 아들은 무엇이 제대로 된 판단인지, 얼마나 자신의 직업에 감사해야 하는지를 비로소 깨달았다. 그날 이후로 앤서니는 세상에 대해, 그리고 회사에 감사하는 마음이 새로워졌다. 감사는 끊임없이 상기시켜줄 때 잊지 않고 간직할 수 있다. 이제 그는 스스로 감사를 떠올릴 줄 알게 되었다.

빌리 할머니의 말대로라면 앤서니는 방심하고 잃어버렸던 감사하는 마음을 약간의 훈련을 통해 되찾았다. 이 훈련은 내가 주어진 기회를 소홀히 여길 때마다 떠올리는 일종의 자신감 교육이다. 할머니는 어느 날 말씀하셨다.

"감사란 근육이란다. 감정이 아니야. 그것이 만약 감정이라면 너는 그걸 항상 느끼고 있어야 해. 그런데 넌 지금 그렇지 않잖니?"

할머니한테서 그 훈련을 받았을 즈음엔 나도 앤서니처럼 내 일에 대해 불평불만이 많았었다. 당시에 지역 라디오 방송국의 디제이[DJ]로 일하고 있었는데, 내가 거의 구걸하다시피 해서 얻은 자리였다. 그럼에도 몇 개월이 지나지 않아 주말마다 밤늦게 일하는 것 때문에 사회생활이 방해를 받는다는 불만스런 생각이 슬그머니 고개를 들었다.

"네가 감사를 느끼려면 감사라는 근육을 매일 단련시켜야 한단다. 근육을 단련하는 데 시간을 쓰지 않는 사람은 시간이 지나면, 영혼의 근육이 축 처져서 자신이 그토록 원하던 일이 이뤄져도 감사할 줄 모르게 되지. 영혼은 적당한 운동이 없으면 모양이 흐트러지게 마련이거든."

몇 해가 더 지나서야 나는 할머니의 말씀이 옳다는 것을 깨달았다. 감정을 바꾸기는 쉽지 않은 일이었다. 그러나 모든 것에게 감사하는 마음을 강화하기 위해 일상의 습관을 바꾸는 일은 가능했다. 모든 것에 감사하는 마음이 훈련되면, 삶에 활기를 불어넣어 주는 모든 것에 감사하는 감정이 생기게 된다.

가령, 이제 막 회사에 들어온 어떤 신입사원이 있다고 해보자. 그는 처음엔 직장을 다니게 된 것이 마냥 기쁘다. 아마도 사무실에서 깃털처럼 둥둥 떠다니며 이런 기회를 잡게 된 것에 감사할 것이다. 당연히 무한한 에너지를 발휘해서 종횡무진으로 활동하며 업무를 해치우고 종종 긍정적인 비평도 할 것이다. "그거 알아요? 여기 커피가 공짜예요!" "나는 이 직업이 매우 좋아요! 내가 이 회사에서 월급을 받게 되다니

믿을 수가 없어요!"라고 말이다.

그런데 만약 그가 직장생활에 대한 감사의 근육을 단련하지 않으면 몇 년 후엔 최악으로 변할 것이다. 다른 신입사원이 들어와서 좋아하는 모습을 보면 못마땅해하며 "좀 진정해. 여기는 네가 생각하는 것만큼 그렇게 좋은 곳이 아니야. 지나치게 좋아하지 말라고. 너 때문에 우리가 이상해 보이잖아"라고 말할지도 모른다. 이것이 바로 감사의 근육에 긴장을 주지 않으면 일어나는 현상이다. 감사하는 마음은 운동과 노력을 통해 만들어진다. 또한 감사의 근육은 긍정적인 감정을 인지하고, 받아들이고, 생산해낸다.

누구나 대단한 경험을 하거나 횡재하면 마음에는 일시적으로 엄청난 감사의 폭탄 세례가 쏟아질 것이다. 마치 강장 음료를 마셨더니 갑자기 원기가 넘치는 것처럼 말이다. 하지만 시간이 지나면 이런 감사의 감정은 사그라지기 마련이다.

근육을 강화하려면 그것이 신체든, 감정이든, 영혼이든 간에 운동과 스트레칭을 해주어야 한다. 특히 감사의 근육일 경우 지배적 사고에서 감사가 생성되도록 운동을 시켜줘야 한다.

그래서 지금부터 감사의 근육을 강도 높게 단련하는 방법을 알려주려고 한다. 이 운동은 주의 기울이기, 깊이 파고들기, 감사 표현하기의 세 단계로 구성된다.

| 주의 기울이기

감사하는 사람과 감사하지 않는 사람의 차이는 인식에 달려 있다. 한 사람은 삶의 아름다움을 보고, 또 한 사람은 삶의 부족함을 본다. 이는 가난한 사람이 부족한 환경에도 어떻게 행복하게 살아갈 수 있는지, 모든 것을 가진 부유한 사람이 왜 비참하게 살아가는지를 설명해준다.

그리고 건강하지만 삶의 장애물에만 초점을 맞추고 살아가는 사람이 있는가 하면, 병들었을지라도 삶의 희망을 놓지 않고 살아가는 사람이 있다. 직장에서의 승진 등 삶에서 눈에 띄게 좋은 일이 있을 때, 우리의 감각에 감사가 넘치게 하는 것은 쉬운 일이다. 하지만 작은 승리는 그것을 알아보고 감사하는 노력이 부족하면 사라져버린다.

우리가 사는 이 세계를 생각해보면 그렇게 될 수밖에 없는 것이 당연하다. 매일 수백 가지의 광고 문구들이 우리의 일상을 파고든다. 세상은 우리의 인식을 왜곡시키는 수많은 일들과 읽을거리들로 넘쳐난다. 우리에게 주어진 각종 역할과 의무들 또한 최대한의 집중력을 요구한다. 거의 모든 사람의 가장 기본적인 삶의 방식은 분주하고 시급한 문제에 초점을 맞춰 생존을 위해 살아가는 것이다.

우리가 할 일은 뇌의 거대한 하드 드라이브이자 정보 처리 장치인 무의식을 교육하는 것이다. 그래서 무의식이 삶의 아름다움을 지각하고 기억하게 해야 한다. 무의식이라는 기계의 손잡이를 통제하는 것이 의식적 사고다. 감정을 직접적으로 통제하기는 어렵다. 하지만 무의식이 삶의 좋은 면을 향하게 함으로써 감정에 깊은 영향을 줄 수 있어야 한다.

나는 감사해야 할 이유를 찾는 것이 감사로 통하는 길이라고 생각한다. 그리고 내가 'POET'라고 부르는 훈련은 감사할 이유를 찾는 데에 도움이 된다. POET란 사람People, 기회Opportunities, 경험Experiences, 사물Things을 말한다.

이 중에서도 나는 사람을 최우선 순위에 둔다. 그 이유는 삶에서 사람들의 위대함을 발견하는 것이 다른 사람에 대한 믿음을 갖는 원동력이 되기 때문이다. 내가 가장 마지막에 두는 것은 사물이다. 왜냐하면 사물은 잠시 주어질 뿐, 곧 사라지거나 아예 영원히 사라질 수 있는 물질적인 부에 집착하게 만들기 때문이다.

그렇다면 언제 감사의 감정을 느껴야 할지 아는 방법은 무엇일까? 누군가 또는 무엇이 긍정적인 생각을 하게 한다면, 그것은 감사의 목록에 넣어둘 만하다. 당신을 웃게 하는 모든 것에는 관심을 두고 감사해야 할 무언가가 있음을 알아야 한다. 이런 감사의 조건을 적극적으로 찾는다면 고마움을 느끼게 하는 것들의 문턱은 낮아진다. '아주 작은 떨림' 또는 사소한 기쁨을 알아보는 방법을 배우고, 이런 것들을 당신이 감사해야 할 이유에 추가시켜라.

이제 당신에게 첫 번째 과제를 주겠다. 당신의 개인적인 삶과 관련된 '감사의 통로' 다섯 가지를 매일 목록에 적어라. 목록의 내용은 가능한 한 구체적이어야 한다. 좋은 날씨를 주셔서, 또는 살아있게 해주셔서 등과 같은 너무 보편적인 것은 적지 않도록 한다. 물론 이런 것들을 감사한다고 잘못될 일은 없지만, 각 목록의 내용을 구체적으로 짚어낼수록 이 운동의 효과가 커진다. 이렇게 당신이 관찰한 내용을 일기장이나 당신이 쉽게 찾아볼 수 있는 곳에 적어둬라. 그리고 각 목록의 항목 뒤에는 충분한 공간을 남겨두는 게 좋다.

직장생활에서도 이런 방법을 활용해보라. 회사에서 당신이 맡은 역할을 중심으로 당신이 감사해야 할 점 다섯 가지를 적어보는 것이다. 최대한 당신과 많은 대화를 나누는 사람들에게 초점을 맞춰서 그들이 당신에게 얼마나 큰 도움을 주는지, 또 당신이 그들에게 어떤 도움이 되는지에 초점을 맞춰 생각하라. 당신의 역할에 감사하는 마음을 갖는다면, 당신의 상사는 물론이고 직장 동료도 큰 고마움을 느끼게 될 것이다.

처음에는 절대 쉽지 않다. 바쁜 일상을 살다 보니 여태껏 이런 경험을 할 겨를이 없었기 때문이다. 우리는 당장 발등에 떨어진 불을 끄는 것에 더 익숙하고, 오로지 관심은 주로 분개하게 하는 요소들에 있었던 게 사실이다. 그래서 늘 쉽게 화가 나는 것이다.

감사 목록을 더 풍성하게 만들려면 감사할 이유를 찾아야 한다. 그러려면 조용한 시간을 갖고 주변을 둘러봐야 한다. 삶을 꽉 채운 정보 더미에 가려져 미처 볼 수 없었던 감사의 대상이 조용한 시간을 통해 발견될 것이다. 점심시간의 마지막 10분, 또는 오후 휴식 시간을 활용해보면 좋다.

감사의 근육을 단련하는 또 다른 방법은 판에 박힌 일상에 변화를 주는 것이다. 쇼핑하거나 자동차로 출근할 때 이 도시에 처음 와보는 사람처럼 행동해보라. 언제나 들렀던 상점이 아닌 다른 곳에서 물건을 사고, 평소 다니지 않던 길이나 다른 교통편을 이용해보라. 일상적인 경험에 약간 변화를 주면, 판에 박힌 생활에 묻혀 살 때는 잘 보이지 않았던 감사의 길이 새롭게 나타날 것이다.

직장 일도 조금 다른 방식으로 시도해보자. 에릭 골드하트를 기억할 것이다. 2008년 경기 침체가 시작되면서, 그는 또다시 위기를 맞았다. 회사에 닥친 경제적 공황에 맞서기 위해 그가 제시한 해결책은 신입사원들의 감사하는 마음을 회복하는 것이었다. 그는 한 달에 한 번 팀원들 모두가 '신입사원'이 되어 만나는 자리를 만들었다. 이 자리를 통해 팀원들은 회사가 최대한 활용할 수 있는 모든 자산과 긍정적인 발전 요소에 대해 생각해보고, 그것을 목록으로 만들었다. 첫 미팅 후 그는 결과를 살펴보았다.

"이 목록을 보니 신이 나더군요. 이렇게 기분이 좋은 게 몇 개월 만인지 모르겠습니다. '신입사원'으로서 우리는 지난 18개월 동안 갖고 있던 모든 짐을 내려놓을 수 있었답니다. 우리는 지금 거의 날아다니는 기분이죠. 지금 같은 역사적인 순간에 이 회사에 소속되어 있다는 자부심과 흥분, 그리고 열정이 가득 넘치고 있어요."

당신이 매일 보는 것들에 감춰져 있는 긍정적인 특징들을 찾으려고 일부러 다시 살펴보라. 가령, 빌딩을 볼 때도 그것의 수준 높은 건축 양식과 위상을 보고, 그 건축물 때문에 경관이 얼마나 아름다워졌는지 관찰하는 것이다. 점심시간에는 그릇에 담긴 음식을 보고 잔치 음식이라고 생각해보면 어떨까? 대단한 음식은 아닐지 몰라도 전 세계 수백만의 배고픈 사람들에게는 감지덕지한 음식이다. 한 입 한 입 음미하며 먹도록 하자. 그리고 하루를 마감할 때 멍하니 먼 곳을 보지 말고 석양의 황홀한 적막을 관찰하며 그 아름다운 빛깔에 빠져들어보자.

함께 운동할 사람을 구하는 것도 좋다. 가족이나 가까운 친구, 직장 동료 중에 구해도 좋겠다. 서로 관계를 맺고, 매일 상대방에게 감사를 표현하면 상대방도 당신에게 똑같이 해줄 것이다. 쌍방향으로 감사의 이유를 주고받는 게 이상적이다. 하지만 이때 주의할 점은 자칭 '현실의 소리'라고 하며 가르치려 드는 사람과는 함께하지 말아라. 당신 역시 그들에게 그런 사람이 되어서는 안 된다.

또한 삶의 방해물 대신 삶의 결실을 알아볼 수 있는 좋은 눈을 갖도록 노력하라. 빌리 할머니는 주로 상황이 나아질 것이라는 징조를 달라고 기도했다. 그리고 그 징조를 알아보고 힘을 낼 수 있도록 지혜를 달라고 기도하는 것을 잊지 않았다. 앞에서 타임머신을 탄 것처럼 과거 또는 불확실한 미래를 말하는 나약한 언어의 사용을 피해야 한다고 말했었다. 그런데 여기 감사에 있어서는 타임머신 사고방식이 긍정적이다. 감사할 것이 훨씬 적었던 과거 시절을 떠올려보라. 누구나 '내가 이 어려움을 빠져나갈 수 있다면 정말 좋을 텐데!'라고 생각하던 때가 있었을 것이다. 어렸을 적 이렇게 말했던 것을 떠올려보면, 당신이 '자동차, 집, 좋은 직장, 그리고 나를 사랑해주는 누군가가 있다면 나는 마침내 행복해질 거야!'라고 그토록 바랐던 그날이 바로 오늘이라는 걸 깨닫게 될 것이다.

당신은 최소한 그때 꿈꿨던 것 중에 최소한 몇 가지는 소유하고 있다. 하지만 시간이 흐르면서 점점 기대치를 높이고, 어릴 적에 했던 '흥정'은 까맣게 잊어버린 것이다. 그때의 소박했던 마음으로 지금을 돌아보라. 그럼 알게 될 것이다. 지금 우리는 부자다!

> 기대하며 상상하라. 만약 당신이 걱정할 수 있다면, 당신은 성공을 상상할 수도 있다!

어느 날 나는 몇 시간째 비행기의 비좁은 좌석에 웅크리고 앉아 있었다. 그러면서 나의 20대를 떠올려보았다. 그때 나의 꿈은 세계를 돌아다니는 것이었다. 세계 구석구석을 구경하고 새로운 사람들을 만나는 게 얼마나 간절한 소원이었던가. 이런 생각을 떠올리자, 지금 상황에 대한 감사가 밀려왔다. 잠시나마 비행기 안에 갇혀 있다는 사실을 잊을 수 있었다. 덕분에 나는 비행기 안에서 다리뿐 아니라 영혼을 스트레칭할 수 있었다. 저절로 미소가 나왔다.

이제 당신의 미래에 대해 생각해보자. 앞으로 좋은 결과가 있으리라고 기대되는 기회를 떠올려보고, 다음 상황을 더 나은 방향으로 변화시키기 위해 노력하자. 어떤 식으로 당신의 길이 펼쳐질지 상상해보라. 어디선가 누군가가 나타나 당신을 도울 것이며, 당신은 꿈꿔왔던 것 이상으로 성공할 것이다. 그날을 기대하며 상상하라. 당신은 할 수 있다. 만약 당신이 걱정할 수 있다면, 당신은 성공을 상상할 수도 있다!

곧 다가올 휴가 또는 여가 활동을 떠올려보자. 얼마나 당신은 그 시간을 고대해왔던가. 또 그 시간은 얼마나 당신에게 달콤한 시간이 되겠는가. 멋진 풍경들, 맛있는 음식, 즐거운 소리까지 다 상상해보라. 함께 시간을 보낼 좋은 사람들도 떠올려보라. 이는 케이크를 대접하려고 손님을 기다리는 동안 숟가락에 묻은 크림을 핥아 먹으며 달콤한 맛을 미리 조금 맛보는 것과 같다.

밝은 미래에 대한 생각이 마음에 넘치면, 그것을 꿈꾸는 대신 그런 삶을 기대하는 자신을 발견하게 될 것이다. 그러면 더욱 나은 내일에 대한 기대는 현재의 불편이나 어려움을 감수하게 해줄 것이다. 그리고 당신은 삶의 가능성에 좀 더 관심을 기울이게 될 것이다.

| 깊이 파고들기

이제부터 당신은 감사하게 여길 만한 것을 찾아 주의를 기울여라.

감사의 이유를 찾는 것은 감사의 근육의 표면만 사용하는 것일 수 있다. 하지만 어떤 운동이나 식이요법이든 튼튼해지고 강해지려면, 반드시 근육의 표면을 단련해야 한다. 감사를 더 깊고 풍성하게 만들고 싶다면 삶의 상황으로 더 깊이 들어가라. 평소에는 별로 들여다보지 않았던 자신의 정신세계도 파헤쳐보자. 이것은 약간 불편한 감정을 낳을 수 있다. 오랜만에 스트레칭하면 평소 사용하지 않던 근육이 땅기는 것처럼 말이다.

친구이자 동료 작가인 어윈 맥매너스Erwin McManus는 감사를 별로 느끼지 못하는 사람의 마음도 뒤흔들 수 있는 운동법을 개발했다. 그것은 "당신이 당연히 받아야 할 것은 무엇인가요?"라는 질문에서 시작된다. 이 질문의 효과는 크다. 대부분의 경우 생각에 잠기다 이렇게 대답할 수밖에 없다.

"아무것도 없어요."

사실, 우리가 받아 마땅한 것은 거의 없다. 단지 우리는 그것이 우리에게 주어지길 기대하고 바라거나, 다른 사람의 삶을 보고 부러워할 뿐이다. 위에서 말한 내 맥매너스의 질문은 우리의 관점을 변화시켜준다. 요컨대 삶 속에 가장 기본적으로 주어진 것들에게 감사할 줄 알아야 하며, 우리의 기대치가 감사의 정도를 결정하도록 해서는 안 된다.

깊은 감사를 느낄 수 있게 하는 또 다른 방법은 평범한 외부인이 당신의 현재 상황을 본다면 어떤 생각을 할지 자신에게 질문해보는 것이다. 사람들은 당신을 불쌍하다고 여길까, 아니면 부러워할까? 더 불행한 환경에 처해 있는 사람이라면, 당신의 곤경에 대해 또는 얻은 기회에 대해 어떻게 생각할까? 당신이 감사를 잃어버렸을 때, 그들은 또 어떻게 생각할까?

최근 나는 "아!" 하고 깨닫는 순간이 있었다. 아내와 함께 스페인의 바르셀로나를 방문했을 때였다. 날씨는 무척 덥고 후텁지근했다. 그런데 우리가 묵었던 숙소에는 에어컨이 없었다. 나는 너무 더워서 잠을 잘 수가 없었고 닷새째가 되자 내 기분은 완전히 엉망이 되었다.

나는 숙소 시설이 형편없다며 투덜거렸다. 이 얼마나 가여운 일인가! 그런데 바르셀로나에 있는 동안 나는 역사적인 성당들을 관광했고 아주 맛있는 타파스tapas도 먹었으며, 기쁨에 들떠 있는 지역 주민과 함께 월드컵 결승전도 관람했다. 하지만 그놈의 더위 때문에 나는 이 모든 것들을 기억 못하는 '건망증 환자'가 되어 있었다.

여행 마지막 날, 나는 '여긴 너무 끔찍해. 안락한 내 집으로 당장 빨리 돌아가고 싶어'라고 혼자 중얼거리며 샤워를 하고 있었다. 심지어 이 여행을 안 왔더라면 좋았을 거라는 바보 같은 생각도 했다. 그런데 갑자기 머릿속에 한 가지 의문이 떠올랐다. 만일 여행을 다녀온 사진을 페이스북에 올려놓고 더워서 미치는 줄 알았다고 써놓으면, 이것을 친구가 보고 정말 안됐다고 생각할까? 아니면 자기도 바르셀로나에 있었으면 좋겠다고 생각할까? 이 질문에 대한 대답은 샤워기에서 나오는 찬물처럼 정신을 번쩍 들게 했다.

'땀을 좀 많이 흘리긴 했지만, 넌 지금 엄청나게 운이 좋은 거야. 세상에는 너하고 공간을 바꾸고 싶은 사람이 엄청나게 많을걸. 게다가 대부분은 여기보다 경관도 아름답지 못한 데다가 훨씬 더운 곳에서 살고 있다고!'

그러자 어느새 나는 어린 시절로 돌아가, 나를 꾸짖는 빌리 할머니의 목소리를 들을 수 있었다.

"네가 미칠 것 같을 때 입었던 것과 똑같은 옷을 입고서도 넌 기뻐할 수 있단다!"

바로 닷새 전 이 도시에 처음 왔을 때가 떠올랐다. 나는 우리가 머물렀던 지역의 고딕 양식 건축물들을 보고 감탄했었다. 이 도시에서 맛있기로 소문난 햄 치즈 바게트 샌드위치도 아주 맛있게 먹었고 말이다. 그런데 나는 어찌 된 일인지 이 모든 것을 없었던 일로 만들려고 했다. 무엇이 변한 걸까? 사실 아무것도 바뀌지 않았다. 내가 감사하는 마음을 잊고 있었다는 것 말고는.

집으로 돌아오는 비행기를 타러 공항에 가기까지는 아직 몇 시간이 남아 있었다. 새로운 관점이 생긴 이상, 밖으로 나가 이곳의 아름다움을 만끽하지 않을 수 없었다. 숙소에서 몇 걸음 떨어지지 않은 곳에 산타 마리아 델 마르Santa Maria del Mar 성당이 있었다. 길가 빵집에서는 정말 끝내주는 냄새가 흘러나왔다. 이때 내가 기억하는 최고의 예술품은 다름 아닌 나에게 진심으로 호의를 베풀어준 그곳 사람들이었다. 공항 택시를 타기까지 나는 세상에 부러울 게 없었다. 이곳으로 여행 오길 얼마나 잘했나 하는 생각이 들었다. 날씨가 덥든 시원하든 간에 상관없었다. 여행을 잘 왔다고 생각한 그 마지막 순간에 나는 이 여행을 감사로 표현할 수 있었다.

당신의 감사를 깊게 만들어 줄 또 하나의 방법이 있다. 당신이 감사하는 모든 기회, 경험, 인간관계에 대해 그 원천이 무엇인지를 살펴보라. 당신의 직업, 작년에 다녀왔던 평생에 남을 만한 여행, 당신의 집과 자동차, 이 모든 것들은 당신을 진심으로 위하는 누군가에게서 온 것이다. 여기서 직접적인 원천은 어떤 한 사람, 또는 집단일 것이다.

때때로 그 원천은 당신에게 어떤 기회를 잡으라고, 재능을 계발하라고, 또는 특별한 경험을 해보라고 동기를 유발한 누군가의 격려였을 것이다. 사람은 어느 누구도 혼자서는 위대한 일을 해낼 수 없다. 언제나 지지를 보내주는 누군가가 있기 마련이다.

'감사의 통로'를 적은 목록으로 다시 되돌아가 보자. (언젠가 수십 개도 넘는 감사 목록들이 당신의 일기장을 빼곡히 채우기를 바란다.) 각각의 항목 옆이나 아랫부분에 그것이 가능하게 해준 사람의 이름을 적어보라. 그리고 당신에게 필요한 것을 제공하고, 당신을 돕고, 당신을 지

단지 '무엇'에 대해 감사하느냐가 아니라 '누구'에게 감사할 것인지를 연습할 때, 당신의 감사는 충만해진다.

지해 준 그들의 마음은 어떤 마음일지 생각해보는 시간을 가져보자. 얼마나 많은 사람이 당신에게 관심을 주며, 당신의 성공과 행복을 바라는지 알게 될 것이다. 단지 '무엇'에 대해 감사하느냐가 아니라 '누구'에게 감사할 것인지를 연습할 때, 당신의 감사는 충만해진다. 이 과정에서 자신감은 더욱 높아진다. 또한 감사를 통해 당신이 속한 공동체의 힘을 느끼며 어떻게 그 안에서 당신의 부족함이 채워져 왔는지 깨닫게 된다. 자신이 가진 모든 것에 대해, 그 원천은 자신이 아닌 다른 누군가라는 사실을 알 때, 당신은 공동체의 기쁨과 힘을 누릴 것이다.

| 당신의 하루를 감사로 시작하라

이제 당신은 감사하는 마음의 깊이를 더할 줄 알게 되었다. 즉 삶을 변화시킬 수 있는 운동 준비가 된 것이다. 매일 아침에 눈을 뜨자마자 드는 생각이 감사가 되도록 하라. 그때 무슨 생각을 하느냐에 따라 그날 하루가 달라지기 때문이다. 당신의 무의식이 중요한 몇 가지에만 집중하고 나머지 것들은 무시하게 만들어라.

데이비드 슈워츠David Schwartz는 『크게 생각할수록 크게 이룬다The Magic of Thinking Big』에서 이렇게 썼다.

"누군가 우스갯소리로 이런 말을 한 적이 있다. 삶의 가장 어려운 문제는 따뜻한 침대 속에서 차가운 방으로 나오는 것이다."

이 말은 아침에 일어나는 것이 삶의 시스템에 큰 충격을 준다는 뜻이다. 그러나 매일 아침 5분에서 7분만 다음의 운동에 투자한다면 침대에서 감사한 마음으로 일어날 수 있다. "오늘 하루는 또 어떻게 버틴담?"이라며 불평하는 마음으로 일어나는 것과는 전혀 다르단 말이다.

지금부터 운동을 시작해보자. 아침에 눈을 뜨면 일단 수건을 차가운 물에 적셔라. 수건을 아주 차갑게 만들려면 수건을 물에 적셔서 밤새 냉장고에 넣어두면 된다. 수건을 짜서 물기를 제거한 다음 3인치 정도 너비로 길게 접어라. 침대로 돌아와 누운 다음 눈 위에 차가운 수건을 올려둬라. 혹시 다시 잠이 들까봐 걱정이 되면 알람시계를 맞춰두면 잠들지 않고 깨어 있는 데 도움이 된다.

그리곤 꼼짝 말고 가만히 누워서 생각을 시작한다. 머릿속 기억을 더듬어 어제 당신을 도와주거나 어떤 식으로든 당신의 삶에 좋은 영향력을 끼친 두 사람을 꼽아라. 며칠 전 또는 몇 주 전에 누군가가 해준 일 때문에 어제 당신이 성공을 경험했을지 모른다. 일과 관련해서 또는 가족이나 평범한 일상과 관련해서 도움을 받았을 수도 있다. 어쨌든 누군가가 당신의 마음속에 떠오른다면 그 사람의 이름을 크게 외쳐라. 만일 배우자가 아직 옆에 잠들어 있다면 작은 소리로 속삭여도 된다. 그리고 다시 한 번 그 이름을 말하되 이번에는 그 사람이 당신을 위해 무엇을 해주었는지, 그리고 당신에게 어떤 변화가 생겼는지를 덧붙여라.

이런 감사의 생각은 크게 소리 내 말할수록 좋다. 왜냐하면 큰 소리로 말할수록 당신의 무의식 속에 감사의 태도가 더 굳어지기 때문이다. 이제 새로운 하루에 대한 감사를 이끌어낼 시간이다. 오늘 당신을 도와줄 것으로 기대되는 사람에 대해 생각해보라. 그 사람이 며칠 전에 한 일이 오늘 당신에게 좋은 결과로 나타날 수도 있다. 그 사람의 이름과 그가 오늘 무엇을 해줄 것으로 기대되는지 떠올려보라. 그리고 그로 말미암아 오늘 일어날 수도 있을 당신의 성공적인 삶의 변화를 생각해보라.

매일 같은 사람이 떠오른다 해도 문제가 될 것은 없다. 특히 처음에는 그럴 수 있다. 나도 이 운동을 처음 시작했을 때는 아내와 가까운 몇 명의 동료만 떠올랐다. 하지만 감사의 마음을 갖는 습관을 들였더니 내 삶 속에 점점 많은 '조력자'들이 등장했고, 감사해야 할 대상이 날로 늘어갔다. 게다가 나는 내 삶의 성공에 도움을 주는 사람들을 더 찾아내게 되었다.

아침에 이런 운동을 하면 에너지가 충전되어 침대에서 가뿐하게 일어날 수 있게 바뀐다. 당신은 혼자가 아니며 삶도 성공적일 거라는 생각에 자신감이 차오를 것이다. 만일 아침에 떠올렸던 사람을 밖에서 마주친다면, 그들을 대하는 당신의 태도가 전혀 달라졌음을 느끼게 된다. 그리고 대개 그들 역시 당신에게 더 고마운 일들을 해줄 것이다.

이 운동의 효과를 검증하는 동안 나는 이 운동이 모든 사람에게 시간과 수고를 들인 보람을 준다는 결론을 내렸다. 예를 들어 2010년 나는 이 운동을 최소한 한 달 이상 해보기로 동의한 수십 명의 사람과 연구를 했다. 연구에 참여한 사람들은 이 운동 덕분에 삶에 대해 더욱 긍정적으로 생각하게 되었고, 주변의 모든 도움에 감사하게 되었다고 했다. 그런데 여러 보고서 중에서도 특히 눈에 띄는 체험담이 있었다. 이 운동을 통해 기대치 이상의 효과를 얻은 사람의 이야기였다.

폴라 쿠퍼Paula Cooper는 연구 참여자 중의 한 사람이었는데, 그녀는 감정적으로 매우 힘든 시기에 이 운동에 대해 알게 되었다고 했다. 그녀는 이런 글을 보내왔다.

내 삶은 말하기 어려울 정도로 혼란스러웠습니다. 하지만 이 운동을 알고 난 다음부터 내 삶도 달라졌어요. 정보기술자인 남편은 지난 2년간 메릴랜드 주(그들은 당시 디트로이트에 살고 있었다)의 아웃소싱 업체에서 일하고 있었어요. 그러다 애너폴리스의 행정기관에서 일할 기회를 잡게 되었지요. 전 이 기회를 놓치지 말아야 한다는 걸 알고 있었습니다. 하지만 곤란한 일이 있었어요. 이곳은 제가 어린 시절부터 지내온 곳일 뿐만 아니라, 모든 친구와 가족들이 사는 곳이기 때문이었죠. 게다가 5년째 앓아누워 있던 아버지는 암 수술을 받게 되었고요. 이 문제로 심한 스트레스를 받던 나는 원치 않게 아침마다 일찍 잠에서 깨었어요. 절대 7시를 넘어서까지 잠을 잘 수가 없었답니다. 눈을 뜰 때면 걱정부터 몰려왔죠. 그러던 어느 날 이 운동법을 알게 된 겁니다. 가만히 누워서 그날 해야 할 일들을 생각하는 대신 이 운동을 하기 시작했어요. 아침마다 나는 잠에서 깬 뒤, 눈을 감고 전날 나에게 도움을 주었던 두 사람을 떠올려보았죠. 가끔 그들은 가게의 점원일 때도 있었지만, 주로 동료 직원 또는 친구들이었어요. 고마운 사람들에 대해 생각하고 나면 기운이 넘치고 의식이 맑아지는 걸 느낄수 있었어요. 하루를 적극적으로 살 준비가 된 겁니다. 그러면 침대를 벗어나기도 전에 이미 무언가를 이뤄낸 듯한 기분이 들곤 했죠!

그런데 이후 폴라는 나를 더욱 놀라게 했다. 이 운동에 혁신을 일으킨 것이다.

이사하던 날 나는 극심한 스트레스 때문에 미칠 지경이었어요. 훨씬더 작은 집으로 이사했기 때문에 짐이 정리가 안 되는 거예요. 게다가 이사 트럭이 길을 막는 바람에 이웃들에게 원성도 샀어요. 그런데고양이마저 굴뚝을 타고 올라가더니 내려올 생각을 안 하더군요. 나는 정말 미칠 것 같았습니다! 그래서 비록 대낮이긴 했지만 당장 감사 운동을 해야겠다고 마음먹었죠.
난 얼른 차가운 물수건을 준비해 뒤뜰의 조용한 곳으로 갔어요. 곧, 이 운동을 시작한 지 채 몇 분도 안 되었는데 곧 마음이 진정되더군요. 그날 별 탈 없이 진행될 것이란 편안한 기분이 들더니, 모든 일에감사하는 마음이 들었습니다. 이사 도우미들은 모두 좋은 사람들이었어요. 민첩하게 움직이며 효과적으로 일을 잘해주었죠. 그리고 고양이도 이삿짐이 정리되고 나니 알아서 밑으로 내려오더라고요. 그시간 이후 나는 기분이 좋아졌고, 같이 있는 모든 사람이 고맙게 느껴지면서 곧 그날의 일과로 돌아갈 수 있었습니다.

이 얼마나 멋진 이야기인가!

지금까지 감사의 근육을 단련하는 운동 중에서 두 번째 단계까지 알아보았다. 첫 번째는 주의 기울이기였고 두 번째는 깊이 파고들기였다. 그렇다면 이제 세 번째 단계로 나아갈 준비가 된 것이다. 가장 중요한 감사 표현하기 단계로 가보자.

| 감사 표현하기

『믿음의 기초Foundation of Faith』의 저자인 윌리엄 아서 워드William Arthur Ward는 "감사를 느끼지만 표현하지 않는 것은, 선물을 포장해놓고 주지 않는 것과 같다"라고 말했다.

'감사하다'고 말하는 것은 감사의 대상에겐 보상이 될 뿐 아니라, 곁에 있는 사람들에게도 감동을 준다. 감사를 마음속에 가둬두지 마라!

감사하는 감정을 나눌 때 다른 사람은 물론 자기 자신에게도 긍정적인 기운이 만들어진다. 입 밖으로 표현하는 말에 마음속에 있는 생각이 영향을 받는 것이다. 요컨대, 말이 우리의 믿음을 형성한다. 자주 감사를 표현하는 사람은 그 마음에서 저절로 감사가 배어 나오는 법이다.

이번 단계는 아침에 깨어나서 하는 운동부터 출발한다. 어제 도움을 받았다고 생각하는 두 사람 중에 한 사람에게 편지를 쓰는 것이다. 편지는 간결하지만, 진심이 느껴지게 써라. 전화를 거는 것이 더 좋은 방법인데, 그가 당신에게 어떤 도움을 주었는지 잘 전달될 수 있게 말투와 어조에 신경을 써야 한다. 그와 만날 기회가 있다면 직접 얼굴을 보면서 감사하다고 말하는 것도 좋은 방법이다. 사람들은 때로 감사의 표현을 어색해하고 불편해한다. 하지만 "별거 아니었어요"라는 대답을 듣는 것에 그치지 말고, 감사를 기꺼이 받아들이고, 마음의 보상을 받게 하라.

직장에서 미팅할 때도 상대방 관계자에게 감사의 말을 하라. 특히 함께 일한 지 어느 정도 되었다면 감사 표현을 꼭 하는 게 좋다. 감사의 말이 미팅의 '원래' 순서에 포함된 것처럼 하면, 푸념을 늘어놓으며 시작하는 것보다 훨씬 더 순조롭게 출발할 수 있을 것이다. 그러면 사람들의 마음이 하나로 모이게 되고, 논의가 합의에 도달하기도 쉬워진다.

현대 긍정심리학운동의 아버지라 불리는 마틴 셀리그만^{Martin Seligman} 박사는 '감사의 방문'을 제안한다. 이 방법을 여기서 잠시 소개할까 한다. 가장 먼저 할 일은 당신이 감사를 표현한 적은 없지만, 그동안 당신을 도와주고 당신에게 호의를 베풀고, 삶에 있어 발전을 가져다준 사람을 생각한다. 그리곤 그 사람에게 어떤 도움을 받았는지, 그의 도움이 당신의 삶에 얼마나 큰 의미가 되었는지 자세하게 편지로 쓴다. 다음 단계는 그와 만날 기회를 만들어서 그 사람 앞에서 편지를 읽는 것이다. 이때 방문의 목적은 다른 일이 아닌 오로지 감사를 전달하는 것이 되게끔 한다. 마지막으로 그 사람이 편지를 간직할 수 있도록 편지를 건네고 돌아와라.

셀리그만은 펜실베이니아대학의 재학생들과 환자들에게 이 방법을 실행해보게 했다. 참여한 사람들은 깊은 감명을 받았다. 대부분 편지를 읽는 사람과 받는 사람 모두 감동의 눈물을 흘렸다. 2차 파급 효과도 컸다. 감사의 방문을 받은 사람이 자신도 그동안 감사하지 못했던 사람을 찾아가게 된 것이다.

최근에 나는 이 개념을 디지털 세계로 옮겨오기 위해 페이스북에 있는 친구 목록을 살펴보았다. 나의 과거로부터 감사할 대상을 찾기 위해서였다. 그러다 나는 1997년 브로드캐스트닷컴^{Broadcast.com}에서 일할 수 있도록 기회를 준 샘 블룸^{Sam Bloom}을 발견했다. 그는 나에게 취업의 기회를 주었을 뿐 아니라, 초기에 부진한 영업 실적에도 넓은 마음으로 격려해주던 사람이었다. 생각해보니 감사할 게 너무 많았다.

하지만, 그가 사는 댈러스를 무작정 다녀오기에는 너무 멀었다. 그래서 나는 편지를 쓰기로 했다. 당신 덕분에 내 삶이 어떻게 바뀌었는지를 자세히 설명하고, 나에게 기회를 주고 계속 격려해준 것에 대해 깊이 감사한다는 내용을 썼다. 며칠이 지나자 그에게서 답장이 왔다.

"나는 당신이 그럴 만한 자격이 있다고 생각했기 때문에 기회를 준 거였어요. 당신이 잘해낼 거라는 걸 알고 있었습니다."

이런 대답은 감사에 대해 돌려받는 약속과도 같은 것이다. 당신에게 능력과 자격이 있으며, 당신의 삶에 성공이 예약되어 있다는 느낌이 드는 긍정적인 피드백이다. 이것은 당신이 자신감을 가질 수 있는 핵심적인 요소이다. 반대로 감사를 묶어둘 때는 어쩌다 운이 좋았을 뿐 그런 도움을 받을 자격이 없다고 느끼기 쉽다.

┃ 감사를 공개하라

야후에는 동료가 감사의 메모를 붙일 수 있는 게시판이 있다. 씨티은행에는 '감사의 세계'라는 카드가 있다. 그래서 직원들이 감사하는 내용을 담아 서로에게 보낼 수 있게 해두었다. 사무실은 감사의 말들로 도배된다. 시스코Cisco의 어느 엔지니어 팀은 식당에 화이트보드를 걸어두고 사람들이 하고 싶은 말을 마음대로 쓸 수 있게 했다.

공개적으로 감사를 표현함으로써 우리는 다른 사람을 격려할 수 있다. '우리는 서로 도와주며 서로의 도움에 감사한다'라는 뜻을 나누며 가치관을 표현할 때 집단 문화가 형성되는 것이다.

인터넷을 이용해 공개적으로 감사하는 마음을 올리는 방법도 있다. www.TodayWeAreRich.com을 방문해 자신의 목록에 있는 사람들에게 공개적으로 감사한다는 글을 올려라. 소셜 미디어를 이용해서, 다른 사람들의 공로에 감사하다는 글을 업데이트할 수도 있다. 그러면 그런 마음이 당신의 믿음에 연료를 공급해 삶의 어려움을 이겨낼 수 있게 힘을 줄 것이다. 또한 감사하는 마음은 의식에서 두려움과 불안을 떨쳐낼 것이다. 분노·시기·질투 등, 당신을 가로막고 있던 감정의 쓰레기들을 치우고 세제처럼 당신의 정신을 깨끗이 씻어줄 것이다.

거의 모든 부정적인 사고는 감사하는 마음으로 꺾을 수 있다. 당신은 감사하는 마음을 가질 때 자신이 갖고 있지 않은 것 대신에, 자신이 가진 것을 중심으로 생각하게 된다. 그리고 효과는 즉각적이다. 당신은 긍정적인 기분이 들 것이다.

빌리 할머니가 나에게 했던 말 중에서 내가 가장 좋아하는 말이 있다. "감사하는 마음을 가진 한, 증오는 있을 수 없단다!"라는 말인데, 전적으로 옳다. 감사하는 마음이 부정적인 것으로 바뀔 수 없다. 또한 자기 삶에 만족하는 사람은 다른 사람을 질투할 수 없다. 감사하는 마음은 자신의 인생관에도 변화를 주어 더 높은 곳을 향해 날 수 있게 만든다.

연구 결과, 감사하는 마음은 건강에도 큰 도움이 된다. 로버트 에몬스Robert Emmons는 캘리포니아데이비스대학에서 이와 관련된 연구를 했다. 실험 대상은 감사의 일기, 즉 내가 당신에게 제안했던 방법을 꾸준히 실천한 사람들이었다. 그는 감사의 일기를 쓰는 그룹과 그렇지 않은 그룹을 비교했다. 그 결과 일기를 쓰는 그룹은 신체적인 질병을 앓는 경우가 거의 없었다. 전반적으로 삶에 대해 좋은 감정을 가졌고, 미래에 대해 낙관적인 태도를 보였다. 또한 에너지가 넘쳤고, 즐겁고 유쾌한 기분을 유지했다. 이것이 감사하는 마음이 가진 치유의 힘이다!

어윈 맥매너스는 자신의 목회 경험에서 비슷한 효과를 발견하고, 저서 『업라이징Uprising』에 다음과 같은 글을 썼다.

"감사는 현재를 즐길 수 있게 할 뿐 아니라 미래를 기대하게 만든다. 감사는 낙관주의의 원천이며 희망의 불씨이다."

감사의 근육이 단단해질 때 삶에 대한 자신감도 높아진다. 자신을 가치 있는 사람으로 여기게 되는 것이다. 또한 주변에 도움을 주려는 사람들이 있다는 걸 깨닫게 된다. 절대자에 대한 믿음도 강해지고, 그가 자신에게 허락한 일들에 대해서도 이해가 깊어진다. 그러면 당신의 기도는 삶의 모든 것에 대한 감사가 된다.

| '해야 할 것' 에서 '하게 되는 것' 으로

감사하는 마음이 가져오는 궁극적인 혜택은 환경에 좌우되지 않고 삶을 즐거운 모험으로 여길 수 있도록 자유를 준다는 점이다. 모든 것에 감사하는 사고방식이 생기면 인생에서 '해야 할 것들'을 '하게 되는 것들'로 바꿀 수 있다.

수많은 사람이 '오늘도 일하러 가야 하기' 때문에 불평한다. 하지만 수많은 실직자들은 어떤 직장이든 일할 곳이 있다면 감사해할 것이다. 어떤 부모들은 자녀들 때문에 해야 할 일이 많다고 불평한다. 하지만 자녀가 없는 부모들은 아들이나 딸을 축구 연습장에 데려다주고, 사랑하는 가족을 위해 요리하길 바라는 간절한 소망을 갖고 있다.

감사는 의무를 기회로 바꾸는 정신적인 힘을 제공한다. 그래서 괴로운 시절조차 성장의 과정으로 전환해서 받아들일 수 있게 만든다. 때로는 그렇게 하는 것만이 유일한 생존 방법일 때도 있다.

1992년에 빌리 할머니는 유방암 판정을 받았다. 할머니로부터 이 소식을 들었을 때 난 가슴이 무너지는 것 같았다. 당장 암 덩어리를 제거하는 수술을 받아야 했고, 이후 수차례의 방사선 치료가 할머니를 기다리고 있었다. 가장 가까운 방사선 치료 센터는 당시 나와 재클린이 살고 있던 댈러스에 있었다. 우린 할머니를 집으로 모셨다. 집에 도착했을 때 할머니는 기분이 좋아보였고, 우리에 대한 감사가 넘쳤다. 재클린은 매일 할머니와 함께 방사선 치료 센터를 다녔다. 방사선 치료는 환자의 생명을 쥐어짜는 것처럼 고통스러웠다.

할머니는 점차 야위어갔다. 음식에 거의 손을 대지 못했고 에너지가 고갈되는 듯했다. 피부는 잿빛처럼 창백해졌고 점차 걷기도 어려워 보였다. 보통 이런 상황에 이르면 사람들은 화를 내거나, 우울증에 빠지고 무기력해진다. 그러나 할머니는 고통을 생각하는 대신 축복을 노래

하면서 여전히 활기를 잃지 않았다. 고통스러운 순간에도 자신을 병원에 데려다주는 재클린에게 고마워했고, 항상 온화하게 대했다.

할머니가 방사선 치료를 받는 과정에서 잊을 수 없는 사건이 하나 있다. 할머니는 교회에 갈 때처럼 예쁘게 차려입고서 침대에 걸터앉아 있었다. 그녀는 손뼉을 치며 말했다.

"애야, 나는 욥처럼 울지 않을 거란다. 절대로! 나는 이미 많은 일을 겪어왔어. 그때마다 기도로 이겨냈지. 지금은 내가 빛날 시간이란다. 나는 가장 행복한 환자가 될거야. 믿음의 힘을 보여줄게."

할머니는 우리와 함께 보낸 몇 개월 동안 한 번도 절망이나 슬픔의 감정을 보인 적이 없었다. 그녀가 고통과 싸울 수 있었던 것은 잘 발달된 감사의 근육 덕분이었다. 가장 어려운 시기를 지나는 동안 '해야 할 것'을 '하게 되는 것'으로 바꾼 비결은 그녀의 감사하는 마음을 갖는 태도였다.

할머니의 태도를 표현하면 이런 식이다. 그녀는 치료받는 동안 우리와 함께 시간을 보내고 어린 앤서니와 더 '친밀하게 지내게 되었다.' 암을 이겨낼 수 있게 도와주는 세계 최상급의 치료를 '경험하게 되었다.' 치료 센터에서 만난 새로운 사람들에게 '간증하게 되었다.' 할머니는 지금도 그때의 경험을 돌아보며 하나님, 가족과 의사, 그리고 텍사스를 여행하며 만난 모든 이방인들에게 깊이 감사하고 있다.

암과의 투쟁에서 이길 수 있는 올바른 마음가짐을 갖게 해준 건 할머니의 감사하는 태도였다. 이것이 거의 할머니의 삶을 구원한 셈이다.

그래서 할머니는 항상 그때를 돌아보며 약간의 고통은 있었지만 소중한 교훈을 얻었다고 말한다.

할머니는 재클린과 내가 고통의 순간에 자신을 위해 애써 주었기에 성공을 누릴 자격이 있다고 말한다. 요즘도 할머니는 우리가 찾아갈 때마다 고맙다고, 얼마나 사랑하는지 절대 잊지 않겠다고 말한다. 그녀의 이런 태도는 우리의 마음마저 따뜻하게 해준다. 우리도 도움이 필요한 다른 사람을 도울 수 있도록 힘이 솟아나게 한다. 이것이 감사의 순환 작용이다.

존 F. 케네디는 이렇게 말했다.

"감사를 표현할 때 잊지 말아야 할 것은, 가장 큰 감사는 감사해 하는 말이 아니다. 감사해 하는 삶이다."

당신에게 감사할 일이 많다고 느껴지면 그때부터 당신의 삶이 바뀔 것이다. 새로워진 삶에서 비롯되는 에너지가 다른 사람에 대한 너그러움으로 바뀌게 하라. 감사하는 마음은 받은 것을 다시 돌려주고 싶은 마음이 들게 할 것이다. 그러면 그 욕구에 따라 행동하라. 감사하는 마음으로 베푼다면 당신은 부자가 될 것이다.

[원칙 4]
나누면 풍요로워진다

앞에서 제시한 세 가지 원칙을 아무리 완벽하게 이행한다 해도, 삶에서는 늘 통제할 수 없는 일들이 벌어진다. 우리는 금전, 과중한 업무, 대인관계, 그리고 개인의 비극적인 사건을 겪으면서 감정을 소모한다. 스트레스, 걱정, 억울함, 화, 그리고 슬픔도 정서적으로 저항력을 떨어뜨린다. 이 모든 것은 자신감을 떨어뜨리는 원인이 된다. 나는 이런 심각한 병에 나눔의 연습이라는 묘약을 처방하려고 한다.

나눔은 기적의 묘약이다. 어떤 질병도 효과를 발휘하는 치유력에는 견뎌내지 못한다. 심장병도 마찬가지다. 듀크대학병원에서는 심장병에서 회복하는 단계에 있는 환자 그룹에게, 최근에 심장병 진단을 받은 환자들을 상담해주도록 하는 실험을 했다. 자원봉사 활동에 참여한 회복 단계에 있는 환자들은 새로운 환자들의 이야기를 들어주고 조언도 해주며 힘이 되어 주었다. 회복 단계에 있던 자원봉사자들은 나눔의 마법을 통해, 실험에 참여하지 않았던 다른 환자들보다 60퍼센트나 더 빠른 회복 속도를 보였다.

이 연구를 통해 알 수 있는 것은, 나눔이란 본질적인 특성상 자신의 자산에 신경을 쓰는 만큼 다른 사람의 욕구에 관심을 기울이게 한다는 점이다. 나눔은 마음을 나약함에서 멀어지게 하고 강인하게 나아가도록 방향을 잡아준다. 결과적으로 정신과 육체 상태를 변화시키는 호르몬을 분비하게 하고, 나눔의 활동으로부터 무의식이 자극을 받게 한다.

직장생활에서부터 가정생활에 이르기까지 다른 사람에게 베풀면 당신도 같은 선물을 받는다. 극도로 지쳐 있거나 겁에 질렸거나 말로 표현할 수 없을 만큼 슬플 때, 다른 사람을 돕는 데 약간의 시간을 사용해보라. 정말로 기분이 좋아질 것이다.

| 지친 자신에게 활력을 불어넣어라

쉬지 않고 전진해야 하는 인생살이에서 연료는 바닥나기 일쑤다. 그리고 멈춰야 할 시점을 알 수 없을 정도로 일은 쌓여만 간다. 그러다 보면 스트레스는 감정의 충격 흡수 장치를 망가뜨려 탈진 상태에 이르게 만든다. 이로 말미암아 우리는 패배자의 태도를 보이게 되고, 낙관적으로 생각하지 못하며 우울증을 겪기도 한다.

전 야후의 영업 총괄 부사장이던 존 슈왈츠John Schwartz는 점차 한계를 느꼈다. 당시 그는 수십 명의 영업부 직원을 밑에 두고 있었고, 회사는 세를 확장하기 위해 고군분투했다. 그는 매일 200통 이상의 이메일에 응했고, 하루에 몇 시간은 회의에 참석했으며, 경쟁자를 따라잡기 위해 점심시간에도 일했다. 또한 최소 일주일에 두 번은 항공편으로 지사를 방문했다. 좋지 못한 결과에 대한 압박감도 끊이질 않았다.

그렇게 4년이 넘도록 진정한 휴식을 한 번도 취하지 못했고, 이런 생활은 그의 정신에 심각한 타격을 주었다. 계속되는 의구심과 좌절에 맞서면서 긍정적이던 사고방식도 점차 빛바래져 갔다. 그러던 어느 날 회사에서 운영하는 '선의를 위한 야후Yahoo! For Good'라는 자원봉사 프로그램을 알게 되었다. 지방 초·중·고교에서 도움이 필요할 때 컴퓨터를 설치해주고 인터넷을 연결해주는 프로그램이었다. 이 봉사활동은 주말마다 해야 하는 끝없는 이메일 확인 업무를 대체할 좋은 대안처럼 보였다. 그래서 자원했다.

존은 토요일마다 동료와 함께 컴퓨터를 설치해주고, 아이들에게 학교의 월드와이드웹을 사용하는 방법을 알려주었다. 그때부터 이 활동을 통해 활기를 되찾기 시작했다. 그는 나에게 달라진 생활에 대해 말해주었다.

"일에 치이고 시달릴 때마다 토요일 봉사활동에 참여했어요. 육체의 에너지를 소진하는 활동, 특히 좋은 뜻을 위한 활동이 마음을 진정시켜 주는 최고의 방법이더군요. 이 활동에 참여한 뒤부터는 맑아진 머리와 문제 해결을 위한 방법을 찾아 업무에 복귀할 수 있었죠. 그리고 모두가 열망하는 최상의 상태에서 일을 마무리할 수 있었고요."

『선행의 치유력The healing power of doing good』의 연구자이자 저자인 앨런 럭스Allan Lucks에 따르면 존의 경험은 특별한 것이 아니다. 앨런 럭스는 자신의 연구에서 수천 명의 자원 봉사자들을 연구했다. 연구에서는 존과 같은 사람들은 헬퍼스 하이a helper's high (달리기 선수가 어느 순간 엔도르핀의 분출을 경험하는 상태인 러너스 하이와 비슷한 개념으로, 가족이나 친구가 아닌 낯선 타인을 도울 때 사람들이 공통으로 일종의 도취감을 느끼는 현상)라는 현상을 경험한다는 것이 밝혀졌다. 헬퍼스 하이는 러너스 하이와는 다르게 효과가 오랫동안 지속한다. 연구 결과, 나눔을 실천하지 않은 것에 대해 반성하고, 이 때문에 다시 활기를 찾게 되었다는 것도 밝혀졌다.

어떤 경우 반복적으로 수행하는 과중한 업무가 탈진 상태로 만드는 원인이 된다. 즉, 같은 일을 장시간 하면 그 일을 좋아하던 마음도 사라질 수 있다. 치과의사들도 스트레스를 받으면서 오랫동안 일하다가 탈진 상태가 되곤 한다. 그런데 전미 미용치과학협회가 이에 대한 효과적인 해결책을 내놓았다. 바로 '미소 찾기' 운동이었다. 이는 자발적으로 참여하는 치과의사와 신체적 학대 때문에 미용 치료가 필요한 여성들을 연결해주는 프로그램이었다.

나는 이 프로그램에 참여한 몇 명의 치과의사와 이야기를 나눠보았다. 그들은 이구동성으로 이 활동으로 인해 활기를 되찾을 수 있었고, 이 직업을 선택했을 때의 초심으로 돌아갈 수 있었다고 말했다. 이 활동은 근무 태도에도 큰 영향을 주었다. 이들이 활동을 통해 느낀 감정은 담당하는 환자들에게 전달되었고, 의사들의 미소는 환자들에게도 변화를 가져왔다.

휴식이 필요할 때는 아무것도 하지 않고 쉬는 대신 나눔을 실천할 수 있는 휴식이 좋다. 나눔의 시간 후에 뒤따르는 긍정의 감정은 활력을 가져오고 사람들의 관점에 기적을 불러온다. 이렇듯 영혼에 활력을 불어넣는 최고의 방법은 도움에 목말라하는 사람들을 위해 기쁨 한 모금을 나눠주는 일이다.

| 선물할 때는 부족함을 걱정할 필요가 없다

부족하다는 걱정은 사람을 무기력하게 만들 수 있는 정신의 재앙이다. 청구서를 지급할 수 없을 때 다른 건 아무것도 생각할 수도 없게 되는 상황과 같다. 물론 어떤 경우엔 정말 부족할 수도 있고, 상황을 바로잡기 위해 무언가를 하면서 분주해질 필요도 있을 것이다. 하지만 많은 경우 부족함은 관점의 문제일 수 있고, 당신의 생각이 틀렸을 수도 있다. 늘 부족하다고 느끼는 사고방식은 초조하게 만들 뿐이다. 혹시 당신은 이유 없이 조바심을 내거나 겁먹고서 불필요하게 자신을 압박하지 않는가?

부족하다는 생각이 자신을 지배하기 전에 나눔의 실천을 통해 불안감에 맞서야 한다. 만약 부족하다는 느낌이 나눔을 실천한 후에도 여전히 남아 있다면, 정말로 부족한 현실에 처해 있는 것이다. 한 예로 인도의 한 교사는 자신이 가난의 경계에 놓여 있다고 생각하는 사

> 이렇듯 영혼에 활력을 불어넣는 최고의 방법은 도움에 목말라하는 사람들을 위해 기쁨한 모금을 나눠주는 일이다.

람들에게 거리로 나가 자신보다 더 불행한 사람을 찾아 음식과 옷을 나눠주도록 했다. 이 교육은 가난하다고 여기는 사람들이 실제로는 생각했던 것보다 부족하지 않다는 깨달음을 주었다. 교사는 이렇게 말했다.

"나눔을 실천한 사람들은 다음날 식사를 준비하면서, 자신은 부족한 것이 아니라 많다는 것을 깨닫게 되죠. 자신들이 굶주리지 않고 있다는 사실은 다시 한 번 자신의 상황을 돌아보게 하는 좋은 계기가 되고요. 그러면 자신이 악몽과도 같은 부족함이라는 착각에 시달리고 있었다는 걸 깨닫게 됩니다."

시간의 부족함을 느낄 때에도 자신감이 떨어질 수 있다. 우리가 좀더 많은 책임을 떠안을 때, 어느 시점이 되면 시간만 다 써 버리고 실패할지 모른다는 두려움을 느낄 수 있다. 이렇게 되면 하루의 1분 1초

를 세면서, 과부하에 걸려 우울해하며 강박감도 커진다. 이런 상황에도 나눔이 마법의 묘약처럼 작용할 수 있다.

스탠리 마커스 주니어Stanley Marcus Jr.는 나의 조언자였다. 하루는 그가 댈러스에서 점심을 함께하며 인생과 리더십에 관해 조언해주었다.

"다른 사람들을 위해 사용할 시간이 없다고 생각될 때, 오히려 나눔으로써 그 생각에 도전해보게. 나는 이것 하나는 약속할 수 있지. 그 다음 날이면 충분히 시간이 생긴다는 것을 알 수 있을 거야. 그리고 그날 못해서 놓친 일을 따라잡을 수 있는 에너지도 얻게 될 것이고."

당신의 삶에도 이 방법을 한번 적용해보라. 당신은 결코 목표를 달성할 시간이 부족하지 않다. 당신의 시간을 필요로 하는 사람을 위해 조금씩 나눠보라. 에너지를 충전하고 일정을 창의적으로 관리해보라. 지금까지는 시간이 당신을 지배했지만, 시간을 나눔으로써 그 나눈 시간은 다시 당신에게 돌아올 것이다. 노벨 문학상을 받은 앙드레 지드Andre Gide의 말도 힘을 실어준다.

"완벽한 소유는 오직 나눔으로써 가능하다. 당신이 나눌 수 있는 모든 것은 당신에게 속해 있다."

이런 방법으로 삶에서 부족해보이는 모든 것과 대면해보자. 만약, 지금 금전 문제 고민한다면, 창의력을 발휘해서 정신을 고취하는 단체에 기부하는 길을 찾아보라. 다른 사람으로부터 충분히 존경받고 있지 않다는 생각이 드는가? 그렇다면 존경받을 만한 가치가 있는 사람에게 존경을 표시해보라. 당신의 무의식은 당신의 행동에 의해 방향이 설정된다는 사실을 기억해야 한다. 자신이 부족하다고 느끼는 것을 나눌 수 있다면, 결국 여유가 있어진다는 것을 기억하라.

| 나눔의 치유력을 경험하라

디트로이트에서 온 친구 제이 버클리에게 나눔의 치유력을 여실히 보여주는 일화가 있다. 그의 아들 마일스는 2002년에 태어나면서부터 만나는 모든 사람에게 특별한 존재였다. 제이는 말했다.

"곱슬머리에 귀여운 미소를 가진 정말 사랑스럽고 예쁜 아이였다네. 그 아이는 밖에 나갈 때면 언제나 방에 불을 켰지. 레기스 초등학교 부설 유아원에 다닐 땐 정말 인기가 많았어. 같은 반 친구 마리아가 엄마가 보고 싶다고 울 때면 그애는 노래를 불러주기도 했고, 선생님의 미소가 너무 좋다며 화단에서 꽃을 꺾어 선물하기도 했지."

제이는 자신이 보조 코치로 자원봉사하던 학교의 축구 연습장에 아들 마일스를 종종 데려갔다. 마일스는 사람을 끄는 매력이 있는 아이였다. 열성적으로 팔을 흔들고 맹렬한 기세로 소리치며 응원하는 모습 덕분에 언제나 분위기는 고조되었고, 그래서 선수들은 사이드 라인에 마일스가 서 있는 걸 무척 좋아했다.

언제나 행복할 것만 같았던 그들 제이 가족에게 2008년 1월 5일, 잊지 못할 사건이 발생했다. 그들은 마침 휴가를 얻어 코스타리카로 떠났다. 제이는 저물녘 즈음에 딸 테레사와 아들 마일스를 데리고 나가 해변에서 말을 타며 즐거운 한때를 보내고 있었다. 그런데 마일스가 타고 있던 말이 무언가에 놀랐는지 갑작스레 날뛰는 바람에 낙마하고야 말았다. 정말 순식간의 일이었다. 전속력으로 질주하는 말의 안장 고리에 다리가 걸려서 땅에 떨어진 채로 마일스는 끌려갔고, 머리를 심하게 다쳤다. 그런데 하필 병원으로 향하던 구급차가 갑작스레 고장이 나서 사고가 발생한 지 한 시간이 지나서야 응급실에 도착했다. 그날 밤, 마일스는 제이의 곁에서 조용히 숨을 거뒀다.

"나는 가족을 실망시켰네. 마일스를 지켜주지 못했어. 사고가 일어날 때 아빠면서 아무것도 할 수 없었단 말일세. 나 자신에게 정말 실망했지. 그렇게 한동안 나 자신을 향한 미움 속에 빠져 있는데, 문득 내가 지켜줘야 할 아내와 두 딸이 있다는 사실을 깨달았네. 난 보다 강해져야 했어. 그래서 슬픔을 이겨내기 위해 무엇이라도 해야겠더군."

제이는 아마도 사고가 일어났을 땐, 승마 여행 안내자에게 무척 화가 났을 것이다. 안내자가 만약 원칙대로 말의 고삐만 잘 붙들고 있었더라도 이렇게까지는 되지 않았으리라 생각했을 것이다. 하지만 제이는 이제부터라도 남은 가족을 위해 강해지기로 마음먹었고, 그러자 그 안내자에 대한 감정도 조금 누그러졌다.

"난 나의 에너지를 심판하거나 비난하는 데 쏟지 않았네. 그런다고 마일스가 내 곁으로 다시 돌아오는 건 아니니까."

제이는 대기실에서 울고 있는 안내자의 곁으로 다가가 가만히 끌어안았다. 제이의 이런 행동은 안내자를 극도의 고통과 두려움에서 구원해주었다. 이것은 제이가 마음으로 용서하고 아들을 보내는 첫 번째 단계였다.

제이와 버지니아가 코스타리카에 머물러 있는 동안, 이웃들은 전화를 걸어 애도를 표하고 조화를 보내거나 음식을 장만해서 집을 방문했다. 하지만 제이는 누구에게도 연민을 바라지 않았다.

"난 우리 집을 고인의 추모관으로 만들고 싶지 않았다네."

그는 단지 아들이 돌아오기를 원했다. 제이의 마음에 공감한 장의사가 마일스의 이름으로 장학기금을 설립해 사람들의 애도에 감사를 표시하는 게 어떻겠냐는 조언을 했다. 그는 그 제안이 무척 마음에 들었다. 그래서 부고에 화환 대신 기부금을 요청한다는 글을 실었다. 기부금은 디트로이트 지역에 거주하는 경제적으로 어려운 어린이가 레기스 초등학교에 다닐 수 있도록 돕는 데 사용하기로 결정했다.

9개월이 흐르자 장학기금의 규모가 예상보다 커졌다. 이에 고무된 제이는 마일스의 생일을 '스마일스의 날'로 정하고 레기스 초등학교에서 행사를 열었다. 어린이용 등반 놀이 기구 벨크로월과 번지런을 설치해 참가자들이 함께 어울릴 수 있도록 했고, 연간 장학금도 모금할 수 있도록 여러 활동들도 마련했다.

운동장에 팔을 치켜들고 파이팅을 외치는 자세로 서 있는 마일스의 동상은 언제나 아이들을 반갑게 맞이해주었고, 교정에는 마일스가 나비를 좋아하던 것을 기리는 나비 정원도 마련되었다. 현재 스마일스의 날에는 장학 사업을 부근 사립학교와 저개발국가까지 확대하기 위해, 금융사와 기부자들의 참여를 이끌어내려고 자선 골프대회까지 주최하고 있다.

"우린 기금 마련에만 그치지 않았지. 이 활동은 나는 물론 많은 사람에게 활력을 불어넣는 역할까지 했다고 보네. 스마일스의 날을 통해 우리는 마일스의 인생을 기념하는 방법을 찾은 거야. 그 아이는 나를 떠났지만 나는 차마 보낼 수 없었네. 결국 스마일스 날을 통해 그 아이는 되살아난 거지."

🏆

제이는 나눔의 치유력을 체험함으로써, 아들 잃은 슬픔을 아이의 인생을 기념하는 것으로 승화시킬 수 있었다. 그는 연민을 다른 곳으로 돌리고 목표를 세웠다. 찡그린 얼굴을 웃음으로 대신하는 방법을 찾은 것이다. 그리고 수많은 사람에게 나눔이라는 선물을 주었다.

제이가 이번 일을 오로지 슬픔으로만 받아들였다면, 그와 가족은 더 힘든 상황을 경험했을지도 모른다. 슬픔에 빠진 사람들은 대개 자신들의 남은 에너지를 분노와 비난, 자기 연민, 이전에 갖고 있던 가치와 믿음에 대한 거부에 쏟아붓는다. 그리고 대부분의 부모는 법에 호소하거나 자신의 운명을 한탄하면서, 왜 신은 자신에게 이런 일을 겪게 하느냐며 원망한다.

"나 역시 다른 사람들처럼 행동했다면, 아마도 오늘 이 집에 이런 모습으로 살고 있지 못했겠지. 직업도 잃고, 건강도 잃고, 어쩌면 가족마저도 잃었을 거라고 보네. 하지만 나의 믿음은 내 정신을 지탱해주었고, 오늘 우리는 어느 때보다 강해졌어."

제이는 젊은 시절에 약물 중독과 알코올 중독에서 벗어나려고 많은 고생을 했던 경험이 있다. 만약 그가 스마일스의 날이라는 목표를 세우지 않았더라면, 그리고 사랑과 추모에 초점을 맞추지 않았더라면, 아이의 죽음에 대한 그의 태도는 지금과 많이 달랐을 것이다. 제이는 한동안 생각에 잠겼다가 다시 입을 열었다.

"만약 이렇게 하지 않았더라면, 나는 아마 지금쯤 살아 있지도 않겠지."

그가 이 말을 했을 때, 나는 전율을 느꼈다. 내가 살아 있는 것 역시 기적이라고 생각했기 때문이다. 아버지가 살해되었을 때 나는 제이처럼 긍정적인 결정을 내리지 못했다. 슬픔에 빠져 증오하고 분개하면서, 진정으로 슬픔에서 벗어나는 방법에 저항했다. 사립 탐정처럼 굴며 모든 힘과 시간을 낭비했고, 나를 길러준 빌리 할머니의 원칙을 거부하면서 내 슬픔을 드러내는 데에만 몰두했다.

혹시라도 당신의 삶 속에서 큰 슬픔을 마주하게 되는 날이 온다면 제이의 사례에 귀를 기울여라. 그리고 어떤 일이 되었든 간에, 자신에게 가장 자연스러운 방법으로 슬픔에 잠겨보는 시간을 가져라. 그리고 다음 단계는 용서하고, 사랑하고, 그의 삶을 추모하라. 만약 내가 이 나눔의 선물의 힘을 좀 더 예전에 알았더라면, 샛길 인생으로 몇 년을 허비하진 않았을 것이다.

| 너그러워지는 법을 연습하라

감사처럼 너그러움도 영적인 근육과 같다. 너그러움의 근육을 단련하면 물질이나 지위에 대한 집착으로부터 자유로워질 수 있다. 그리고 충분히 발달시키면 자유롭게 나누는 힘을 얻게 된다. 오늘날의 물질 만능 문화 때문에 이 관대함의 근육도 긴장을 주지 않으면 늘어지게 된다.

그래서 사람들이 잠시 잠깐 너그러웠다가 하루를 넘기지 못하고 다시 자기 중심적으로 돌아가는 것이다. 쥐고 있던 것을 내려놓고 다른 사람과 나누고 싶은가. 그렇다면 당신은 너그러워져야 한다.

기부할 수 없다고 생각하면서 더 많은 것을 소유하려는 강박감을 가진 부자들을 떠올려보라. 그들은 돈을 버는 데는 탁월하지만 관대하지 않기 때문에 결코 나누지 못한다. 그런 부자들은 고작 종잇조각에 가치를 두고 현재만 중요하게 여기지만, 시간이 흐르면 서서히 부를 잃게 될 것이다. 랠프 월도 에머슨은 자신의 추종자들에게 자주 단호하게 경고했다.

"풍요로운 마음이 없으면 부는 추한 것이다."

나눔을 연습하는 것은 너그러움의 근육을 기르고 탄력을 유지할 수 있게 한다. 그러나 지속적으로 탄력 있는 근육을 유지하려면 정성이 담긴 식이요법이 필요하다.

다시 말해 나눔은 통찰력이 있어야 한다. 잘못된 의도를 갖고 나눔을 실천하면 변화가 일어나기도 전에 그만두거나, 심지어 당신이 도우려고 했던 사람들에게 상처를 줄 수 있다. 잘못된 방법으로 베풀면 실망할 수도 있고, 베품에 대한 열망도 줄어들 것이다.

도움주기를 시도했지만, 상황이 엉망이 됐던 경험을 해봤는가? 아마도 그런 시도가 우리에게 적당한 방법이 아니었거나, 혹은 도움 후에 수반되는 복잡한 문제를 안고 갈 준비가 아직 되어 있지 않았기 때문일 수 있다. 그럴 경우 어쩌면 선의가 이용당했다고 느끼게 될지도 모른다. 그러면 이유가 무엇이든 간에 처음에 왜 도우려 했는지 의문이 생기게 마련이다. 마치 사업에 실패한 것처럼 그런 나눔은 마음에 상처를 남긴다. 나눔의 경험이 부족하면 자신의 판단에 확신하지 못하거나, 다른 사람에 대해 분개하게 된다. 이 때문에 영혼은 상처입고 뒤로 한 발짝 물러나 소극적이 된다.

한번은 토미 킹 증조할아버지가 내게 이런 말을 했다.

"바른 나눔의 길과 잘못된 나눔의 길이 있단다. 대부분 그 차이는 뒤에 감춰진 동기에 있지. 너는 항상 행동 뒤에 놓인 이유를 자세히 살펴보아라."

증조할아버지는 자신의 부를 나누기 위해 고생하면서 이런 교훈을 얻었을 것이다. 그리고 비즈니스 전략을 정비했던 것만큼 자신의 나눔 전략도 잘 정비했다.

여기, 효과적인 나눔을 위한 네 가지의 원칙이 있다.

| 당신의 가치를 반영해서 나눔을 실천하라

충동구매로 셔츠를 샀다가 나중에 취향과 맞지 않았던 적이 있는가? 아마도 그 셔츠는 세일 중이었거나 눈길을 사로잡는 행사를 진행하던 상품이었을 것이다. 결국 당신은 그 셔츠를 기부해야 했다.

나눔에서도 우리는 유사한 상황을 마주하게 된다. 처음엔 매우 근사한 이유로 활동에 참여하곤 한다. 하지만 특별했던 이유가 자신과 잘 맞지 않다는 것을 알게 되면 서서히 관심이 사라질 것이다. 이와같이 감정이 최고점에 달할 때는 그에 대한 응답으로 무엇이든 쉽게 약속한다. 하지만 우리의 약속을 이행해야 할 때가 되면, 더는 강한 끌림이 없기 때문에 무시하게 된다.

가치 반영 테스트는 자신에게 알맞은 나눔의 기회를 선택하도록 돕고, 실패하지 않게 해주는 방법이다. 우리가 어떤 방법으로 기부하려고 할 때 자신에게 물어보라.

"내가 지금 고려하는 단체가 나의 가치를 반영하고 있는가?"

여기서 가치란 내가 누구이고, 위대한 에너지와 창의력의 원천이 누구인지를 정의해준다. 위대한 에너지와 창의력은 나라는 존재가 갖는 감정의 중심이다.

그리고 자신의 가치를 반영하는 나눔을 실천하기 전에 반드시 해야 할 일이 있다. 당연히, 자기 자신의 가치부터 확립해야 한다. 당신은 시간을 어떻게 사용하고, 자원을 어디에 투자하고 있는가? 이에 대한 우선 순위를 살펴보면 자신의 가치에 대해 알 수 있다. 또한 이 세상에 대한 옳고 그름의 개념으로써 자신의 가치를 생각해보라. 지금까지 진지하게 생각해본 적이 없다면, 자신의 가치를 확립하기까지는 많은 시간이 걸릴 수도 있다.

수첩을 꺼내어 가치 있다고 생각하는 다섯 가지를 적어보라. 그런 다음 각 항목에 1점부터 10점수까지 순위를 매겨라. 10점이 가장 가치를 두는 높은 점수이다. 당신은 이제 자신에게 어떤 기회가 왔을 때 "예"라고 대답할 범위와 '그건 제게 맞지 않네요'라고 말할 범위를 정하는 출발점에 서 있다. 나중에 실천해야 할 목적이 있는 원칙을 정할 때 그 항목은 쓸모가 있을 것이다.

때때로 우리의 가치는 개인적인 경험에서 비롯된다. 또한 다른 시대의 가치도 우리에겐 중요하다. 왜냐하면 우리의 성공이나 행복의 근원이 되기 때문이다. 예를 들어 나는 어떤 사람의 성공 기회를 향상하게 하는 방법으로써 토론을 가치 있게 평가한다. 그러나 나에게는 쉽지 않은 일이었다. 나는 지방도시에 살았고 거기에는 자금이 넉넉지 않은 스피치 프로그램이 있었다. 대학이 많은 다른 도시와는 달리 우리 마을에는 큰 도서관도 없었다. 전국대회에 나가기 위해서는 돈을 마련해야 했다. 만약 나와 같은 상황이었던 아이들이 휴스턴이나 산타페에 있는 사립학교에 가지 않았더라면 나에겐 전국대회에 출전할 수 있는 기회조차 주어지지 않았을지도 모른다.

몇 년 전에 나는 도시 지역 토론대회 전국 연합회가 존재한다는 걸 알게 되었다. 비영리 단체인 이곳은, 토론대회에 참가하려는 팀이 도시로 나갈 수 있도록 비용을 지원해준다. 그리고 형편이 어려운 고등학생들에게 교육자를 제공하고 여름 캠프를 운영해서 대회장까지 모든 교통비용을 대주는 역할을 한다. 그래서 이 프로그램에 참가하면 고등학교를 졸업하고 대학에 진학해서 빈곤의 사슬을 끊을 확률이 훨씬 높아진다. 나의 생각과 일치하는 단체였다.

나는 나 자신의 가치를 반영하는 방법으로써 이 비영리 단체에 기부하기로 했다. 그리고 이 단체가 프로그램을 새로운 도시 지역으로 확장해나가는 것을 보고서 더욱 흥분했고, 좀 더 많이 기부하고 싶어졌다. 이것이 나 자신의 가치가 반영된 마법 같은 나눔의 힘이다.

만약 나눔이 가족의 비극 후에 찾아오는 슬픔으로부터 영혼을 어루만져주는 길이라면, 그 나눔은 어디서부터 시작해야 할까?

조와 데이비드 부부는 2004년 자신들에게 이런 질문을 던졌다. 그 당시 그들은 19살된 딸을 두고 있었다. 그러나 딸 샐리는 노스캐롤라이나 주의 샬럿 외곽 지역에서 술에 취해 운전하던 남자에 의해 교통사고로 세상을 떠났다. 샐리는 대학 1학년생으로 인기가 많았고, 그녀를 아는 모든 사람의 본보기가 되었던 아이다.

데이비드 부부도 제이 버클리와 마찬가지로 자신들의 모든 에너지를 가해자에 대한 복수에 사용하지 않기로 했다. 그들의 마음은 어떻게든 딸을 잃은 슬픔을 축복으로 바꿀 방법을 찾기 원했다. 그래서 딸을 떠올릴 수 있는 긍정적인 무언가를 만들어내기로 했다. 하지만 기념비 같은 걸 원한 건 아니었다. 그들은 딸 샐리가 명성을 바라지 않을 거란 걸 본능적으로 알았다. 대신 딸의 삶과 죽음이 의미 있는 나눔으로 기억되길 바랐다. 비극이 일어난 지 6개월이 지난 뒤, 데이비드는 그 답을 찾는 꿈을 꿨다. 그는 잠에서 깨어 조에게 말했다.

"찾았어. 우리가 뭘 해야 할지 말이야. 샐리는 몸과 마음, 그리고 정신의 건강을 다른 무엇보다도 중요하게 여겼잖아? 링컨 동부에 그 아이를 기리는 YMCA를 세웁시다."

데이비드의 꿈은 이렇게 딸의 가치와 연결되어 나타났다. 샐리는 신체 단련과 야외 스포츠를 매우 좋아했었다. 무릎 수술을 했고 천식도 앓았지만, 자전거 타기 기술을 향상시키기 위해 산악자전거 캠프에도 참여했다. 캠프에서는 천식으로 매우 힘들어했지만 코스를 완주하려고 무진 애썼는데, 많은 아이가 그 모습에 감명받았다. 그리고 자기 자신에 대해 좀 더 진지하게 생각해보는 계기가 되었다.

"샐리가 캠프를 마치고 집으로 돌아왔을 때, 나는 그 아이에게서 진정한 도전정신을 느낄 수 있었지. 그 아이는 모든 사람이 건강하길 바랐잖아. 그리고 자기 이야기를 통해 다른 사람들에게 용기 주는 것을 무척 좋아했고."

샐리는 자신의 신념을 중요한 가치로 여겼다. 그래서 그레이스 커버넌트 교회의 성가대 및 자원봉사 활동을 매우 좋아했다. 그리고 시간을 내서 다른 10대 청소년들을 상담해주며 용기를 북돋아 주었다.

데이비드 부부는 젊었을 때 YMCA 회원으로 오랫동안 활동했었다. 그런데 그들이 살고 있는 링컨 동부에는 YMCA가 없었다. 그래서 샐리는 클라크 부부가 누렸던 YMCA 프로그램의 혜택을 누리지 못했다. 데이비드의 마음 한구석에는 항상 링컨 시에서 센터 설립을 지원해줄 거라는 긍정적인 생각이 들었다. YMCA의 핵심 가치는 건강한 신체와 정신 함양이다. 그래서 프로그램을 통해 기독교인의 교리를 실천하는 것은 샐리와 잘 맞는 일이었다. 아이를 오랫동안 기억할 수 있는 아주 좋은 방법이기도 했고 말이다.

데이비드 부부 앞에는 마침내 큰 과제가 생겼다. 그들은 먼저 샬럿 YMCA가 링컨 동부에 센터를 세울 수 있도록 설득해야 했다. 데이비드 부부는 YMCA가 들어설 부지를 제안했고, 센터 설립과 운영을 위해 적극적으로 기금 조성 캠페인을 벌이기로 약속했다. 수십 장의 프레젠테이션 자료를 준비하며 집에서 행사를 개최했고 방송 매체와도 접촉했다. 그들은 끈기 있고 창의적이었으며, 무엇보다도 사람들에게 영감을 주었다. 2009년 초까지 700만 달러에 달하는 기금을 조성했는데, 이 중에 상당 부분은 경제 전망이 어둡던 침체기에 이뤄졌다.

나는 전국 YMCA 리더십 행사에서 연설하기 전날 밤에 그들을 저녁 식사 모임에서 만났다. 조는 다른 아이들한테 샐리의 도전정신을 닮아 성장할 수 있도록 고취한다면, 센터가 지역에 선한 작용을 할 것이라고 확신했다. 데이비드의 어조는 매우 부드러웠지만 이런 계획이 가능하도록 다른 사람들을 설득했던 경험에 대해 이야기할 때는 눈이 반짝거렸다. 또한 조와 데이비드는 그 어느 부부보다 더 가까워져 있었다. 두 사람은 저녁식사 내내 손을 꼭 잡고 있었다. 이들 부부의 이야기는 가족이 극한 상황에서 어떻게 하면 좋은 일을 창조해낼 수 있는지를 보여준다.

YMCA 샬럿 센터는 2011년 봄에 개관했다.

| 다른 사람에게 힘을 실어주기 위해 나눔을 실천하라

베푸는 행위는 겸손에서 비롯돼야 하며, 자신이 원하는 것을 다른 사람에게 나눠줄 수 있어야 한다. 만약 당신이 어려운 사람들에게 연민을 느껴 베풀려고 한다면, 진정한 힘을 얻지 못할 것이다. 받는 사람의 처지에서 생각해보라. 그들은 그저 하루하루 살아남길 바라는 게 아니라, 당신처럼 성공하고 싶어한다. 그리고 당신에게 주어진 것과 같은 기회를 원한다. 당신의 동정을 원하는 게 아니다.

1930년대에 경제가 극도로 좋지 않았었다. 당시 토미 킹 증조할아버지는 지역 경제가 고전하는 것을 보면서 지역 사업가들에게 격려와 함께 무이자 대출을 해주었다. 할아버지는 이 문제에 대해 임시방편으로 접근하지 않았다. 그 대신 농업 공동체를 구축해서 더 많은 사람이 문제를 해결할 수 있도록 시도했다. 할아버지의 영웅인 헨리 포드Henry Ford는 이렇게 말했다.

"단순히 돈을 주는 것보다 사람들이 스스로 무언가를 할 수 있도록 돕는 것이 훨씬 더 낫다."

증조할아버지는 노년에 재산 관리에 실패하면서 많은 돈을 날린 후, 우연히 도움이 필요한 사람들에게 직접 도움을 주는 길로 들어서게 되었다. 지혜, 인간관계, 평판과 같은 눈에 보이지 않는 나눔의 가치를 깨닫게 된 것이다. 그가 젊은 사업가들과 비즈니스 비법을 나눌 때, 그는 가치를 만들어낼 수 있었다. 할아버지가 패기 있는 한 젊은이에게 기회를 연결해주었을 때 마법과도 같은 일이 일어났다. 할아버지는 젊은 사업가에게 대출받을 수 있도록 자신의 명성을 빌려주었고, 젊은 사업가는 돈을 찍어내는 기계처럼 뛰어난 사업 수완을 발휘했다.

이렇게 현금이 아닌 권한을 나눠주는 것은 할아버지의 자산에 영향을 주지 않았다. 또한 노하우의 힘을 공유하고 필요한 사람들을 서로 연결해주는 활동을 하면 할수록 좋은 평판이 뒤따랐고, 할아버지가 창출한 선의 덕분에 점점 더 풍요로워졌다. 이는 『그대는 성공할 것이다 ^{Thou shall prosper}』(데이브 램지가 나에게 추천한 굉장한 책)의 저자인 대니얼 라핀^{Daniel Lapin}이 주는 교훈과도 일치한다. 라핀은 램지에게 "무형의 무언가를 나누는 것은 불이 밝혀진 양초처럼 작용한다"고 했다. 당신이 나눌 때, 양초는 불에 타서 줄어드는 것이 아니라 더 많은 불 켜진 양초를 만들어낸다. 이는 한 조각을 주면 영원히 돌아오지 않는 '인생의 파이 법칙'과는 전혀 다른 관점이다.

누군가의 능력을 길러주기 위해 베푼다면, 당신은 그들의 인생 안에서 풍요로움을 창조할 수 있다. 당신이 누구인지는 상관이 없다. 그저 당신은 다른 사람을 위해 힘을 줄 수 있다. 당신 안에 함께 나눌 수 있는 어떤 소중한 무형의 가치가 있다는 것을 깨달아야 한다.

당신은 그동안 살면서 얻은 풍부한 경험과 지식을 쌓아왔을 것이다. 정보화 시대에도 여전히 우리는 인간관계를 맺으며 살아간다. 그리고 사람들은 이 관계 안에서 어려운 문제의 해답을 찾으려 한다. 당신의 친구가 당신이 성공하는 데 필요한 모든 것을 갖고 있지는 않을 것이다. 하지만 그 친구에게도 친구가 있다. 당신이 누군가를 개인적으로 돕든, 어떤 단체를 지원하든, 관련된 모든 사람을 위해 힘이 되어주는 것이 목표가 돼야 한다. 가령 당신의 가치를 반영하는 비영리 단체에 기부하기로 했다면 수표를 발행하라. 또는 당신의 비즈니스 지식을 활용해 어떤 기획자가 마케팅이나 경영 활동을 향상시킬 수 있도록 도울 수 있다. 도움이 필요한 친구에게 단지 돈만 빌려주지 마라. 당신의 인맥을 활용해서 그 친구가 새로운 일을 구할 수 있도록 당신의 평판을 빌려주는 게 낫다.

그리고 항상 나눔을 밖으로 실천할 수 있는 전략을 찾아라. 물론 허리케인 카트리나와 같은 참사가 일어나면, 기꺼이 음식과 피난처가 부족해서 고통 받는 사람들을 즉시 도와야 한다. 배우 브래드 피트가 '뉴올리언스 바로 세우기Make It Right New Orleans'라는 조직을 만들었을 때와 마찬가지로, 그곳 주민이 예전보다 더 나은 터전을 만들 수 있도록 염원해야 한다. 브래드 피트가 만든 조직은 홍수 피해자들을 위해 주택 짓기를 지원했다. 이 조직의 목표는 단순히 머리 위로 지붕을 올리는 일을 넘어선 것이었다. 그들의 목표는 미래에 정부 지원이나 기부에만 의지하지 않도록 번영과 성장하는 공동체를 만드는 것이었다.

주변 사람들을 위해 당신의 힘을 나눌 때, 당신은 더욱 강력한 세상을 열어갈 수 있다. 그리고 당신의 나눔이 다른 사람에게 힘을 실어줄 때 그들로부터 신뢰를 얻고, 그다음으로 자신을 신뢰하게 된다. 이때 당신이 그들에게 충분한 힘을 나눠준다면, 그들은 물질 의존에서 독립하는 것을 뛰어넘어 무형의 번영을 이뤄낼 것이다. 거기서 한 발 더 발전하면 이들은 도움을 받는 사람에서 도움을 주는 사람이 될 것이다. 결국, 그들은 도움이 필요한 사람들을 도우며 당신이 느꼈던 희열이 어떤 것인지 알게 된다. 작가이자 철학자인 존 앤드류 홈즈^{John Andrew Holmes}의 말을 인용하면 "사람의 마음에 손을 뻗어 다른 사람을 끌어올리는 것만큼 좋은 운동은 없다."

옆 사람에게 이 말을 전해주라.

| 보답을 기대하지 마라

한번은 어떤 젊은이가 토미 킹 증조할아버지의 사무실을 방문해 부동산 투자에 대한 조언을 구했다. 할아버지는 오후 내내 그 젊은이에게 땅 매매에 관해 교육했다. 어느 날 할아버지가 은행가인 친구에게 그 이야기를 했더니 친구가 물었다.

"자네는 왜 쓸데없는 일로 시간을 낭비하나? 그 젊은이가 자네에게 무엇을 해줄 수 있겠어?"

그러자 할아버지는 이렇게 재치있게 대답했다.

"나한테 그 일은 강아지가 온종일 잠을 자는 것과 같다네. 나에겐 마냥 좋은 일이지. 그리고 내가 할 수 있는 일이기도 하고!"

이것이 나눔을 위한 하나의 방법이다. 당신이 베풀고 나서 그 투자에 대한 보상을 기대한다면 당신은 그때부터 투자자이다. 만약 당신이 베풀고 보답으로 세상이 알아주기를 바란다면 자신을 홍보하는 기획자일 뿐이다. 하지만, 오직 사랑을 나누기 위해 베푼다면 너그러운 사람이다.

'너그러움 generosity'이라는 단어를 살펴보라. '귀족 출신의'라는 뜻을 가진 라틴어 'generosus'에서 비롯된 단어이다. 시간이 흐르면서 이 단어는 귀족정신과 관련성을 갖게 되었다. 귀족은 가난한 자들에게 베풀었다. 왜냐하면 그들은 베푸는 것을 즐겼고, 가장 중요한 사실은 그들이 베풀 수 있었기 때문이다. 하지만 그들은 아무 대가도 바라지 않았다. 이것이 진정한 귀족정신의 핵심이다.

베풀 때 서로 혜택을 주고받을 거라고 기대하지 말아야 한다. 이는 관대함의 근육을 길러주는 효과적인 운동이 된다. 그리고 시간과 물질의 소유에 대한 집착으로부터 자유로워질 수 있게 해준다. 당신이 그런 것들에 연연하지 않고 베푸는 것에 대해 계산적으로 보답을 바라지 않을 때 비로소 자유로워진다.

몇 년 전, 한 지방에 위치한 회사의 경영자와 점심을 먹게 되었다. 그는 베푼 선물과 돌아오지 않는 감사에 관해 흥미로운 이야기를 해주었다.

"내가 왜 이제는 인맥을 활용해서 다른 사람을 돕지 않는지 아십니까? 사람들은 내가 당신을 만나게 해주면 기뻐하죠. 그러나 그들은 감사의 개념을 순식간에 잊어버려요. 언젠가 내가 한 학회에서 연설을 마치고 나오는데 대학을 갓 졸업한 한 청년이 내게 다가오더군요. 그 청년은 소프트웨어 제품을 들고 있었는데 투자자들에게 소개할 기회를 찾고 있었죠. 난 팔로 알토에 있는 한 협력사에 그를 보냈어요. 그리고 내가 미처 알기도 전에 청년은 사업을 시작할 자금을 얻어냈죠. 그리고 1년 후 청년은 사업을 시작했어요. 아마도 그는 나보다 더 부자가 될 겁니다."

"우와, 정말 대단한 이야기네요."

나는 정말 대단하다고 느꼈기 때문에 진심으로 감탄했다.

"그런데, 그 청년이 최소한 나를 다시 찾아와 자신을 바닥에서 일어설 수 있도록 도와줘서 감사하다고 인사라도 했을까요? 그 청년이 내게 감사했을 거라고 생각하십니까?"

이 이야기는 하나의 중요한 점을 언급하고 있다. 당신이 다른 사람으로부터 감사 인사를 기대한다면, 자주 실망하게 될 거라는 사실이다. 이 경영자의 나눔은 오히려 자신을 덜 너그러운 사람으로 만들어버렸다. 그는 분명히 기대했기 때문에 그에 부응하는 결과를 얻지 못했다. 나는 다음번에 그가 또 비즈니스를 위해 소개를 하거나 다른 사람들에게 조언해줄 때, 감사 인사를 받고자 하는 기대로부터 자유로울 수 있을지 확신이 안생긴다.

나눔을 실천할 때 당신이 얼마나 열심히 도왔는지는 상관이 없다. 당신이 베풀고 또 베풀어도 충분한 감사를 받지 못할 수 있다. 당신이 자선활동에 대해 감사를 되돌려받아야 한다고 생각하는 한, 당신의 관대함이라는 근육은 퇴보하고 있음을 알아야 한다.

더불어 감사 인사를 기대하는 것은 나눔을 향한 겸손한 접근이 아니다. 많은 사례를 통해 확인할 수 있겠지만, 우리의 조언이나 소개는 그 성공 원인의 퍼즐 한 조각에 불과하다. 그것이 내가 이 재계의 거물에게 지적하고 싶었던 부분이다.

"그래서 당신이 소개해준 협력사가 그 청년의 사업에 필요한 자금 모두를 제공했나요?"

"음, 그렇진 않았죠. 그 회사는 처음엔 거절했어요. 그러다 점차 소규모 투자자가 됐죠."

"그럼 그 청년 기업가는 신제품 발표를 준비하고, 제품 견본을 만들고, 직원을 고용하고, 사무실을 임대하고, 첫 번째 고객을 비밀에 부치고……. 매우 바쁘게 보내지 않았을까요?"

"음, 그랬겠죠. 그런데 그게 무슨 상관이죠?"

"이렇게 말씀드려서 죄송합니다만, 어떤 점에서 당신이 그 사람을 성공하게 했다고 생각하지요? 왜 당신의 단편적인 행동이 회사 설립에 중대한 영향을 끼쳤다고 생각하나요?"

그는 이런 방식으로 생각해본 적이 없음을 인정했다. 당신이 돌려받고자 하는 마음으로 주는 태도를 보일 때 당신은 돌려받을 수 없다.

여기, 이익의 교환을 기대해서는 안 되는 또 다른 이유가 있다. 어떤 수혜자는 받은 것을 분명히 갚으려 들 것이다. 그래서 당신이 마지막으로 도울 대상은 앞으로 결코 만날 일이 없는 낯선 사람이어야 한다. 그 사람에게 모든 것을 주고 그냥 보내라. 그러면 그 사람은 당신이 아닌 또 다른 누군가에게 당신에게 진 빚을 갚을 것이다.

혹시 사람들이 너무 자주 당신에게 조언을 구하고 도움을 요청하는가? 그러면 당신은 어느덧 그들이 나에게 쓸모 있는 사람인가 평가하려 할 것이다. 또 당신의 도움의 대가로 그들이 무엇을 되돌려줄지 궁금해할지도 모른다. 하지만 이것은 도움에 대한 잘못된 접근 방식이다. 우리는 잠재력을 가진 수혜자들을 소용 가치에 따라 가려내서는 안 된다. 오히려 우리가 그들에게 쓸모 있을지를 생각해봐야 한다. 그들이 우리에게 어떻게 갚을지에 대한 생각은 마음에서 일찍이 접어야 한다. 수혜자가 "그럼 제가 무엇을 해드릴까요?"라고 물을 때 얼른 대답할 수 없다면, 당신은 바르게 이해하고 있다는 증거다. 왜냐하면 나눔을 실천하면서 보답받으려는 생각을 한순간도 해본 적이 없다는 것을 의미하기 때문이다.

남몰래 베푸는 것이 대가를 기대하는 마음을 지우는 아주 좋은 방법이다. 살면서 한 번이라도 짝사랑을 해봤다면 자유 재량권이라는 걸 알 수 있을 것이다. 짝사랑할 때는 내 맘대로 뭘 해도 되고 안해도 그만 이다. 오히려 너무 자주 베풀면 사람들이 알아차린다. 나눔도 마찬가지 다. 가령, 베푼 사람의 이름을 딴 건물이 생기고, 기금 모금을 위한 캠페 인을 벌이면 텔레비전에 이름이 오르내린다. 당신을 너그럽게 만드는 진실한 나눔은 당신이 행하는 일을 아무도 모를지라도 행하는 것이다.

1972년, 한 선교사와 그의 가족은 멕시코에 고아원을 설립하기 위 해 비용마련을 위한 설명회를 우리 교회에서 했다. 그 선교사는 멕시 코의 어린이들과 그 마을, 그리고 자신이 설립한 교회에 대한 슬라이 드를 보여주었다. 그는 2만 달러를 모금해야 했는데, 이 계획을 위해 그가 방문하기로 한 몇 개의 도시 중에서 이곳이 첫 번째 지역이었다.

그분은 일요일 아침에 설명회를 개최한 후, 초대 목사의 자격으로 저녁 예배에 참석할 예정이었다. 그런데 저녁 예배에서 우리 목사님은 선교사가 고아원 건축을 바로 시작하기 위해 급히 멕시코로 돌아갔다 고 말했다. 우리 교회의 한 익명의 기부자가 2만 달러와 예상도 못했던 추가 비용 1만 달러를 더해 수표를 써주었던 것이다. 그 기부자가 누구 인지는 미스터리로 남았다.

빌리 할머니께서는 기부자를 알고 있었지만 절대로 말하지 않았다. 할머니의 가장 친한 친구인 이델 할머니는 당시 남편이 사망한 후 거액 을 상속받았다. 그날까지도 이델 할머니는 그 돈을 어디에 써야 할지 모르고 있었다. 그래서 이델 할머니는 오랫동안 선교활동을 후원해왔던 빌리 할머니에게 상담을 요청했다. 수표를 써주기로 결정했을 때 이델 할머니는 빌리 할머니와 목사님께 이 사실을 비밀에 부쳐줄 것을 당부했다.

이델 할머니에게 왜 비밀 작전처럼 그렇게 큰 선물을 주었느냐고 물어보았다. 그러자 성경의 한 구절로 대답했다.

"너는 자선을 베풀 때 오른손이 하는 일을 왼손이 모르게 해야 한다. 이렇게 하여 너의 베품을 가슴에 묻어두거라."

이델 할머니는 후에 이렇게 설명했다.

"비밀이 지켜진 덕분에 나는 자유로웠단다. 나의 부와 세상의 고통에 대한 부담으로부터의 자유, 다른 사람이 나에게 표시하는 감사를 평가하는 것으로부터의 자유, 그것이 만들어갈 변화를 상상하는 기쁨을 제외한 그 밖의 모든 것들로부터의 자유……"

이쯤에서 한 가지 경계해야 할 점을 제안하려고 한다. 이제 당신은 아무것도 기대하지 않고 베풀 준비가 되어 있다. 그러나 만약 어떤 수혜자가 당신에게 받은 것을 갚으려 한다면 그 마음을 받아들일 수 있어야 한다. 고액의 기부자들은 다른 기부자들에 비해 기부액이 항상 상위를 차지한다는 것에 자부심을 느낀다. 그래서 수혜자들로부터 감사의 표시를 받을 때, 그들은 더 베품으로서 그들의 감사에 부응한다. 한 고액 기부자가 누군가에게 이렇게 말하는 것을 보았다.

"자네는 내게 결코 갚을 수 없을 거네!"

이것은 좋은 사고방식이 아니다. 사람들은 받은 것을 돌려주는 형태로 감사를 표시하고 싶어한다. 그 이유는 그것이 당신에게 진 빚으로부터 자신을 자유롭게 하는 것이라고 생각하기 때문이다. 따라서 만약 그들이 제안하면 받아들여라. 그것을 거절하거나 새로운 선물을 주는 식으로 상황을 확대시키면 당신은 그들을 불편하게 할 뿐이다. 왜냐하면 그들의 제안을 거절함으로써 그들보다 뛰어나다는 사실을 확고히 하려는 의도가 엿보이기 때문이다.

그들의 선물을 자비롭게 받아들일 때, 그들은 당신과 평등해진다. 다른 사람이 보답하도록 놔두는 게 좋은 데는 또 다른 이유가 있다. 그건 바로, 다른 사람도 당신을 도울 수 있고 도울 것이라는 느낌, 다시 말해서 받는 기쁨을 경험할 수 있기 때문이다.

| 항상 베풀어라

나눔은 운동과도 같다. 자주 할수록 더 좋은 것을 얻고 더 많은 것을 얻을 수 있다. 위급한 상황이나 누군가의 생일처럼 특별한 때에만 하는 것이 아니다. 항상 실천해야 한다.

빌리 할머니의 선물을 주는 습관은 정말 매력적이고 사랑스러웠다. 그녀는 아이들에게 나눠주기 위해 항상 지갑에 스카치 캔디를 넣고 다

넜는데, 다른 사람들의 외모를 칭찬하는 것도 결코 잊지 않았다. 그 말은 미용실에서 나가는 데에만 10분이 걸렸다는 뜻이기도 하다. 또한 어려움을 겪는 사람이 있다는 이야기를 들으면 가장 먼저 그 일에 뛰어들어 도와주었다.

"온 힘을 다해 애쓰는데도 형편이 어려운 사람을 돕는 자리에 나는 항상 있을 거란다. 그들의 마음을 나의 사랑으로 가득 채우고 싶거든."

그리고 매번 내가 무언가가 절실하게 필요로 할 때 할머니는 내가 그것을 얻을 것이라는 확신을 주었다.

"우리 가족에겐 매일매일이 크리스마스란다. 네가 원하는 것을 주기 위해 연말까지 기다리지 않지. 필요할 때 바로 해줄테니 말하렴."

할머니는 교회와 지역사회에서 자선활동도 했지만, 언제나 그 중심은 가족이었다. 그녀는 가족의 어려운 상황을 다른 사람을 돕는 연습의 기회로 삼았다.

기부자는 나눔을 통해 좋은 변화를 이끌어내려고 한다. 뿐만 아니라 우리가 사는 이 세상에서 반드시 필요하기 때문에 항상 나누려 한다. 넙죽 받는 사람들은 속되고 교활하며, 냉혹하거나 다른 사람의 것을 탐내는 것에 머리를 쓴다. 그런 사람들은 여유도 없고 항상 일에 매달린다. 우리는 재능을 반드시, 그리고 기꺼이 선의를 위해 사용할 수 있어야 한다.

먼저 '감사'할 때와 마찬가지로, 매일 나눔의 기회에 귀 기울여야 한다. 가치를 부여하거나 도움을 줄 기회를 찾기 위해, 사람들이 말하지 않는 것에 귀 기울여야 한다. 어떤 사람이 우울해할 때 무엇이 문제인지 묻고, 도울 것이 없는지 살펴라. 가치와 나눔을 이어주는 길을 찾기 위해 시간을 갖는 건 중요하다. 이런 습관을 들이기 위해 수첩을 활용하면 좋다. 매일 세 가지의 나눔의 기회를 찾아서 적어라. 작은 나눔도 상관없다. 각각의 항목을 적고 기한을 정해서 그때까지 실천하도록 해보는 것이다.

다음으로 나눔을 다른 사람과 맺고 있는 모든 인간관계에 적용하라. 빌리 할머니의 습관 중에서 이 부분이 나에게 전염되었다. 그래서 당신이 우리 집에 방문하면 떠날 때는 선물을 들고 있을 것이다. 당신이 나를 초대하면 나는 당신 집의 문 앞에서 선물을 건넬 것이고, 우리는 대화하며 지식을 나누거나 관계를 형성하려 할 것이다. 또한 나는 손님을 환대하는 것을 전통으로 여겨왔다. 이런 식으로 반복하면 인간의 관대함을 지속적으로 키워나갈 수 있다. 창의력을 발휘해서 친구가 칭찬한 소유물을 기꺼이 손에서 내놓아라. 누군가는 그 선물이 부적절하다고 생각할지라도 걱정하지 마라. 당신은 그런 경험을 통해 배우고 나눔의 방법을 개선할 수 있을 것이다.

당신에겐 항상 나눠줄 수 있는 선물이 있다. 언제나 그렇다. 부유하거나 가난하거나 은둔하거나 지쳐 있어도 기회가 오면 당신은 항상 나눌 수 있다. 그것은 숨을 쉬는 것과도 같다. 당신이 살아 있기만 한다면 그렇게 할 수 있다. 짐바브웨 속담에 "만약 당신이 걸을 수 있다면 당신은 춤출 수 있고 노래할 수 있다"는 말이 있다. 당신의 마음을 여는 것에 관한 문제이고 나눔을 실천하는 것에 관한 문제일 뿐이다.

보스턴 화상 전문 병원에서 목회자로 일하는 동안 팀 커츠마크 목사는 매우 적절한 예를 보여주는 한 여성을 만날 수 있었다. 팀 목사의 허락을 받아 어떤 일이 있었는지, 그 이야기를 소개하려고 한다.

마거릿 할머니가 응급실로 실려온 그날 밤, 아무도 그녀가 살 수 있을 거라고 기대하지 않았어요. 할머니는 86살이었고 심각한 화상 상태였거든요. 그날 마거릿 할머니는 정원에서 낙엽을 쓸고 있었어요. 그녀는 화단에서 기른 화초들을 사람들에게 나눠주기로 유명했죠. 자신이 무척 좋아하는 일이기도 했고요. 이웃들은 평일 이른 아침에 잠에서 깨어 문을 열면, 앞에 놓여 있는 작은 파란색 리본으로 묶은 싱싱한 수선화 다발이나, 반짝 반짝 빛나는 모양이 예쁜 빨간 고추를 발견했다고 해요. 항상 "함께 나누지 않으면 이 식물은 진정 살아 있는 게 아니지"라고 말씀하곤 했어요.

사고가 있던 날, 할머니는 마당에 구덩이를 파고 낙엽을 태우고 있었대요. 그런데 구덩이 가장자리에 있던 젖은 낙엽을 밟고 미끄러지는 바람에 불행히도 타고 있던 낙엽더미 속으로 떨어진 거죠. 혼자서는 밖으로 나올 수가 없었나봐요. 불은 사그라졌지만, 계속 연기를 내며 타고 있던 낙엽더미 안에서 이웃에게 발견되기까지 한참 걸렸다고 해요.

병원에 도착한 할머니를 진찰대 위에 눕히자 믿음에 대해 말하기 시작했어요. 치료하던 의사 중에 한 명이 그때를 기억하고 있었더군요.

"저희들이 응급치료를 담당했었죠. 할머니의 옷을 잘라내고 신속히 마취 준비를 했어요. 전신 마취하는 것이 앞으로 몇 주간이라도 더 생존할 수 유일한 방법이었거든요. 그때 할머니는 우리를 둘러싸고 있는 하나님의 사랑에 대해 말했어요. 정말 우리는 할머니의 생명을 구하기 위해 열심히 노력했어요. 우리에게는 재능이 있고 역경을 이겨내는 힘이 있으며, 나눌 수 있는 사랑이 있다는 걸 그 할머니를 통해 알게 되었거든요. 우리는 우리의 가진 것을 나눌 수 있었고, 할머니의 생명을 구할 수 있었어요."

나중에 이 일에 대해 마거릿 할머니에게 물어보았는데, 이렇게 말씀하셨어요.

"나는 내가 가는 곳에는 언제나 선물이 함께 주어진다는 믿음 안에서 자랐답니다. 그날 밤 나는 의사와 간호사들에게 친절이라는 선물을 받았어요. 그들은 나를 포기하지 않았고 계속 도움을 주었죠. 그들은 의료적인 방법을 통해 나를 사랑으로 대해 주었어요. 그들에게 무언가를 돌려주고 싶었어요. 나도 그들에게 사랑으로 보답하고 싶었거든요. 그 진찰대 위에 누워서 나는 줄 수 있는 게 아무것도 없다고 생각했던 것이 기억나네요. 어떤 점에서는 그것이 화상보다 나를 더 아프게 했어요. 그때 갑자기 생각났죠. 항상 나눌 것이 있다는 것을, 항상 모든 상황에서 모든 사람에게 선물을 줄 수 있다는 것을. 그래서 나는 그들에게 내가 가진 것을 내놓았어요. 나의 믿음을 그들에게 준 거예요. 무슨 일이 생기든 상관없이, 사랑의 힘과 위대한 의료 능력을 가졌다는 것은 정말 존경받을 일이라고 말해주었죠. 두려워하지 말고 이 순간 자신에게 펼쳐진 인생을 믿으라고도 말했어요. 나는 내가 더는 나눌 수 없을 때까지 그들과 나누었답니다."

이렇게 할머니는 너그러운 나눔의 진수를 보여주었다.

[원칙 5]
자신을 준비하라

고등학교 2학년 때였다. 배려가 많은 교감 선생님이 나의 수다스러운 성격과 잘 맞을 거라며 웅변과 토론대회 사무처에 데려다 주었다. 빨리 말하고 빨리 생각하기를 필요로 하는 활동이었다. 사무실에는 우승 트로피도 놓여 있었다.

나는 이 대회에 한 번 출전한 후로 푹 빠져들었다. 그해 여름에 남 다코타의 토론 캠프에 참가하기 위해 나는 충분한 경비를 마련했다. 그리고 100여 명의 고등학생이 앞으로 열릴 전국대회의 주제와 관련한 인용문, 연구 자료, 통계 자료를 준비하는 마라톤 자료 조사에도 참여했다.

토론대회와 관련된 활동 중에서 증거 자료를 수집하고 정리해서 보관하는 것은 내가 좋아하는 일이기도 했다. 4×6 사이즈의 색인 카드와 색깔별 디바이더와 철재 서랍을 이용해 정리하는 것이 매력적이었다. 나는 몇 시간마다 한 번씩 자료 정리에 시간을 들여, 내 자료 카드에서 새로 추가한 자료집의 두께가 얼마나 늘어나는지를 보며 내 성과를 측정했다. 대회에 나갈 때마다 꽉 차 있는 자료 서랍을 끌고 다니려고 손수레도 준비했다.

고등학교 3학년 첫 학기엔 작은 대회에서 몇 번 우승하고, 큰 대회에서는 몇 번 수상하지 못하는 등 성공과 실패 경험이 공존한 때였다. 로즈웰 대회에서는 우승했지만, 앨버커키 · 휴스턴대회에서 사립학교와 경쟁했을 때는 처참하게 실패했다. 그러나 이 패배의 경험은 우승을 향한 나의 의지를 더욱 강하게 해주었다. 매일 밤 나는 저녁 식사를 마친 후, 몇 시간 동안 경쟁에 뒤처지지 않기 위해 자료를 자르고 붙이고 색인 카드를 채워나갔다.

텍사스 테크 클래식(텍사스 테크대학이 주최하는 대회)이 열리기 몇 주 전에 큰 규모의 대회가 열렸다. 이 대회를 며칠 앞두고 빌리 할머니는 한밤중에 내 방으로 와서 몇 가지 조언을 해주었다. 할머니는 자료 카드에 집착하는 내 모습과 피곤해하는 내 상태를 살폈다.

"애야, 심사위원이 네 점수를 매길 때, 네가 가장 많은 자료를 수집한다는 자료집을 갖고 있다는 것에 가산점을 줄까?"

"아니오, 당연히 아니겠죠."

"심사위원들은 토론에서 어떤 팀이 승리할지 투표로 결정하거든요."

"그거 너무 안 좋구나. 왜냐하면 너는 가산점을 받을 거라는 전제하에 이 작업을 하는 것처럼 보이거든."

"할머니는 토론대회에 대해 잘 모르시는 것 같네요. 대회에서는 이 모든 카드가 다 필요해요. 그래야만 자기 주장이 옳다는 것을 뒷받침할 수 있고, 상대팀의 주장에 반박할 수도 있거든요."

"그렇다면 올해의 주제에 관해 물어보마. 건강보험제도 개혁에 관한 거지?"

"의료보험이거든요."

"그럼 나에게 설명해보렴. 미국의 의료보험 역사가 어떻게 되니? 누가 최초로 병원을 설립했지? 병원의 초기 형태는? 최초의 의과대학은 어디일까? 최초의 의료보험 회사는 어디였을까?"

할머니는 계속 질문하고 나는 대답했다.

"그건 역사이지 토론을 위한 정책과는 상관이 없어요."

"그래? 그럼 좀 더 물어보마. 의료보험에 관한 정부 규제의 역사는 어떻게 되니? 어떤 정책이 가장 좋은 성과를 냈니? 무엇이 매번 실패한 걸로 보이지?"

"음, 구체적인 사례를 원하신다면 관련 내용은 제 자료집 카드에 있을 거예요."

"이게 바로 내가 말하고자 하는 거란다. 너는 의료보험에 관해 폭넓게 다뤄야 하는데, 모든 영역에서 표면적인 부분만을 준비했다는 거지. 그래서 주제에 관해 깊이 있게는 모르잖니? 네가 법률 규정이 제정된

첫날부터의 성과에 대해 아는 만큼 의료보험의 역사도 알았더라면, 질문에 대한 골자를 잡아냈을 거야. 그러면 색인카드 없이도 스스로 빠르게 생각을 가다듬고 떠오르는 생각을 정리해서 대답할 수 있었을 거고."

이해가 되었다. 할머니의 지적대로 준비한다면 몇 가지 상황에서 나는 색인카드 없이도 깊이 있는 지식으로 다른 팀의 사례나 논쟁에 치명적인 허점을 파고들 수 있을 것이다. 나의 지식은 우리 지역에 있는 작은 규모의 도서관에 머물러 있는 것이 한계라는 걸 깨달을 수 있었다. 할머니는 대회 준비와 관련된 일련의 몇 가지 질문들을 더 하였다.

"왜 네 방에선 아무 소리도 안 들릴까? 너는 대회에서 웅변도 하고 상대편에게 반박도 할 텐데, 거울 앞에서 연습할 필요가 있지 않겠니? 진짜 대회에서 하는 것처럼 말이야."

"그 모습이 좀 웃겨 보여서요. 방에는 저 말고는 아무도 없으니까, 나 자신에게 말하는 것 같아요. 게다가 우리는 몇 주에 한 번씩 학교에서 토론 연습을 하는걸요."

"실제상황과 똑같이 재현하는 거니, 아니면 너의 사례와 대답을 단지 함께 훑어보는 거니?"

"연습용 토론이라서 준비한 것들을 함께 훑어보는 정도에요."

"네가 작년에 학교에서 연극할 땐, 공연 전에 의상을 다 갖추고 연습했었지?"

"첫 공연하기 2주 전부터 내내 그랬었죠."

"의상, 소품, 분장 모두 갖추고?"

"네, 실제 공연처럼요."

"그것이 준비 과정의 결정적인 부분이란다. 그런 구체적인 연습을 통해 연극 지도 선생님께서는 공연에 앞서 기술적인 수정을 하실 수 있었던 거지. 또한 너희 모두가 공연 환경에 익숙해질 수 있었고."

"맞아요. 하지만 토론은 연극이나 콘서트 같은 오락용 공연이 아닌 걸요."

"그러나 토론 역시 퍼포먼스란다. 연극, 노래, 심지어 물건을 파는 것과도 다르지 않지. 만약 네가 '마치 ~인 것처럼' 연습하지 않으면 실제 대회에 나갔을 때 당황할 수 있단다. 충분히 준비하지 않고 이 카드에만 의존한다면 넌 결과에 실망할지도 몰라."

할머니의 모든 질문이 나를 괴롭히기 시작했다. 이미 자정이 지난 시간이었다. 할머니가 나를 코너로 몰아간다는 느낌이 들어서 방어하기 시작했다.

"저는 제가 아는 어느 누구보다 열심히 준비했어요."

그러자 할머니는 웃으며 내 손을 잡아주었다.

"그냥 열심히 하는 것과 네 인생에 있을 기회에 대비하기 위해 열심히 하는 것에는 큰 차이가 있단다. 완벽히 준비하면 항상 승리할 수 있지. 가장 훌륭하게 준비한 사람이 되려면 어쩔 수 없이 재미없고 쉽지 않은 것을 해야만 해."

다음날 아침, 나는 할머니는 무언가를 알고 있다는 확신을 갖고 잠에서 깨어났다. 우승하려면 정말 준비를 잘해야 한다. 나는 미국 의료보험제도 역사를 사기업에서부터 입법 행위에 이르기까지 심도 있게 조사하면서 그다음 한 주를 도서관에서 보냈다. 이 주제에 관해서 걸어다니는 백과사전이 되기까지 준비를 멈추지 않았다.

나는 내 방에서 개시 발언을 연습하고 나서 상대편 역할을 한 뒤, 그들의 발언에 대해 반박해보았다. 그리고 멀슈에 있는 한 인근 지역 팀에게 우리 팀과 모의 토론을 하자고 제안했다. 그리고는 실제 대회처럼 관중, 시간 기록원, 심판 역할을 두고 모의 대회를 열었다.

모든 준비를 마친 우리 팀은 텍사스 공대에서 개최한 토론회에 참가했다. 여기서 우리는 대도시인 샌안토니오에서 온 팀을 이기고 3위에 입상할 수 있었다. 내가 3피트나 되는 높이의 트로피를 갖고 왔을 때 할머니는 열광했다.

5월에 주 대회에서는 클로비스에서 온 팀과 맞붙어 최고의 토론을 선보이며 준결승에 진출했다. 이렇듯 할머니의 원칙은 적중해서 토론 대회에서 200회 이상 우승했고, 나의 고등학교 3학년 시절과 대학 그 영향이 내내 작용했다.

나의 강도 높은 준비는 어려움에 직면해도 다시 일어날 수 있도록 힘을 주었다. 또한 기회가 다가올 때 미리 준비된 사람이 되도록 했고, 나의 원대한 꿈을 넘어선 수준에서 경쟁하도록 했다. 마치 팝 워너 풋

볼^{Pop Warner football}에서 경기하던 아이가 수퍼 볼 챔피언십 팀의 일원이
된 것처럼 말이다. 나의 어린 시절 영웅인 톰 랜드리^{Tom Landry}는 댈러스
카우보이 팀을 독특한 방법으로 훈련시켰다. 그는 선수들에게 말했다.

"만약 준비가 되었다면, 너희들은 자신감이 넘칠 것이고 해낼 수
있다."

준비의 정도는 각자 조금씩 다르다. 내 경우는 전략적인 방식으로
준비했다. 자료를 수집하고 그것을 정리해 내 기술로 만들었다. 그것
은 상품을 판매할 때, 비즈니스할 때, 사교할 때와 같이 삶의 문제를 해
결해 나가는 방식과도 유사하다.

당신이 해결해야 할 문제는 당신이 준비했던 수준보다 훨씬 더 어려
울 수 있다. 그래서 항상 의도하지 않은 발전이 있어야 하고, 조정을 위
한 추가적인 노력이 뒤따라야 하며, 장기간 지속할 결의가 있어야 한다.

깊이 있는 준비를 위해서는, 당신의 도전에 대해 지금까지 해오던
방식과는 다른 관점으로 생각해보는 게 필요하다. 또한 깊이 있게 준
비한다는 것은 굉장한 노력을 필요로 하고 수고스러운 일이다. 고통스
럽고 말이다. 그래서 인생을 스쳐 지나가듯 그럭저럭 살아가는 사람들
에게는 이런 준비가 지나친 것처럼 보일 수도 있다. 하지만 온 신경을
쏟는 사람만이 앞서나갈 수 있다. 대부분의 사람은 시작 단계에서 끝
내고 깊이 준비하지 못한다.

마크 쿠번^{Mark Cuban}을 위해 일한 마지막 날까지 나는 그가 광적일 만

큼 깊이 있게 준비하는 과정을 지켜보았다. 그는 이루기 어려운 꿈, 억만장자 기업가가 되는 꿈을 갖고 있었다. 꿈을 이루기 위해 그는 성공적인 새로운 비즈니스를 시작해야 했고, 주식을 상장해야 했으며, 주식시장에서 최고점을 찍을 때 글로벌 기업에 매각해야 했다.

그러나 마크는 브로드캐스트 닷컴을 설립한 지 6년이 되지 않아서 자신의 꿈을 이뤄냈다. 그는 자신의 꿈을 이루기 위해, 고등학교 시절에 할머니가 나에게 강력하게 충고해준 원칙을 삶에서 실천하는 모습을 보여주었다. 그래서 여기서 깊이 있는 준비를 하는 구성 요소에 대해 설명하려고 한다. 마크는 사람들이 자신처럼 준비하지 않는다는 사실을 잘 알고 있었다. 그래서 결국 그는 닷컴 시대에 가장 성공적인 기업가가 될 수 있었다.

나는 최근에 기업가 정신의 성공 사례에 관한 기사를 작성중이다. 그래서 그에게 비즈니스에 관한 최고의 충고를 들려달라고 요청했다. 그의 대답은 한마디로 도전정신이었다.

"나 역시 인디애나대학에 다닐 때 바비 나이트에게 그런 조언을 들었습니다. 그 분은 이렇게 덧붙였어요. '모든 사람은 승부근성을 갖고 있다. 그러나 이기려는 의지만큼 준비하는 의지가 있어야만 승리할 수 있다.' 친구들과 이야기를 나누면 나눌수록 그 말이 옳다는 것을 알게 되었습니다. 바비 나이트의 조언은 내가 회사를 설립하고 성장시키는 데 핵심 원칙이 되었어요."

다음 세 가지 요소를 현재 당신의 준비 과정에 추가하라. 그러면 당신 역시 시도하는 모든 일을, 좋은 것에서 위대한 것으로 도약시킬 수 있을 것이다.

| 똑똑해져라

에이브러햄 링컨은 이렇게 말했다.

"만약 나에게 나무를 베는 데 1시간이 주어진다면 45분 동안은 도끼의 날을 가는 데 쓸 것이다."

아마도 그는 울타리를 만들 때 이 교훈을 얻게 됐을 테지만, 그의 정치 활동에서 이 교훈은 큰 힘을 발휘했다. 새롭게 날이 다듬어진 도끼와 마찬가지로, 지식은 성취할 수 있는 기회에 신속히 다가갈 수 있도록 날카로운 사고력을 제공한다.

지금 회사를 설립하거나 새로운 직장을 갖거나 상품을 생산하거나, 또는 새로운 비즈니스를 시작하려고 하는가? 그렇다면 주어진 일과 관련된 지식을 넓힐 수 있도록 여행을 떠나라.『놓치고 싶지 않은 나의 꿈 나의 인생』의 저자인 나폴레온 힐도 앤드류 카네기나 헨리 포드, 토머스 에디슨처럼 매우 성공한 사람을 자신의 연구 기반으로 삼았다. 그는 저서에서 "성공한 사람들은 자신의 핵심 목적, 비즈니스, 직업과 관런된 특별한 지식의 습득을 결코 멈추지 않는다"라고 했다.

1997년, 오디오넷AudioNet(브로드캐스트 닷컴으로 상호 변경)에 입사했을 때 나는 이런 방식으로 일했다. 나는 인터넷 방송과 온라인 마케팅에 대해 일반적인 지식은 갖고 있었지만, 그 영역의 세밀한 부분과 관련 개념에 대해서는 깊이 있는 이해가 부족했다. 그래서 공들여서 똑똑해지기 위한 계획을 세웠다. 3년 동안 그 계획을 실천했고, 인터넷과 마케팅 관련 분야의 전문가가 되었다. 결국에는 야후의 정책연구원이던 밸류랩ValueLab의 총책임자의 위치까지 올랐다.

밸류랩은 소규모 팀이지만 방금 언급한 인터넷과 온라인 마케팅을 활용하는 열정적인 전문가 집단이었다. 우리는 주요 고객사, 업계 조합, 그리고 증권 분석가들에게 2000년부터 2003년까지의 분석 자료를 제공했다. 또한 잠재적인 마케팅 파트너에 대해서도 면밀히 조사했고, 마침내 2002년도에 회사의 수익을 2억 5천만 달러까지 끌어올릴 수 있었다. 우리의 전문 지식을 바탕으로 한 예측 능력은 전략적 조언을 통해 다른 사람들에게 실행할 수 있는 능력을 갖추게 해주었다. 또한 우리팀의 차별성은 단순히 계산만 하는 사람들의 집단이 아니라는 점이었다. 이론과 실기, 그리고 역사에 대해 대화하는 것을 매우 좋아하는 독서 애호가 집단이었다. 우리의 활동은 데이터 마이닝 작업(대규모 자료를 토대로 새로운 정보를 찾아내는 것)보다는 엄청난 양의 책을 읽고 연구하는 대학원생 모임에 더 가까웠다.

진정 똑똑해지려면 자기 자신을 혹독하게 단련해야 한다. 그리고 자신이 읽기로 작정했던 양보다 더 많은 책을 읽어야 한다. 독서할 때는 통찰력을 기르기 위해 유용한 정보를 소화하려는 목적을 갖고 있어야 한다. 이렇게 얻은 정보는 동료와 공유하고, 문제에 대해서는 기꺼이 논쟁할 수 있는 자리를 마련해주어야 한다. 그리고 종종 새로운 통찰력을 기르기 위해서는 관련 없는 사실이나 사례를 연관시켜서 생각해보는 등의 창의력을 활용할 수 있어야 한다.

> 10시간 똑똑하게 일하면 40시간의 잡무하며 얻은 것과 같은 성과를 낼 수 있다.

일하면서 우리는 잡무의 덫에 걸릴 수 있다. 토론대회 참가를 준비할 때 입증할 자료 카드를 오리고 붙이고 정리하던 것도 사실은 잡무였다. 그 당시 내 일을 하고 있는 것처럼 느꼈지만, 그 일은 사실 정신적 활동의 비중이 크지 않았다. 세일즈맨에게 있어서 잡무는 우선 순위 일정을 정리하거나 세일즈 실적 자동화 프로그램에서 시간을 보내는 것이다. 관리자에게 있어서 잡무는 지출결의서 작성부터 동향보고서 등을 편집하고 수정하는 것이다.

만약 지적인 과제를 맡아 겁먹은 사람이 잡무에 의지하면서 쉬려고 한다면 잡무의 덫에 걸린 것이다. 부끄러운 일이다. 만약 당신이 소속 팀에서 가장 명석하다면 그런 잡무를 맡지 않고, 아마도 전략 파트를 담당했을 것이다. 10시간 똑똑하게 일하면 40시간의 잡무하며 얻은 것과 같은 성과를 낼 수 있다.

| 독서하는 사람이 리더다

똑똑해지는 길로 가는 첫 번째 방법은 깊이 있는 독서를 하는 것이다. 똑똑해지기 위해서는 당신의 직업 또는 주어진 기회와 관련된 책을 읽기 위해, 이에 대해 조사하는 시간의 비중을 높여야 한다.

당신은 지금까지 주어진 주제에 대한 내용을 읽거나 블로그의 글을 읽는 등의 습관을 갖고 있었을 것이다. 이는 표면적인 조사 단계에 불과하다. 또한 그것은 누구나 이미 알고 있는 일반적인 지식이다. 독서는 하나의 주제에 관해 훨씬 더 깊은 곳으로 당신을 이끌어갈 것이다.

독서하는 사람만이 리더가 될 수 있다. 내가 알고 있는 많은 성공한 기업가들은 엄청난 양의 독서를 한다. 조사에 따르면 사업가들은 평균적으로 자신의 업계와 관련된 책을 일 년에 한 권 이상 읽는다. CEO, COO, CFO와 같은 경영자들은 같은 기간 여섯 권의 책을 읽는다. 여기서 우리는 똑똑해지기 위한 계획이 서점에서부터 시작돼야 하는 이유, 그리고 구글 검색을 방법으로 끝내면 안 되는 이유를 알 수 있다.

자신이 영위하는 일과 관련해서 충분한 이해를 돕는 책을 읽어야 한다. 당신이 몸담고 있거나 역할을 맡은 업계의 사람들, 공간, 그리고 그 외의 공간들을 생각해보라. 가령, 월드와이드웹이라는 가상의 공간은 사용자들이 자료를 찾고 의사소통하고 구매하는 공간이다. 이것은 나에게 사용자의 태도와 행동에 대한 이해, 그리고 미래의 트렌드를 예측하기 위해서 깊이 있는 독서가 얼마나 필요한지 실마리를 주었다.

우선 나는 인터넷, 전자상거래, 정보기술에 관한 대표적인 서적을 모두 읽었다. 그 독서는 나에게 산업에 대한 기준을 제시해주었다. 그런 다음엔 마케팅, 광고, 브랜딩, 행동심리학, 소비자 구매와 관련된 독서도 했다. 어떤 비즈니스 영역을 이해하기 위해서는 산업 또는 기술의 역사, 그 분야에서 성공한 사람, 경제학, 성공과 실패에 영향을 미치는 트렌드에 대해 생각해봐야 한다.

업계 정보지나 관련 웹사이트의 추천 도서 목록을 살펴보라. 직업적인 목적에서든 학부모로써의 목적에서든 책은 늘 우리에게 놀라운 통찰력을 준다. 가까운 서점에 가서 당신이 몸담고 있는 분야에 대한 지식을 넓힐 신간 두세 권을 찾기 위해 한 달에 몇 시간은 꼭 투자하라.

그리고 책을 읽을 때 아직도 학생인 것처럼 필기하길 권한다. 나는 『러브 이즈 더 킬러 앱Love is the Killer App』을 읽으면서 처음 그런 방법을 써봤다. 지금도 활용하고 있는 그 방식을 '벼랑과 꼬리cliff and tag'라고 부른다. 그것은 어릴 때 할머니가 내게 알려준 방법이다. 책을 읽다가 좋은 부분을 발견하면 밑줄을 긋고, 책의 앞장이나 뒷장 여백에 페이지 번호와 함께 기록하는 것이다. 킨들이나 아이패드와 같은 전자책을 사용하면 훨씬 더 쉬워진다. 나중에 신속히 리뷰하거나 다른 사람과 내용을 공유하고자 할 때 이 방법을 활용하면 좋다.

이 방법을 잘 실천하면, 어느 순간 당신은 자신의 분야에서 걸어 다니는 백과사전이 됐다고 느낄 것이다. 만약 새로운 프로젝트나 프레젠테이션, 상품, 또는 비즈니스 기회가 생긴다면, 이를 새로운 책을 읽기 위한 기회로 생각하라. 『린치핀Linchpin』의 저자이자 마케팅 전문가인 세스 고딘Seth Godin은 이미 많은 영역에서 전문가이다. 그럼에도 불구하고 이 방법으로 관련 서적을 백 권 이상 읽는다.

당신은 지금 생각할 것이다. 나는 어디서 시간을 빼서 책을 읽어야 할까? 가장 좋은 방법은 당신이 가는 모든 곳에 책을 들고 가라. 차 안에서, 회의를 기다리는 동안, 혼자 식사할 때, 잠자리에 들기 전에 시간을 낼 수 있을 것이다. 인터넷 서핑을 줄이고, 스포츠 경기나 공연을 조금만 안하고, 한가하게 남의 이야기를 늘어놓는 시간만 줄여도, 한 달에 한 권의 위대한 책을 읽을 수 있는 충분한 시간을 확보할 수 있다.

만약 새로운 회사와 거래해야 한다면, 그 회사의 역사와 비즈니스 모델, 가치, 현재의 상황을 심도 있게 알아야 할 것이다. 그렇다면 관련 내용으로 이뤄진 주요 항목을 담은 두 페이지 분량의 요약서를 작성해서, 그 회사에 보내 당신이 잘 이해하고 있는지 확인하라. 그들은 당신의 작업에 감명받을 것이다. 할머니는 내가 토론대회를 준비할 때 이렇게 물었다.

"왜 내 방에건 아무 소리도 안 들릴까? 너는 대회에서 웅변도 하고 상대편에게 반박도 할 텐데, 거울 앞에서 연습할 필요가 있지 않겠니? 진짜 대회에서 하는 것처럼 말이야."

"그 모습이 좀 웃겨 보여서요. 방에는 저 말고는 아무도 없으니까, 나 자신에게 말하는 것 같아요. 게다가 우리는 몇 주에 한 번씩 학교에서 토론 연습을 하는걸요."

"실제상황과 똑같이 재현하는 거니, 아니면 너의 사례와 대답을 단지 함께 훑어보는 거니?"

"연습용 토론이라서 준비한 것들을 함께 훑어보는 정도에요."

"네가 작년에 학교에서 연극할 땐, 공연 전에 의상을 다 갖추고 연습했었지?"

"첫 공연하기 2주 전부터 내내 그랬었죠."

"의상, 소품, 분장 모두 갖추고?"

"네, 실제 공연처럼요."

"그것이 준비 과정의 결정적인 부분이란다. 그런 구체적인 연습을 통해 연극 지도 선생님께서는 공연에 앞서 기술적인 수정을 하실 수 있었던 거지. 또한 너희 모두가 공연 환경에 익숙해질 수 있었고."

"맞아요. 하지만 토론은 연극이나 콘서트 같은 오락용 공연이 아닌걸요."

"그러나 토론 역시 퍼포먼스란다. 연극, 노래, 심지어 물건을 파는 것과도 다르지 않지. 만약 네가 '마치 ~인 것처럼' 연습하지 않으면 실제 대회에 나갔을 때 당황할 수 있단다. 충분히 준비하지 않고 이 카드에만 의존한다면 넌 결과에 실망할지도 몰라."

| 지식을 연결하라

똑똑해지는 두 번째 방법은 인맥을 쌓는 것이다. 이제 당신은 직장에서 전문가가 되었다. 그래서 지식의 폭을 넓히기 위해 다른 사람들과 힘을 모을 준비가 되어 있다. 그 출발점은 대화이다. 읽고 있는 책에 대해 말하고 당신이 찾아낸 자료를 공유하라. 그리고 회사에서 늘 하는 사적인 대화를 사고하는 대화로 바꿔라. 다른 사람들이 열정을 보일 것이다.

가능하면 당신만의 추천하는 서적 목록을 작성하라. 그런 다음 당신에게 연락해오는 모든 사람에게 목록을 보내줘라. 아마도 당신과 자신들의 목록을 공유하는 것에 대해 기뻐할 것이다. 결과적으로 당신은 매달 다른 사람으로부터 수십 권의 책을 추천받는 지식의 순환을 이루게 된다.

당신만의 씽크탱크를 구축하거나 나폴레온 힐처럼 마스터 마인드 그룹을 만들어라. 마치 대학 스터디 그룹처럼 최대 6명까지, 소규모로 운영하는 게 좋다. 주 단위나 월 단위로 모여서 논문 등의 연구물, 양서, 논의할 지식에 대해 토론하라. 미래에 대한 시나리오에 초점을 맞추어 어떻게 역사가 통찰력을 제공했는지에 대해서도 논의하면 흥미로울 것이다. 또한 이런 모임은 동료에게만 국한하지 말고, 가능하면 업계의 동료나 경쟁관계에 있는 사람들과도 함께한다면 더 많은 지식을 쌓을 수 있다.

| 멘토링

똑똑해지는 마지막 방법은 조언을 주고받는 것이다. 이는 다른 사람을 위해 멘토가 되어줌과 동시에, 자신의 멘토를 만드는 일이다.

나의 멘토는 스탠리 마커스 주니어는 내가 비즈니스 운영, 소매업, 그리고 마케팅에 관한 지식이 부족하다면서 서로 조언을 주고받음으로써 많은 것을 배울 수 있다고 했다. 그의 말이 맞았다. 우리는 서로 가르치면서 동시에 배울 수 있었다.

당신의 조언을 받는 사람도 당신에 대해 종종 현실적인 평가를 해줄 수 있다. 또한 당신이 갖고 있지 않은 자원을 제공해주기도 하고 말이다. 이것을 서로에게 지식을 주는 관계라고 생각하라. 조언을 주고받는 것의 또 다른 장점은 조언해줄 때 성공적인 경험의 기분을 느낄 수 있고, 당신의 가치를 마음속 깊이 새길 수 있다는 점이다. 마커스는 "다른 사람을 더 똑똑하게 만든다고 자신이 멍청해지는 일은 없다"라고 말했다. 최고의 멘토를 만나기 위해서는 발전하고자 하는 향상심이 있어야 한다. 그리고 몸담고 있는 분야에서 최고인 사람을 선택해야 한다. 할머니는 종종 내게 최고인 사람, 특히 나를 능가하는 사람과 어울리면서 배우라고 했다.

"성공은 어떤 한 사람이 독점하는 것이 아니란다. 성공은 굉장히 전염성이 강하지. 만약 네가 성공한 사람을 찾아가서 돕겠다고 하면 그 사람은 제안을 받아들일 거야. 맨 위에 있는 사람은 외로운 법이니까. 그리고 그는 너를 도우려고 자신이 알고 있는 걸 알려줄거야."

당신의 멘토가 크게 성공한 사람이라면 그는 매우 바쁠 테지만, 그래도 당신의 제안을 받아들일 것이다. 하지만, 멘토의 조언을 얻기 위해서는 얼마간 지루하고 고된 일을 해야 할 수도 있다.

멘토를 얻기 위한 확실한 방법은 학교로 돌아가는 것이다. 피닉스대학은 오프라인 수업뿐만 아니라 온라인 수업을 통해서도 수준 높은 강의를 한다. 또한 린다닷컴Linda.com은 다양한 주제에 관해 비디오와 교재를 이용한 개인 지도를 한다. 체계적인 성인 교육 프로그램에 시간을 투자한 전문직 종사자들은 더 많은 지식을 얻는다. 또한 돈 내고 강의를 들으면, 모든 과정을 마쳤을 때 자부심으로 연결된다.

스스로 공부해서 매년 자신의 지식 이력서를 개선하라. 그렇지 않으면 당신의 인생은 절반의 성공에 그칠 것이다. 나는 사람들과 이야기를 나누다 보면 그들이 살아온 인생에 대해 말할 때 간혹 놀라곤 한다. 그들은 사회생활을 하기 위해 대학을 졸업하는 날부터 공부를 그만둔 모습을 보이기 때문이다. 스탠리 마커스 주니어가 사업가로 성공한 비결이 있다. 그는 대학 시절뿐만 아니라 숨 쉬는 마지막 날까지 배움에 굶주려 있었다. 그는 이렇게 말했다.

"배움에서 비롯되는 즐거움이 인생의 초기 몇십 년 동안에만 한정되어 있다고 누가 정해두었는가? 배움의 과정에서 비롯되는 자극은 신화 속의 어느 묘약보다 더 젊음을 되찾아준다."

도전에 대한 순수한 열정을 가져야 하고, 더 똑똑해져야 한다. 그래 야만 환경이 급변할 때 조정을 위한 깊이 있는 시각을 갖게 될 것이다. 당신이 자신을 위해 공부를 마칠 때쯤이면 어떤 측면에서든 지식적으로 준비가 될 것이다. 그리고 당신이 읽은 책에서 예측한 것 이상으로 당신의 미래와 익숙해져 있을 것이다. 변화는 당신의 친구일 뿐 아니라 위대한 동점 골과도 같다.

| 충분히 예행연습하라

예행연습은 일반적으로 '대중에게 공개를 목적으로 하는 연습'이라고 정의할 수 있다. 나는 토론대회에 참가하면서 빌리 할머니한테 많은 것을 배웠다. 예행연습은 실전과 같은 환경, 청중을 고려한 설정된 상황에서 이뤄져야 한다. 이는 준비 과정을 기계적인 과정에서 좀 더 깊이 생각하는 과정으로 만든다.

당신은 자신에게 말할 것이다.

'나는 공연하려는 게 아니야. 그러니 예행연습은 필요없어. 지금 준비만으로도 충분해.'

이것은 성공을 위해 준비하는 좋은 태도와 거리가 멀다. 인생은 상황이라는 측면에서 관객이 있는 공연의 연속이다. 대화, 발표, 회의, 판매 교섭, 글쓰기, 숙련된 업무 등. 이 모든 것들은 인생의 성패가 좌우되는 어떤 시점에서 행하게 된다.

아마도 당신은 "연습이 완벽함을 만든다"는 문구를 들어봤을 것이다. 일에 숙달하기 위해 반복적으로 연습하는 것은 가치가 있다. 하지만 당신이 어렵거나 새로운 환경에 놓일 경우엔 연습도 완벽함을 만들어내지 못한다. 충분히 연습해온 발표자도 파워포인트 자료가 다음 장으로 넘어가지 않거나, 적절한 화면이 뜨지 않을 땐 동요한다. 판매 협상을 위해 수십 번씩 연습한 세일즈맨도, 발표 도중에 어떤 사람이 반대 의견을 제시하면 당황해서 아무것도 못하는 경우가 있다.

예행연습이 어렵기 때문에 하고 싶지 않은 건 당연하다. 하지만 예행연습 단계에서 당신은 익숙하게 했던 것보다 더 많이 생각하며 상상하고 계획해야 한다. 가능하면 최악의 상황에 대한 시나리오까지 상정해서 연습해야 한다.

충분한 예행연습은 당신의 시간과 자원을 눈 깜짝할 사이에 집어삼킨다. 반면에 단순한 연습은 쉽고 빠르다. 단순한 연습만으로도 충분히 완벽해질 수 있다고 믿는다면, 그땐 연습이라는 덫에 걸려들 수 있다. 당신은 별 생각 없이 발표 연습을 하면서 자신이 얼마나 향상되었는지 확인하려고 연습한 횟수만 세고 있을지도 모른다. 이때 너무 연습횟수가 많아지다보면 외부의 의견이 없는 완벽한 상황에만 익숙해진다. 그렇기 때문에 오히려 변수가 많은 실제상황에서 실수하게 된다.

자신감을 유지하기 위해서는 무대 위에 섰을 때 어떤 일에도 놀라지 않을 만큼 충분히 예행연습을 하겠다는 자세로 임해야 한다. 나는 책상에 앉아서 타자를 치기 전에 이 책을 쓰기 위한 예행연습을 했다. 이 과정은 생각을 정리하게 했고, 중간에 막히거나 쓰고 지우는 것을 반복하지 않도록 해주었다. 꼭 대중 앞에 서는 발표나 연설이 아니더라도 이 방법은 모든 일에 적용할 수 있다.

아침 일과를 끝내기 전, 당신의 하루를 예행연습해보라. 이것은 아베다 AVEDA의 창시자인 호스트 레켈바커 Horst Rechelbacher가 매일 하는 일이기도 하다. 그는 이것을 '미래를 위한 예행연습'이라고 했다. 나도 정신없이 바쁘거나 복잡한 출장이 임박해오면 이 방법을 항상 활용한다. 나는 이것을 '춤동작 예행연습'이라고 하는데, 나에게 닥칠 상황을 미리 생각해두면 때가 되었을 때 느긋해질 수 있다.

그리고 개요를 작성하라. 모든 공연이나 발표는 내용의 창작과 전달이 수반되는데, 그 시작은 개요를 작성하는 것부터다. 나는 개요를 예행연습에서 가장 중요한 부분이라고 생각한다. 개요를 작성하면 생각을 정리할 수 있기 때문에 반드시 필요하다. 또 내 생각이 어떤 방향으로 흘러가는지도 명확히 알 수 있게 해준다.

나는 프레젠테이션, 기사, 책 내용의 일부를 쓰기 전에 내 생각을 사무실에 있는 화이트보드에 정리해둔다. 그리고 이 내용들을 디지털 카메라로 찍어둔다. 그런 다음 보드를 지운 후에 다시 개요를 작성한다. 이 방법은 내가 어떤 부분에서 논리적으로 흐름을 놓쳤는지 잘 파악할 수 있게 해준다.

청중의 관점에서 개요를 작성하는 것도 하나의 포인트다. 작가이자 연설 지도자인 닉 모건은 이 점에 관해 다음과 같이 말했다.

"연설의 목적은 당신이 가진 문제 해결책으로 문제를 해결하도록 청중을 납득시키는 것이다. 이 점을 분명히 알아두어야 한다. 즉, 당신은 청중의 의사 결정을 존중하고 청중에게 몇 가지 세부사항을 결정하도록 하지만, 결국엔 당신이 제시하는 해결책을 따르도록 유도해야 한다."

당신이 선보일 상품 제작에 앞서, 개요를 작성하는 것을 첫 번째 예행연습이라고 생각하라. 그리고 좋은 개요란 청중의 감정, 이전부터 존재하던 개념, 그리고 시간의 제한을 예상해서 만들어야 한다. 나중에 당신이 예행연습할 때 순서나 흐름의 기술적인 조정이 필요한 개요를 참고하면 좋다.

| 실제 무대 위에서 연습하라

가장 효과적인 예행연습은 실제와 거의 흡사한 환경에서 하는 것이다. 이는 당신이 몇 가지를 점검함으로써 시작할 수 있다. 어떤 발표든 장소, 조명, 시청각 기구, 좌석 배치도를 조사해야 한다. 실제로 이용하게 될 장소에서 예행연습할 수 있다면 더욱 좋다. 그날에 쓸 시청각 자료를 사용해보고, 청중이 되어줄 몇 명을 모아라. 마지막으로 시간을 잴 시계를 준비하라.

대화나 간단한 회의를 위해서라면 동료에게 역할극을 부탁하는 것도 좋은 방법이다. 동료가 맡을 역할에 대해 간단히 설명하고, 이때 그 역할의 성격과 감정 상태도 구체적으로 알려줘라. 만약 당신의 동료가 도와줄 의사가 있고 시간이 허락된다면, 역할을 바꿔 반대 입장에서도 예행연습을 해보는 게 좋다. 가능한 한 실제상황과 똑같이 재현할수록 더욱 완벽한 준비가 된다. 그러면 익숙하기 때문에 긴장하지 않고 최고의 실력을 발휘할 수 있다.

이런 사전 연습은 전문적인 기술이 필요한 분야에서도 효과가 있다. 로체스터대학 병원의 의사들은 혈관수술을 위한 모의연습을 한다. 그 결과 환자의 생사가 걸린 실제 수술에서 성공률을 높일 수 있었다. 한 외과의사는 "모의 연습에서 성공적으로 수술하는 것만큼 자신과 팀에 자신감을 북돋아 주는 일은 없습니다"라고 말했다.

그러나 어떤 예행연습도 실제와는 다를 수 있다. 따라서 그 차이를 메우기 위해서 상상력을 발휘해야 한다. 당신은 어릴 때 퀴즈쇼 진행자, 미식축구 스타, 또는 배우를 흉내 내보았을 것이다. 나는 자주 그런 놀이를 했다. 거실 테이블 위에 비틀스의 음반을 올려놓고 진공청소기의 손잡이를 마이크 삼아 콘서트를 하곤 했다. 다저스 구장을 내 목소리로 가득 채우는 상상 속에서 나는 야구장을 한 바퀴 쭉 돌면서 관중의 함성 소리를 들었고, 허리를 굽혀 인사까지 했다. 할머니는 구석에 숨어 내 연기를 보면서 혼자 미소 짓곤 했다.

할머니는 내가 군중 앞에서 두려움 없이 말할 수 있었던 건 나의 상상 콘서트 덕분이라고 말했다. 우리는 때때로 영화를 보거나 소설을 읽으면서 현실에 대한 불만을 저만치 밀어둔다. 또한 미숙하면서 잘하는 척하는 것은 성숙하지 못한 행동이라고 생각한다. 그러나 유감스럽게도 그런 척을 할 수 있다는 것은 언젠가 강력한 무기가 된다. 당신이 좀 더 긴장을 풀고 상상하고 연기를 해본다면 더욱 강력한 예행연습의 효과를 경험하게 될 것이다.

| 거울 앞에서 말하는 연습을 하라

어떤 발표를 준비하고 있다면 그 발표할 내용을 큰 소리로 표현하는 연습을 해보라. 큰 소리로 말하는 연습을 하면 시간을 정확히 측정할 수 있고, 문장 표현이나 전달을 더 잘할 수 있다. 윈스턴 처칠, 우드로 윌슨, 전도사인 빌리 선데이도 거울 앞에서 늘 자신의 눈을 똑바로 처다보며 말하는 연습을 했다고 한다.

『믿음의 마법The Magic of Believing』에서 클라우드 브리스톨은 이를 '거울의 원리'라고 했다. 거울을 보고 연습하면 당신은 발표의 청중이 되고 당신이 말하는 것을 자신이 믿게 할 수 있기 때문이다. 그 효과는 곧바로 나타난다. 브리스톨은 "당신은 자기 자신을 설득할 수 있을 때, 다른 사람도 설득할 수 있다"라고 강조한다. 그 말은 사실이다. 힘들고 어려울 때 욕실 거울 앞에 서서 자기 자신에게 응원을 보내라. 당신의 의식이 무의식에게 말할 것이다. 그리고 그 무의식은 종종 당신이 하는 말을 믿으며, 신경계가 메시지를 지원하도록 조정할 것이다. 그 결과로 당신은 자신감을 얻게 된다.

거울을 보고 사전 연습할 때는 전달할 메시지를 말로 표현하면서 거울 속의 자신과 눈을 마주칠 것이다. 이때 당신은 최고의 비평가를 마주하게 된다. 그러나 편안할 것이다. 이 연습이 끝나면 다른 사람의 시선을 아랑곳하지 않고 편하게 상대의 눈을 바라보며 자신감 넘치는 강력한 시선을 보낼 수 있게 된다. 그러면 청중은 마치 당신과 연결되어 있다고 느끼며 기꺼이 당신의 의견에 동의할 것이다. 이렇게 해서 당신은 청중들에게 수용적인 태도를 이끌어낼 수 있다.

나는 강연회가 있을 때마다 행사 당일 호텔 방에서 이 기술을 사용해서 연습한다. 연설문 전체를 큰 소리로 연습할 수 있도록 충분한 시간 확보를 위해 일찍 일어난다. 샤워를 마친 후엔 연설할 때 입을 복장으로 갖춰 입는다. 슬라이드를 사용할 경우엔 노트북을 거울 아래나 옆 테이블에 놓는다. 슬라이드를 다음 장으로 넘겨야 할 때를 제외하면, 연설을 시작해서 마칠 때까지 거울 속의 나와 눈을 마주친다. 그리곤 내 이야기를 듣는 청중, 내가 연설할 장소, 심지어 나의 무대까지 상상한다. 다저스 야구장에서 비틀즈의 라이브 콘서트를 다시 여는 것이다. 덕분에 진짜 연설을 하게 될 때도 나는 전혀 떨지 않는다. 모든 준비가 끝났기 때문에.

거울의 원리의 또 다른 장점은 적응력을 길러준다는 점이다. 눈 마주침을 통해 내 무의식을 활성화시키고 실제상황에서 무의식을 활동하게 한다. 따라서 청중의 반응을 관찰하는 내 의식의 일부를 자유롭게 하고 청중의 반응에 응답하면서 그때그때 방향을 바로잡을 수 있다. 나는 예행연습을 통해 잘 준비해두었기 때문에, 다음 부분을 기억하거나 내가 어떤 식으로 말해야 할지 따로 생각할 필요가 없다.

거울의 원리는 연설에만 국한되지 않는다. 회의, 중대한 대화, 판매 협상, 심지어 기운을 북돋는 대화에까지 마법처럼 작용한다. 만약 당신이 이런 과정을 충분히 연습한다면, 아침에 양치질하듯이 자동적으로 예행연습 모드로 빠져들 것이다. 그 결과 항상 편하게 자신과 눈을 마주칠 수 있게 된다.

| 머릿속에 그려보라

예행연습의 마지막 방법은 시각화인데, 전적으로 마음속에서 일어난다. 이 방법은 절차나 방법과 같은 대회를 준비하는 데 있어서 매우 유용하다. 때때로 거울 앞에서 큰소리로 말하는 연습을 할 시간과 장소를 찾지 못할 수 있다. 그러나 당신의 발표를 마음속에 그려보는 것은 언제 어디서나 할 수 있다.

마음속 예행연습이 마법을 발휘하려면 가장 높은 수준의 상상력이 필요하다. 발표나 연설을 할 장소, 청중, 분위기, 당신이 등장하는 모습 등, 상황과 관련된 모든 이미지를 떠올려봐야 한다. 마음속에 이미지를 선명하게 떠올릴수록 실제상황에 더 익숙해질 수 있다.

몇 년 전, 주드 블라스로토 박사Dr. Judd Blaslotto는 시카고대학에서 마음속 예행연습이 실제상황에 미치는 효과를 입증하는 연구를 실행했다. 그는 참가자들을 둘로 나눠서 비교 실험했는데, 한 집단은 농구의 자유투를 던지는 연습을 하게 했고 또 다른 집단은 자유투를 던지는 상상만 하게 했다. 한 달이 지난 후 두 그룹의 실력은 사실상 똑같은 수준으로 향상되어 있었다.

오늘날의 스포츠 세계에서도 코치와 트레이너들이 선수의 자신감을 길러주려고 여러 가지 노력을 한다. 이때도 시각화가 매우 중요한 역할을 하는데, 다음번 올림픽을 시청할 때 유심히 살펴보라. 그러면 운동

선수가 스키 활강이나 체조 동작을 하기 전에, 눈감고 자신들이 곧 하게 될 동작을 마음속으로 그리는 모습을 보게 될 것이다.

| 장애물 설치하는 것을 잊지 마라

빌리 할머니는 토론대회를 며칠 앞두고 내가 방에서 발표문을 연습할 때마다 청소를 시작했다. 가만히 있다가도 내가 말을 시작하면 바로 옆방에서 진공청소기를 돌렸다. 텍사스 테크 클래식 대회가 며칠 앞으로 다가와 있던 때라서 한참 예민했던 나는 마침내 방에서 뛰쳐나와 연습을 방해하는 할머니에게 맞섰다.

"할머니, 제가 연습중인 거 모르세요?"

할머니는 미소 띤 얼굴로 손을 내밀어 악수를 청하면서 말했다.

"저를 소개하고 싶군요. 저는 이 대학교의 관리인인데, 오늘은 이 교실을 청소하는 날이랍니다."

할머니의 행동은 중요한 메시지를 주었다. 즉, 모든 상황은 완벽할 수 없다는 것이었다. 아니나 다를까, 실제 대회에서 내가 의견을 펼치는 동안 수업종이 울렸다. 할머니가 옳았다.

사전 연습을 하건, 소리 내어 연습하건 또는 마음속으로 상상하건 간에 상관없이 장애물을 그 과정에 포함시켜야 한다. 어릴 때 상상의

록 콘서트를 하며 나는 가상의 청중에게도 인사를 했다. 하지만 장내 방송 설비가 작동 문제를 일으키거나 기타 줄이 끊어진다는 설정은 하지 않았다. 한마디로, 실제로 무대에 섰을 때 예상치 못한 어려운 상황에 대응할 준비가 되어 있지 않았다. 나는 현실에 존재하는 시나리오가 아닌 동화 속의 이야기로 예행연습을 했던 것이다.

준비 과정에서 중요한 또 하나는 대화하거나 발표할 때 주장하는 바에 대한 상대방의 반대 의견을 예측해봐야 한다는 점이다. 반대 의견에 반박할 수 있는 대답의 개요를 작성해두고 의심 많은 청중이나 대화 상대에게 답변하는 연습을 따로 해야 한다. 준비 과정에서 더 많은 반대 의견이 있을수록 중요한 순간에 당신이 옳다는 것을 더욱 확신시킬 수 있을 것이다.

〈유럽 사회과학 저널European Journal of Social Sciences〉에서는 획기적인 연구 결과를 발표했다. 즉 불리한 상황을 극복하기 위해 축구 경기에서 마음속으로 예행연습을 한 10대 청소년들이 가장 큰 자신감을 갖게 되었다는 내용이다. 당신은 단지 좋은 결과를 얻는 상상만 할 게 아니라, 어려운 상황을 실제로 극복하는 모습을 마음속에 그려야 한다.

실전 연습때 청중 역할을 맡은 사람에게 실제처럼 반대 의견을 제시하고 동의하지 않는 듯한 몸짓을 해달라고 요청하라. 말하기를 연습할 때는 휴대전화를 끄지 말고 텔레비전까지 켜놓으면 더 좋다(그러나 소리는 작게 해두어야 한다). 마음속으로 예행연습할 때는 당신의 발표에 대한 다양한 변수를 고려해서 그것들을 이겨낼 방법을 상상해봐라. 하지만 너무 비현실적으로 어려운 상황은 설정하지 않는 게 좋다. 연습이 목적이지 지뢰밭을 만드는 게 목적이 아니다. 당신은 무대에서 성공적으로 마치기 위해 예행연습하는 중이다.

집중을 방해하는 요소들이 대처하기 가장 어렵다. 만약 휴대전화나 화재 경보가 울리고 사람들이 갑자기 일어서서 나가버린다고 해보자. 이 모든 상황은 얼마나 열심히 연습했는가와 상관없이 당신을 당황스럽게 만들 것이다. 그러므로 인생을 살면서도 이런 방해 요소가 있다는 것을 알고 대처하는 연습을 해야 한다.

예를 들어 비행기 안에서 밀린 이메일을 확인하고 있을 때 뒷좌석에서 우는 아기가 있을 수 있다. 그렇다면 이 아기 때문에 짜증이 난다고 생각하지 말고, 집중을 방해하는 요소가 있는 환경에서 발표하고 있다고 생각하라. 당신이 회의 중이거나 이야기할 때, 누군가의 휴대전화 벨이 울리거나 누군가가 이메일을 확인하려고 스마트폰을 꺼내는가? 그렇다면 이런 상황을 무시하는 연습을 하고 있다고 생각하라. 이로 말미암아 당신은 좀 더 훌륭하게 준비될 것이다. 그리고 집중을 방해하는 요소를 부정적인 경험이라기보다는 건설적인 기회로 바꿀 수 있을 것이다.

사전 준비 과정에 방해물을 포함하면 실제상황에서 방해물이 나타날 때 당황하지 않게 된다. 만약 반대 의견이 나오거나 무언가가 집중

을 방해할 때, 당신은 미소를 짓게 될 것이다. '나는 예상하고 있었어!'

언젠가 한 친구가 예행연습에 관한 성공담을 들려주었다. 스탄 첸은 상사에게 급여 인상을 요청하고 싶었다. 상사가 약속한 지 이미 일 년이 넘었기에 급여 액수를 늘리거나 직장을 그만두거나, 둘 중의 하나를 선택하게 될 어려운 이야기를 꺼내기로 결심했다. 그는 지역의 고객사를 방문하기 위해 상사와 둘이서 차를 타고 이동하는 날 말을 꺼내기로 마음먹었다.

스탄은 상사와의 일대일 면담에 2주 앞서 어떤 말을 꺼낼지, 상사의 거절에 어떻게 대응할지를 예행연습했다. 상황을 좀 더 현실적으로 만들기 위해 그는 출퇴근하면서 아내는 물론 나중에는 동료에게 같이 차에 타서 상사 역할을 해달라고 부탁했다. 그들은 상사의 연기를 하면서 질문을 퍼부어댔고, 그가 대답을 정리하고 다듬도록 도왔다.

출장가는 날, 스탄은 편하고 차분하게 대화를 시작했다. 말할 것도 없이 상사는 처음엔 약간 반대했다. 하지만 스탄은 상사의 반응에 대한 준비가 잘 되어 있었다. 그래서 사무적이면서도 자신 있게 대화를 이끌어나갔다. 결국 그는 급여 인상을 받았을 뿐만 아니라, 상사를 감동시켜 관리자로 승진하게 되었다. 스탄의 경험은 예행연습이 어떤 상황에도 준비된 사람으로 만들어줄 수 있다는 사실을 입증해준다.

| 마지막 준비 노트 – 건강도 챙겨라

이쯤 하고 나면 여러 가지 조사나 예행연습을 통해 삶의 도전과 기회에 대한 준비가 되었을 것이다. 그러나 세일즈맨의 원조로 불리는 클레멘트 스톤W. Clement Stone과 나폴레온 힐은 인간에겐 육체와 정신이 있다고 했다. 다시 말해 정신을 최대한 활용하려면 정신뿐 아니라 육체도 관리할 수 있어야 한다.

정신을 제대로 기능하게 하는 주인은 바로 뇌다. 휴식을 충분히 취하지 못하면 뇌 기능이 떨어진다. 그 결과 에너지를 모두 소비한 뒤에 몸이 피곤해지면 감정이 쉽게 격해진다. 그러면 뇌는 제 기능을 발휘하지 못하고 논리적인 판단을 내릴 수 없게 된다.

즉, 육체의 상태가 좋지 않을 때는 무의식이 제대로 기능하지 못하거나 논리적으로 기능하지 못하게 된다. 그리고 무의식이 산만한 생각을 떠오르게 해서 분노나 화와 같이 부정적인 생각을 만들어낸다.

큰일을 앞에 둔 전날에는 여덟 시간 정도의 숙면을 취해야 한다. 숙면을 위해 스케줄을 조정해야 할 수도 있다. 특히 중요한 일을 해야 한다면 약속 시간을 바꿔서라도 잠을 충분히 자둬야 한다. 그런데 여행 중에는 시차 때문에 잠을 청하기 어려울 때가 있다. 이럴 때는 불면증에 좋은 멜라토닌 보충제를 잠들기 한 시간 전에 섭취하면 좋다. 실내 온도는 가급적이면 선선하게 유지하고 알람을 여러 개 맞춰서 무의식

중에 시간을 확인하려고 깨지 않도록 해야 한다.

저녁 식사 후에는 이메일을 확인하지 않는 것이 좋다. 생각을 많이 하게 되는 주제나 복잡한 문제도 잠자리에 들기 전에는 떠올리지 않는 게 좋다. 잠자리에 들기 전엔 뉴스 시청도 삼가라. 심리학자인 웨인 다이어Wayne Dyer는 잠들기 전에 감사와 사랑 등 긍정적인 생각을 많이 함으로써 그날의 스트레스를 날려버리라고 권한다. 일요일은 가급적이면 가족이나 친구들과 보내면서 푹 쉬어라. 만약 일주일 내내 일한다면 모든 에너지는 조만간 고갈되고 말 것이다. 20대 때엔 괜찮을지 몰라도 결국엔 건강이 발목을 잡는 날이 온다.

여름 휴가 때도 최소한 일주일 정도는 쉬는 것이 좋다. 그런데 이런 휴식을 취할 때도 방법이 있다. 사전에 준비를 잘해둠으로써 프로젝트나 이메일 등, 업무와 관련된 모든 생각을 안하는 게 좋다. 충분한 휴식과 함께 규칙적인 운동 등, 활동적인 생활 패턴을 유지한다면 건강을 지킬 수 있을 것이다. 이는 필자가 야후에서 일할 때 절실히 느꼈던 부분이기도 하다.

나는 한때 일 때문에 50만 마일 이상을 비행하면서 육체적으로 힘든 시기를 보내야 했다. 수면 부족과 체중 증가로 삶의 활력도 잃어갔다. 게다가 정신적으로 집중력을 요구하는 일이 많다 보니 머리 회전도 잘 되지 않았다. 이대로 안 되겠다 싶었던 나는 시간을 내서 운동과 산책 시간을 늘렸다. 그러자 잠들기까지 걸리는 시간이 짧아졌고, 정신적으로나 육체적으로 강해졌으며 말투까지 활기차게 변했다.

나는 동료인 에릭 골드하트가 도움을 요청해왔을 때 이런 이야기를 꺼냈었다. 하지만 그때 나는 그에게 중요한 충고를 해줄 수가 없었다. 당시 그는 시간적인 여유가 없어서 다니던 헬스장을 중단했다고 말했기 때문이다. 그때 나는 어떻게든 짬을 내서 다시 운동하라고 권유했어야 옳았다. 그리고 만약 그가 내 충고를 따랐더라면 더 빨리 정상적인 삶의 궤도에 들어섰을 것이다. 다행히 회사의 환경이 나아져서 그도 결국 다시 자신의 삶을 찾을 수 있었다.

혹시 잠자는 시간이나 운동, 주말, 그리고 휴가가 일에 지장을 준다고 생각하는가? 그렇다면 충분한 휴식이 가져다줄 이득을 한 번 생각해보라. 정신이 맑아지고 활기가 솟아나며 머리 회전도 빨라질 것이다. 꾸준히 운동하면 면역력 또한 높아져서 감기나 가벼운 질병은 문제가 되지 않는다. 그러면 일과 일상에 감사를 느끼고, 긍정적인 자세를 갖게 된다. 더불어 안 좋은 생각을 쉽게 떨쳐낼 수 있으며 감정적 회복도 빨라질 것이다. 결국 이 모든 것들이 당신의 시간을 절약해줄 수 있다.

몸과 마음의 균형을 맞춰 준비하면 심리적으로도 안정되고 건강해진다. 건강한 정신은 육체를 건강하게 해주고 충분한 휴식을 취할 수 있게 도와준다. 또한 건강한 육체는 좋은 성분을 뇌로 보내 능력을 향상시킨다. 결과는? 강한 믿음과 인내심을 얻는다.

[원칙 6]
자신감의 균형을 맞춰라

어린 시절, 집 건너편에 있던 트레일러 지역에 커트라는 이웃이 살았었다. 그는 초등학생 시절에 단짝 친구였고, 우리는 많은 시간을 함께 보냈다.

커트는 동네 골든 글러브 복싱장에서 자신의 형과 시합을 하곤 했다. 커트의 아버지도 근처 지하에 있는 변변치 못한 체육관에서 복싱을 가르쳤다. 커트는 나에게 토요일마다 복싱을 배우자고 권유했다.

당시, 나는 신체적으로 연약했지만 복싱에 관심이 있었다. 그리고 나를 괴롭히던 학교의 불량배들에게 맞설 수 있는 힘을 기르고 싶었다. 처음 이 이야기를 꺼냈을 때, 빌리 할머니는 혹시나 내가 다치지나 않을까 염려해서 반대했다. 그러나 할머니는 내가 더 큰 자신감을 갖길 원했고, 다치면 또 얼마나 다치겠냐며 결국 허락했다.

커트의 형은 내가 체육관을 방문하기 전에 체육관 앞마당에서 정식으로 준비운동과 연습경기를 할 수 있도록 했다. 할머니도 응원을 와주었고 아이들도 모여 구경했다. 나는 커트와 똑같은 가죽 헤드기어와 어른용 복싱 글러브를 착용했는데, 그 기분이 꼭 베개를 머리에 얹어둔 것 같았다.

벨이 울리고 경기가 시작됐다. 커트는 내 주변을 빙글빙글 돌며 펀치를 날리고 방어 자세를 취하곤 했다. 감이 없던 탓에 나는 넘어지지 않으면서 커트의 주먹을 피하느라 급급했다.

당시 나는 키는 컸지만 마른 체형이었다. 펀치를 맞고 쓰러지면, 어떻게든 일어서려고 안간 힘을 쓰는 갓 태어난 새끼 당나귀처럼 흐느적거렸다. 폼도 나지 않았고, 마치 사교댄스를 추는 것 같았다. 구경하러 온 아이들은 깔깔대며 웃어댔고 난 제대로 서 있기도 힘들었다. 한번은 크게 헛스윙을 하고 균형을 못 잡아서 내 풀에 넘어지기도 했다.

정식으로 복싱 체육관에 배우기로 한 하루 전날, 빌리 할머니는 나에게 균형 잡는 방법을 설명해주었다. 할머니는 10대 전까지 선머슴 같았다고 한다. 그러다 차밍스쿨에 다니면서 여성스럽고 교양 있게 행동하는 법을 배웠다. 그때 할머니가 즐겨하던 연습은 머리 위에 접시를 올려놓고 걷는 것이었다. 할머니는 플라스틱 접시와 컵을 준비해와서 나를 지도하기 시작했다. 나는 좀 이해가 되지 않았다. 이제 막 학교에서 불량배들과 맞설 준비를 마쳤는데, 다시 균형잡기를 배운다는 건 너무 뜬금없어 보였다. 그래서 나는 조금 반항조로 물었다.

"이게 싸우는 데 무슨 도움이 되는데요?"

"모든 운동에는 조화가 필요하단다. 그리고 운동에서 반드시 필요한 게 바로 균형잡기지. 네가 가장 좋아하는 미식축구 선수인 리시버 피츠버그 스틸러스의 린 스완 Lynn Swann 은 발레 수업까지 받았단다. 지금 그것이 얼마나 도움이 되는지 알 수 있지 않니?"

일리가 있었다. 미식축구 선수들은 경기장에서 균형을 잘 잡기 위해 발레 동작들을 배우고 연습한다. 물론 그들도 처음엔 꺼렸지만 코치진이 계속 권유했다고 한다. 나 역시 시도해보기로 했다.

"접시를 하나도 떨어뜨리지 않고 건너편 방으로 무사히 걸어가면 균형을 잘 잡는 거란다."

할머니는 세 겹으로 쌓은 접시를 내 머리 위에 올려놓았다. 처음에는 1미터도 걸을 수 없었다. 계속 컵과 잔은 바닥에 떨어지고, 기르던 개까지 뛰어다녀 정신을 집중할 수가 없었다. 이때 할머니는 내 머리 위에 놓인 사물에 신경을 쓰지 말고, 건너 방에 있는 CD 플레이어 같은 하나의 물건에 집중하라고 알려주었다. 그렇게 했더니 머리 위에 놓인 컵과 접시, 잔을 떨어뜨리지 않고 무사히 다른 방까지 건너갈 수 있었다. 조금씩 균형을 잡아 나갈수록 할머니는 복싱에서 도움이 될 만한 다른 것들을 가르쳐주었다.

"균형잡기가 잘되면 복싱할 때 더 빠르게 움직여서 상대방의 공격을 피할 수 있지. 게다가 자세를 낮춰서 더 강력한 펀치를 날릴 수 있단다."

할머니와 나는 토요일 아침 음악 프로그램인 아메리칸 밴드스탠드나 소울트레인을 보면서 부드러운 춤 동작을 살펴보았다. 그들의 멋진 동작을 부러운 시선으로 바라보았던 걸로 기억한다.

"균형은 정신세계에도 도움이 되지. 저녁을 만들 때나 돈을 벌 때, 항상 균형을 잡아야 해. 요리할 때 어떤 재료를 얼마나 넣느냐가 중요한 것처럼, 회사의 경영진들도 각자 모두가 동등하게 뇌와 육체와 꿈을 갖고 있단다."

나는 복싱을 그리 오랫동안 배우지는 않았다. 하지만 빌리 할머니의 균형 수업은 계속되었다. 내가 일에 몰두할 때면 잠시라도 휴식을 취해 균형 잡힌 생활을 할 수 있도록 조언해주었다. 교회와 관련된 일을 할 때도 학교에서처럼 최선을 다하며, 다양한 재능을 갖출 수 있도록 지적·미적 감각을 기르도록 해주었다.

나는 1970년대에 들어서면서 자립심과 자부심이 부쩍 커졌다. 그러나 할머니에게 그런 모습은 다소 자기 중심적으로 보인 듯했다. 자신감이 넘치면 자만하게 되고, 이는 자신이 가진 잠재력을 잃게 할 수도 있다. 나의 지나친 집중이 오히려 균형을 깨뜨리고 있었던 것이다.

자기계발의 대가인 노먼 빈센트 필은 자신의 저서 『적극적 사고방식The Power of Positive Thinking』에서 이렇게 말했다.

"인간에게 있어서 가장 강력한 힘은 성경에서 가르쳐주는 믿음의 힘이다."

그것은 바로 절대자에 대한 믿음, 다른 사람에 대한 믿음, 그리고 자기 자신에 대한 믿음이다. 빌리 할머니는 긍정의 사고를 갖기 위해서는 자기 자신을 믿어야 한다고 강조했다. 그러나 그것이 자신감을 이루는 모든 재료는 아니라고 충고했다.

고등학교 시절, 내가 웅변과 토론반에서 활동할 때도 할머니는 똑같은 말을 강조했다. 당시 나에게는 의지할 수 있는 토론 파트너와 믿을 수 있는 리더 한 사람, 그리고 한 번도 접해보지 못한 과제들이 있었다. 마치 나는 대도시의 아이들과 싸우는 시골 소년 같았다. 어느 날할머니는 나를 학교에 데려다주면서 이런 말을 했다.

"자신감은 중요한 거란다. 하지만 진정한 자신감은 세 가지 종류의 신념에서 비롯되지. 자기 자신에 대한 자신감, 다른 사람에 대한 신뢰, 그리고 절대자에 대한 믿음이지."

내가 차 뒷좌석에서 토론에 필요한 노트와 서류들을 챙길 때에도 그녀는 결정적인 한마디를 했다.

"이 세 가지에 대한 자신감을 갖는다면 믿음과 인내심을 기를 수 있단다. 그리고 하나가 조금 부족하더라도 나머지 두 가지가 그 자리를 메워줄 거야."

이것이 바로 할머니가 늘 "오늘 우리는 부자다"라고 말한 이유였다.

자신감은 절대로 자기 혼자만의 것이 아니다. 자신감은 자신이 가진 믿음을 포함하고 있다. 그리고 진정한 자신감은 자기 자신에 대한 믿음, 다른 사람에 대한 믿음, 그리고 절대자의 존재에 대한 믿음에서 비롯된다. 이 세 가지의 믿음을 가졌을 때, 어떤 불확실성이나 난관에서도 헤쳐나올 수 있는 균형 잡힌 자신감을 얻을 수 있다. 이것을 알고 혹시나 모자라는 부분이 있으면 채우도록 노력해야 한다. 이제 자신감을 갖는다는 것의 진정한 의미를 알게 되었을 것이다.

| 자신에 대한 믿음을 가져라

스탠퍼드대학의 알버트 반두Albert Bandura 교수는 학생들의 자신감에 대해, 그리고 자신감이 학업과 시험에 미치는 영향에 대해 연구했다. 그 결과, 자신감을 가진 학생들은 어떤 과제도 성공적으로 풀어나갈 능력이 있다고 믿는 '자기 효능감'을 갖고 있음을 알아냈다. 그렇다면 이런 감각은 어디서 비롯되는 것일까?

성형외과 의사인 맥스웰 몰츠는 자신의 대표적인 저서인 『성공의 법칙Psycho-Cybernetics』을 통해 자아상과 자기 효능감에 대해 언급했다. 학생 스스로 '나는 바보야. 나는 수학을 못해'와 같은 생각을 반복적으로 하면, 실제로 그런 최면에 빠져 성적이 나빠진다. 게다가 그런 사람들은 무의식적으로 자신에게 최면을 걸어 성적이 안 좋은 것을 도덕적으로 정당화하기까지 한다. 가령 실제로 성적표에 F학점이 나왔을 경우, '그래 역시 내 예상이 맞았어!'라고 생각한다.

몰츠 박사는 이런 사례를 자신의 환자들을 통해서도 경험할 수 있었다. 대부분의 환자들이 상처나 흉터를 치료하고 난 후에도 콤플렉스처럼 자신에 대해 부정적인 생각을 했다. 또한 충분히 능력 있고 장점이 많음에도 불구하고 계속해서 불필요한 성형을 원했다. 그런 자아상은 고쳐야 한다. 의술의 힘을 빌리지 않아도 충분히 사랑과 성공, 리더십을 얻을 수 있다고 믿어야 한다.

그의 저서는 우리가 자아를 꾸준히 개발하면 무의식이 성공을 추구할 것이라고 말한다. 자아는 모든 인격과 행동이 우러나오는 전제이고 기초이며 기본이다. 몰츠는 우리가 목표나 계획을 달성하려고 할 때 생기는 한계를 자아가 극복하게 해주는 역할을 한다고 말했다.

내 인생에서도 자아는 내가 무엇을 달성할 것인지를 알려주는 경계선이 되곤 했다. 어떤 기회가 왔을 때 그것이 과분하다고 생각하면 항상 그 기회를 놓쳤다. 내가 능력 있는 사업가가 아니라고 생각하면 정말로 사업이 잘 진행되지 않았다. 그런 비관적인 생각이 무언가를 시작하기도 전에 이미 나 자신을 무능하게 만들었다. 포드 자동차의 설립자인 헨리 포드Henry Ford는 이렇게 말했다.

"할 수 있다고 생각하면 할 수 있고, 할 수 없다고 생각하면 할 수 없다."

반대로, 어떤 난관에 맞서 싸우려고 하면 그렇게 생각한 만큼 자신에 대한 믿음과 인내심을 얻게 될 것이다. 내가 야후에서 근무할 때 만난 기술지원팀의 전문가 20대 리처드의 이야기를 들려주려고 한다. 아이폰이나 블랙베리 PDA가 지금처럼 널리 보급되지 않았을 때, 스카우트라는 기기가 우리들의 바쁜 일상생활을 파고들어 왔다.

우리 회사에서는 무역 콘퍼런스에 참가하는 사람들을 위해 수류탄 모양으로 생긴 이 기기를 나눠주었다. 다음날 나는 이 기기를 내 노트북에 연결해 데이터를 공유하려고 시도해봤지만 잘 되질 않았다.

다음날 회사 IT 부서의 리처드가 날 도와주려고 파견되었다. 그에게 스카우트를 사용해서 정말 삶을 더 자유롭게 할 수 있느냐고 물었다. 그가 이렇게 대답했다.

"저는 기기의 달인입니다. 뭐든지 고칠 수 있고, 사용할 수 있죠. 늘 그래왔고, 앞으로도 그럴 겁니다. 이것도 그렇게 만들어볼게요."

두 시간 가량을 스카우트와 노트북과 씨름하던 그는 여러 가지 소프트웨어를 다운받고 제조회사에도 전화를 걸더니 결국 인도에 있는 기술팀에게까지 연락했다. 그는 중도에 포기하지 않고 끈질기게 매달렸다. 심지어 기계한테 중얼대기까지 했다.

"스카우트, 나에게 이러지 마. 난 모든 기기들을 고칠 수 있어. 난 기기의 달인이야."

마지막 몇 번의 씨름 끝에 기기가 성공적으로 연결되었다.

"그렇지! 해냈어!"

그는 박수를 치며 기뻐했다. 덕분에 나는 휴대전화기로 실시간 정보를 확인하며 이메일과 주소록 모두를 언제 어디서든 확인할 수 있게 되었다. 한 번은 주차장에서 같은 콘퍼런스에 참가해서 스카우트를 받았던 동료를 만났다. 나는 그에게 스카우트를 컴퓨터에 연결해서 잘 사용하고 있냐고 물었다.

"안 되던데요. 우리 PC 사양과는 맞지 않더라고요."

나는 어리둥절해하며 기술 지원팀의 누구에게 도움을 요청했냐고 물었다.

"최고참자인 빌이요. 아예 불가능하다고 하던걸요. 초인적인 힘이 없으면 할 수 없다면서 그냥 포기하고 기술력이 나아질 때까지 기다리래요."

빌의 자아상이 시도도 하지 않고 포기하게 만들었던 것이다.

그해 말, 특별 경영진 회의에 리처드가 참석한 것을 보고 나는 놀랐다. 그는 회사 최고경영자였던 팀 쿠글Tim Koogle의 개인 기술 담당관으로 참석했다. 나는 팀에게 어떻게 리처드가 동행하게 되었냐고 물어보았다. 그러자 그는 이렇게 대답했다.

"보면 모르겠습니까? 그는 모든 기기의 달인이에요. 어쩌면 여기서 가장 중요한 사람일 수도 있지요."

의식하고 있을지 모르지만 모든 사람은 자아를 갖고 있다. 그리고 자기 자신만이 그 자아를 통제할 수 있다. 여기서 그 자아를 얼마나 활용할 수 있는지는 자기 자신에게 달린 것이다. 다른 사람이 충고는 해줄 수 있지만, 기본적으로 마음을 통제하고 자신에 대해 믿음을 갖는 것은 자기 몫이다. 내 인생 영화를 감독할 책임자는 나뿐이다. 기왕이면 좋은 작품을 만들어라.

| 다른 사람에 대한 믿음을 키워라

다른 사람이 충고는 해 줄 수 있지만, 기본적으로 마음을 통제하고 자신에 대해 믿음을 갖는 건 자기 몫이다.

이것은 다른 사람을 존경하고 감사한다는 뜻이기도 하지만, 나의 성공에 대해 다른 사람들의 신뢰를 쌓는 과정이기도 하다. 다른 사람을 믿는다는 것은 신뢰를 필요로 하고, 때로는 상황을 통제하고자 하는 기대를 버려야 하는 것이기도 하다. 또한 다른 사람에 대한 믿음은 오랜 시간 그 사람이 보여준 인상을 바탕으로 형성된다.

다른 사람을 평가할 때, 모두가 자신만큼은 비교적 공정하게 판단한다고 생각하기 쉽다. 하지만 종종 주관적으로 특정 부분에 대해서는 신경을 쓰고, 또 다른 어떤 부분은 무시할 때가 있다. 우리는 각자에게 일상적인 관심사를 걸러내는 필터 기능을 갖고 있기 때문이다. 가령 직장 동료의 성공 이야기는 최소화하고 실패나 실수는 과장해서 보려고 하는 것처럼 말이다.

다른 사람에 대한 믿음을 갖기 위해서는 그들을 평가할 때, 의식적으로 객관적인 평가를 하려는 노력이 필요하다. 다른 사람이 자신을 평가하길 원하는 방식으로 당신도 다른 사람을 평가해야 한다. 다른 사람들이 당신을 존중하고 신뢰하길 원한다면 당신이 먼저 그렇게 하라.

그렇지 않으면 과도한 자신감 때문에 다른 사람들을 하찮은 존재로 보기 십상이다. 그때 "이 일을 잘 마무리하려면 나 혼자 해야 해!"라는 식으로 생각하지 마라. 그러면 서부 영화에서 나오는 것처럼 홀로 사투하는 외로운 영웅이 될 뿐이다. 그런 생각은 어느 누구도 자신만큼 할 수 없다며 다른 사람을 신뢰하지 못하게 한다.

다른 사람의 도움 없이는 어떤 문제도 해결할 수 없다. 자신감이 있느냐 없느냐와는 아무 상관없는 이야기다. 혼자서도 잘 해결할 수 있다고 자신만 믿고 산다면, 언젠간 반드시 혼자서 해결할 수 없는 문제에 직면하게 될 것이다. 그때 완전히 자신감을 잃게 될 수도 있다.

빌리 할머니는 종종 나에게 이런 말을 해주었다.

"홀로 완벽한 사람은 없단다. 성공하고 싶다고 단단히 작정한 사람은 있겠지. 하지만 홀로 큰 산을 움직일 수는 없단다."

할머니의 말이 옳았다. 경험에 비춰봐도, 내 편에 서서 도와준 사람들이 없을 때 일을 성공적으로 마친 적이 없었다. 무인도에서 절망적으로 남겨진 기분만 들었을 뿐이었다.

야후에서 일할 때 판매부서의 한 관리자에게서도 이런 사례를 목격할 수 있었다. 그는 개인의 성과를 중시하던 한 소프트웨어 분야에서 영입된 사람이었다. 그만큼 자신감도 넘쳤다. 하지만 그런 그의 자아상은 회사가 어려움을 겪을 당시에 함께 일하던 팀한테 전혀 도움이 되지 않았다.

중요한 거래에 차질이 생겼을 때, 그는 직접 말단 판매사원으로 나서서 일을 해결하곤 했다. 자신 외에는 문제를 해결할 수 있는 사람이 없다고 믿었기 때문이다. 상품에 문제가 생길 때도 개발팀에 가서 도움을 묻지 않았고, 그 대신 직접 문제의 해결책을 지시했다. 개발팀뿐 아니라 법률, 홍보, 무역 마케팅, 심지어 고객 센터에도 그런 식이었다. 불황이 찾아오자 결국 그는 회사에서 신뢰를 잃고 말았다.

아무리 재능이 뛰어난 사람이라도 그런 자세는 옳지 않다. 당시 높은 지위에 있던 판매 직원들은 대부분 이직하거나 사표 쓰고 자사주를 팔아치웠다. 이런 일이 지속되자 경영진의 두려움은 커졌고, 끝내 그는 과도한 스트레스와 에너지를 잃었다며 사표를 냈다.

그는 떠나면서 하루도 더 일할 수 없을 만큼 일했다며, 모든 인터넷 기업들이 망할 것이라고 했다. 그러나 다른 인터넷 회사들은 야후를 지지하는 입장이었고, 항상 도움을 주려고 했다. '나 혼자서 세상을 바꿀 수 있다'는 식으로 생각하던 그에게는 전혀 이런 상황이 받아들여지지 않았다. 혼자서 문제를 해결하려고 하면 그런 일들이 생긴다. 반대로, 함께하는 팀원들을 믿고 일하면 어려움에 부딪히더라도 자신감은 배로 상승한다. 팀원들과 함께하면 어떤 문제도 해결할 수 있는 것이다. 함께하려는 지원자들이 백짓장을 맞들어줄 테니 말이다.

팀원들에 대한 신뢰가 부족하다고 생각한다면 [원칙 2] 대화를 발전시켜라와 [원칙 3] 감사의 근육을 단련시켜라를 되짚어보고 균형을 맞춰라. 함께 일하는 팀원들에 대한 신뢰가 생기면 권한을 위임할 수도 있다. 또 업무 일정을

> 팀 전체를 우승팀이라 여기고 구성원 하나하나를 능력자라고 믿어라.

조정하거나 필요에 따라서는 일을 온전히 맡길 수도 있다. 이때는 그들에게 자신감을 불어넣어 주어야 한다. 팀원을 믿고 있다는 것을 확실히 보여주고, 그들이 일을 성공적으로 마무리할 것이라는 신뢰를 보여줘라.

팀원들에게만이 아니라 자신에게도 똑같은 메시지를 보내야 한다. 당신의 삶에 그들을 포함시키고 가족인 것처럼 그들의 성공한 모습을 그려라. 또한 그들이 기대 이상의 성과를 낼 것이라고 믿어라. 이렇게 당신의 머릿속에 그들에 대한 믿음과 재능, 열정을 그려넣으면 된다.

그리고 무엇보다 그들이 성공할 거라고 믿어야 한다. 자아상도 중요하지만 다른 사람에 대한 이미지 역시 중요하다. 심리학에는 타인의 기대나 관심으로 인해 자신의 능률이 오르거나 결과가 좋아지는 '피그

말리온 효과'라는 게 있다. 내가 먼저 타인을 믿고 용기를 준다면 상대방도 그를 믿고 능력을 보여줄 것이다. 반대로 그들을 반신반의한다면 그들도 그 정도의 결과로만 답할 것이다.

이것이 지도자가 자신의 팀 구성원을 믿고 좋은 결과물을 낳을 것이라 생각해야 하는 이유다. 팀 전체를 우승팀이라 여기고 구성원 하나하나를 능력자라고 믿어라. 또한 기회가 생긴다면 칭찬을 아끼지 말고 다독여줘라.

| 당신의 믿음을 믿어라

믿음은 믿음 그 이상의 힘을 갖고 있다. 믿음은 나의 능력 밖에서 일어나는 일을 신뢰하는 것이다. 이는 절대자의 방대한 계획이 어떤 식으로든 나 자신에게 좋은 결과를 가져다줄 것이라는 믿음이다.

나는 종종 세계 여러 나라를 돌아다니며 비즈니스 모임에서 강연하곤 한다. 기술이나 마케팅, 리더십에 관해 이야기하는 곳인 만큼 그런 자리에서 종교적인 이야기는 지양한다.

그 대신 시장경제가 미치는 강력한 힘에 관해 이야기하곤 한다. 이는 종교적 믿음을 떠나 누구나 공감할 수 있는 주제이기도 하다. 나는 비즈니스에서 좋은 사람에게는 운이 따르고, 이익만을 추구하는 사람에게는 불행한 일이 생긴다고 강조한다. 이는 도덕적으로 세상의 이치와도 통한다. 아무리 시장이 시스템에 의해 돌아간다고 해도 미디어의 활용이나 소비자의 취향, 규제에 대한 관리 없이는 불가능하다. 근대 경제학의 기초를 닦은 애덤 스미스Adam Smith는 "재화는 정의·공정·가치를 규제하는 보이지 않는 손에 의해 최적의 상태로 분배된다"라고 했다. 또한 독점 및 불공정한 행위를 하는 회사는 절대로 오래 가지 못한다고 했다. 신체의 면역력처럼 시장 역시 나쁜 물질은 퇴치하려는 힘을 가졌기 때문이다.

당신이 상품이나 서비스를 판매한다면, 진실한 땀방울은 언젠가 꼭 결실을 맺는다는 것을 기억해야 한다. 이는 자본주의 역사가 증명해준다. 물론 2003년 미국 7대 기업에 속하던 에너지 회사인 엔론Enron이나 회계 부정 스캔들을 일으킨 미국의 통신 회사 월드컴WorldCom의 경우, 시장의 규칙을 어기고도 한동안은 잘되는 듯했다. 그러나 윤리를 어긴 이 두 회사의 말로는 참혹했다. 그러나 사우스웨스트 항공Southwest Airlines, SAS 인스티튜트SAS Institute, 패스트푸드 체인인 칙필에이Chick-Fil-A처럼 눈앞에 있는 이익보다 사람을 중시한 회사들은 장기간에 걸쳐 성공을 유지할 수 있었다.

나는 성경에 믿음을 갖고 신앙심을 길러왔다. 할머니는 종종 〈로마서〉 8장 31절의 "만약 하나님이 우리를 위하신다면 누가 우리에게 대적하리오"를 자주 언급했다. 그녀가 남편을 잃고 재산과 또 다른 많은 것들을 잃으면서 힘든 일들을 겪을 때 힘이 돼주던 구절이기도 하다. 할머니는 하나님이 늘 곁에 있다고 믿었다. 그렇지 않더라면 그 모든 고난과 역경 속에서 인간이라는 나약한 존재로 끝나고 말았을 것이다. 비즈니스에서든 신앙을 위한 삶에 있어서든 나보다 더 큰 존재를 믿는 것은 큰 책임감을 갖게 해준다. 나처럼 주님의 존재를 믿고 의지한다면, 혹은 자유시장을 믿는다면, 모든 일은 규칙과 도덕에 따라야 할 것이다. 그리고 이는 자신의 이기적인 목표를 초월하게 해줄 것이다. 이런 책임감은 인생을 살면서 부딪칠 수 있는 사람, 또는 조직에 맞설 수 있는 대비책이 되기도 한다.

자신의 능력만을 믿고 사람들을 이끌어가려는 리더들은 결국 실패할 것이다. 이런 사람들은 자신 이외에는 어떤 절대적인 존재도 믿지 않으며, 결국 엔론처럼 파멸을 맞게 될 것이다. 종교에서 책임감이 없다면 1978년 남아메리카 가이아나에서 일어난 인민사원의 교주 짐 존스Jim Jones에 의한 집단 음독자살 사건 같은 일이 또다시 일어날 수 있다. 정치에서도 아돌프 히틀러Adolf Hitler나 캄보디아의 폴 포트Pol Pot와 같은 파괴적인 사람들이 나타날 수 있다.

이와는 반대로, 자유시장에 대한 믿음을 갖고 규칙과 도덕을 따르며, 건강한 기업 문화를 만들어내는 비즈니스맨들도 많이 만나 보았다. 이들은 기업의 사회적 책임을 다하고 사람을 공평하게 대하며, 지역사회에 봉사하고, 또 후세대를 위한 지원을 아끼지 않는다.

나는 늘 주님이 나의 계획을 돌봐준다고 믿으며 살아왔다. 그것은 내 인생에서 가장 값진 보험이다. 어떤 것으로도 이를 대체할 수 없다. 그래서 내가 할 수 있는 것은 오직 주님을 믿고 그 길로 가는 것이다. 나는 믿음 덕분에 일상의 모든 문제를 헤쳐나갈 수 있었다.

이처럼 나 이외에 다른 큰 힘이 든든한 후원자가 되어준다고 믿는다면 엄청난 힘과 열정을 갖게 된다. 그런 믿음을 갖고 모든 노력을 쏟아부었는데도 충분한 결과를 얻지 못하더라도, 이 또한 헤쳐나갈 수 있다. 우리는 이를 '기적'이라고 부른다. 자신에게 더 큰 힘과 능력이 있다는 것을 믿는다면, 좀 더 편한 마음으로 큰 목표를 가질 수 있을 것이다.

자신의 능력만을 믿고 사람들을 이끌어가려는 리더들은 결국 실패하게 될 것이다.

빌리 할머니는 내가 어렸을 때 종종 이런 말을 했다.

"깊은 신앙심은 여분의 로켓 연료를 가진 것과 같지. 특히 연료를 충전할 곳이 없는 멀고도 험한 길을 떠날 때 꼭 필요한 연료처럼."

자신의 능력만 믿고 있는 사람과 경쟁할 때, 나의 믿음은 특히 큰 힘이 되었다. 나의 믿음은 어느 것과 비교할 수도 없을 만큼 나의 든든한 후원자가 되어 주었다.

어떤 시련과 마주쳤을 때, 믿음을 가진 사람은 주님의 손에 맡기고 그 뜻대로 해결될 것이라고 믿으면서 문제를 해결해 나간다. 나는 인간의 힘으로는 극복하기 어려운 힘든 역경을 주님에게 맡기는 사람들을 많이 보아왔다. 그리고 그들은 늘 그분이 계획하신대로 따르도록 하고, 어떻게 해서든 결과대로 일을 마무리한다. 그러면 대부분은 기대 이상의 결과가 나온다. 그래서 나같은 사람은 무거운 짐을 혼자 짊어져야 한다고 생각하지 않는다. 오히려 마음을 내려놓고, 이를 통해 더 강력한 힘과 통찰력을 얻게 됐다.

때로는 어떤 문제에 대한 해결책을 주님에게 물었을 때, 그 대답을 즉흥적으로 듣는 경우도 있다. 나는 최근에 친한 친구인 존 맥스웰과 인간이 어떤 문제에 매달리려고 하는 본능에 관해 이야기를 나누었다. 비즈니스에 대해 특별한 가치관을 가진 그는 한때 주님의 손에 일을 맡기고 모든 걸 내려놓는 것이 어려웠다고 말했다. 왜냐하면 자신의 능력을 믿었기 때문이다. 존뿐만 아니라 다른 많은 사람도 크게 중요하지 않은 일에서는 굳이 주님을 찾아 해결하려고 하지 않는다. 그는 "나를 떠나서는 너희가 아무것도 할 수 없음이라"는 성경 말씀을 몸소 느끼기까지 몇 년이 걸렸다고 했다.

가끔 나와 팀원들, 즉 인간의 힘만으로는 해결할 수 없는 일이라고 느껴질 때가 있다. 그럴 때를 대비해 믿음으로 도움을 받아야 한다. 또한 앞서 소개한 [원칙 1] 마음에 좋은 양식을 공급하라는 이럴 때 적용할 수 있다. 믿음을 갖고 더 큰 그림을 그려라. 사업가라면 회사의 능력만 믿고 비즈니스를 해왔던 수많은 회사들의 흥망성쇠를 공부하고 [원칙 3] 감사의 근육을 단련시켜라를 적용하라.

| 안정을 위해 목적을 따라가라

이제부터는 자신감에 관한 이야기를 해볼까 한다.

"지나친 자신감은 현실을 모를 때 갖게 되고, 자만하게 만들며, 사람들의 미움을 사게 할 수 있단다. 또 지나친 자신감은 주변에 있는 함정을 발견할 수 없게 하고, 큰 실수를 하게 만들지."

빌리 할머니가 말한 대로, 사람은 계속 칭찬받으면 자만해진다. 무대 지기에서부터 성공한 스타는 자신이 다른 사람보다 뛰어나다고 쉽게 착각한다. 그래서 결국엔 자신이 성공할 수 있기까지 도와준 사람들을 잊어버리고, 결국 그들을 잃게 된다.

여기서 중요한 사실 하나는 자신감의 반대는 자신의 성과에 대한 인정을 받아들이지 않는 지나친 겸손이라는 점이다. 잘못된 겸손이라고도 할 수 있다. 우리는 간혹 지나치게 겸손할 때가 있다. 하지만 이것은 우리가 해낼 수 있는 것, 또는 앞으로 나아가게 하는 긍정적인 평가를 외면하게 만든다. 나아가 긍정적인 관점 또한 왜곡시킨다. 무의식이 언제나 내면의 대화를 듣고 있다는 것을 기억하라.

균형 잡힌 자신감을 갖기 위해서는 지나친 겸손과 자만 사이에 중간 지점을 찾아야 한다. 그러나 이것을 찾아내기가 쉽지 않다. 내가 인식하는 정보나 사실 등을 자아 또는 욕구가 왜곡하는 경우가 많기 때문이다. 그래서 믿음을 정확히 측정할 수 있게 하는 도구가 필요하다.

12인치 버블 레벨은 할머니가 가장 좋아하는 도구이다. 그녀는 벽에 액자를 걸 때, 또는 직선으로 된 선반을 설치할 때 이 도구를 사용했다. 10년 전에 나는 전문 비디오 카메라와 고급 삼각대를 샀다. 삼각대엔 수평점을 찾을 수 있게 해주는 장치가 달려 있었다. 공기방울이 정확히 두 선 사이에 위치하면 카메라가 수평을 유지하고 있는 것이었는데, 덕분에 똑바른 장면을 촬영할 수 있었다. 수평점이 없었다면 사진은 항상 삐뚤빼뚤했을 것이다.

우리의 인생도 자신감의 균형을 잡아줄 수 있는 척도가 있다. 그것이 바로 '목적'이다. 목적이 삼각대에서 균형을 잡아주는 공기방울인 셈이다. 또한 목적은 최선을 다해 나의 모든 노력을 기울여야 할, 실질적인 인생의 중심이다. 이런 목적을 통해 자신감의 균형을 잡는다면, 이제 그 목적을 이루고자 하는 욕구가 생길 것이다. 그리고 그때부터 중요한 것은 결과이다. 다시 말해, 중요한 것은 나 자신이 아닌, 목적을 이루는 그 행위이다. 이루고자 하는 목적에는 나 이상의 더 큰 뭔가가 포함돼야 한다. 스탠퍼드대학의 교수 윌리엄 데몬^{William Damon}은 이렇게 말했다.

"목적이란 자신에게 의미를 주고 세상에도 중요함을 가져다주고, 무언가를 이루려는 안정되고 일반적인 의도이다."

목적을 갖고 살아갈 때 삶은 더욱 의미 있고, 나를 다른 사람과 차별화할 수 있다. 『죽음의 수용소에서^{Man's Search for Meaning}』의 저자인 빅터 프랭클은 독일 나치 수용소에서 살아남은 정신과 의사이다. 그는 우리가 인생의 의미를 정하는 것이 아니라, 순간마다 삶의 의미를 발견하게 된다고 했다. 즉 '뭔가를 만드는 것 또는 뭔가를 하는 것'이다. 다시 말해 뭔가를 이루려고 노력할 때 자연스럽게 목적이 생기며 이를 스스로 알게 된다는 뜻이다.

그렇다면 이상은 어떻게 발견할 수 있을까? 이는 개인의 역량을 통해 자신을 다른 사람과 차별화할 때 발견할 수 있다. 즉 자신의 재능이 무엇인지에 따라 외적 욕구가 발생한다. 그리고 그 재능에 대해 자신이 매우 열정적이라는 것을 깨닫게 되면, 그게 인생의 목적이 된다.

> 목적은 최선을 다하여 나의 모든 노력을 기울여야 할, 실질적인 인생의 중심이다.

가장 좋은 방법은 재주, 성향, 능력, 타고난 재능, 본능과 같은 것들부터 탐색하는 것이다. 누구나 타고난 재능을 갖고 있다. 따라서 자신의 재능이 무엇인지 빨리 알게 될수록, 이루고자 하는 욕구와 재능을 연관시키기도 쉬워진다.

일기장의 한가운데에 수직선을 그려보라. 왼쪽에는 자신의 재능을 적고 자신에게 질문해보라. 무엇을 할 수 있는가? 그 일은 세상에 어떤 영향을 미치는가? 나에게는 어떤 결과를 가져다주는가? 타고난 능력은 무엇인가? 가족과 친한 친구들에게 이 목록을 보여주고 의견을 들어보라. 최대한 많은 항목을 적은 다음, 자신의 욕구가 반응하는 그 순간을 포착하라. 구체적인 재능과 일반적인 자질을 모두 적어라.

● 나의재능 목록 　　　　　● 나의 욕구

1 ------------------------------ 　 1 ------------------------------
2 ------------------------------ 　 2 ------------------------------
3 ------------------------------ 　 3 ------------------------------
4 ------------------------------ 　 4 ------------------------------
5 ------------------------------ 　 5 ------------------------------
6 ------------------------------ 　 6 ------------------------------
7 ------------------------------ 　 7 ------------------------------
8 ------------------------------ 　 8 ------------------------------
9 ------------------------------ 　 9 ------------------------------
10 ------------------------------ 　 10 ------------------------------
11 ------------------------------ 　 11 ------------------------------
12 ------------------------------ 　 12 ------------------------------

● 개선해야할 점

● 최종 평가

이제, 페이지의 오른쪽에 욕구를 적어보라. 보았거나 경험한 것들

중에서 자신을 격분하게 했거나 울컥하게 만들었던 일들을 떠올려보

라. 나는 이 연습을 통해 최근에 나의 목표를 개선할 수 있었다. 나는 먼저 소통 능력(쓰기와 말하기)과 마케팅 감각을 포함한 나의 재능을 적었다. 그런 다음 나에게 있어서 가장 중요한 욕구가 무엇인지를 알아낼 수 있었다. 그 욕구는 올바른 경영, 그리고 직장에서 존경과 사랑을 받는 것이었다.

처음 내 삶의 목적은 불쌍한 사람을 돕고 세상을 좀 더 좋게 만들기였다. 굉장히 평범했다. 하지만 이런 목적이 내 삶의 방향이 되어주기는 했지만, 일상의 삶에서 정확히 무엇을 해야 할지를 알게 해주진 않았다. 어느 날 나는 성경에서 삶의 목적이 될 중요한 말씀을 발견할 수 있었다.

"사람들에게 그들의 이웃을 사랑하고, 이웃을 위해 좋은 일을 할 수 있도록 자극해보아라."

내게 딱 들어맞는 문구였다. 사람들이 이웃을 사랑하고 여기에 맞게 좋은 일을 할 수 있도록 자극하는 것이 저술가이자 강연가인 나에게 완벽히 들어맞지 않는가. 그래서 나는 일기장에 적어내려 갔다. 그리고 나는 내 삶의 목적을 위해 무엇을 해야 할지 알 수 있게 되었다. 목적을 분명히 한 다음엔 어떤 활동을 해야 할지를 생각해보았다. 이후로 비즈니스에서도 내 목적과 어긋나는 제안을 받으면 거절했다. 강연할 때도 기립박수를 받을 생각으로 강단에 오르지 않았다. 이 책을 쓰면서도 상을 받거나 돈을 벌겠다는 생각에 초점을 맞추지 않았다. 그대신 얼마나 내 삶의 목적을 성취할 수 있을까를 생각했다.

그럼, 재능을 더 큰 목적에 활용하려면 어떻게 해야 할까? 자신이 중요하다고 여기는 욕구가 무엇인지 깨달을 때까지 왜 이 일을 하고, 또 어떻게 이 일이 다른 사람에게 영향을 미칠 것인가를 끊임없이 고민해야 한다.

최근 나의 세미나에 참석했던 라이언은 컴퓨터 프로그래밍에 재능을 갖고 있다고 했다. 그에게 삶의 목적을 묻자, 제품의 장점이나 소비자를 위한 경제성 등을 언급하면서 말을 더듬었다. 그는 대답하면서 위와 같은 것들이 삶의 목표가 아님을 깨달았을 것이다. 얼마 후에야 그는 컴퓨터 프로그래밍 능력 덕분에 가족이 여유 있는 생활을 할 수 있고, 또 가족의 건강과 행복을 유지할 수 있다는 것을 알았다. 라이언의 경우, 그의 삶의 목적은 가족을 돌보는 것이 맞다. 가족은 그가 직장에서 성공하길 원했는데, 이것은 내가 성인이 되었다고 느꼈을 때 가졌던 목적과도 같다.

또 다른 세미나에 참석했던 메리 베쓰의 경우는 조금 달랐다. 그녀는 일할 때마다 팀의 계획을 설계하는 것부터 실행까지 협력하는 사람으로서, 조직력이 매우 뛰어났다. 그녀는 자신의 재능이 회사와 소속된 비영리적 단체인 유방암 센터의 성공에 도움을 주고 있다는 것을 알게 되었다. 이제 그녀는 자신의 삶의 목적이 조직력을 통해 다른 사람들의 성공을 돕는 것이라는 걸 알게 되었다.

중요한 것은 어떤 목적이 다른 어떤 목적에 비해 더 훌륭하거나 가치가 없지 않다는 것이다. 만일 나의 목적이 다른 사람들에게 도움이 되고 본인에게도 도움이 된다면 그것은 좋은 목적이다. 가족을 돌보거나 환경을 보호하는 것 역시 자신을 자극하고 좋은 영향을 미친다면 그것 역시 올바른 것이다.

목적은 반드시 독창적이지 않아도 된다. 지역사회를 돕거나 소비자에게 행복을 주겠다는 회사의 이념이나 조직의 뜻에 따라도 상관없다. 또는 배우자의 목적을 지지해주어도 된다.

또는 두 가지 목적을 가질 수도 있다. 나의 경우 가족의 건강과 행복, 좋은 일과 사랑을 추구한다. 가능하면 이 모두를 동시에 이루고 싶다. 하나의 일을 통해 두 가지 이상의 목적을 이루고자 할 때는 자신에게 물어보아라. 내가 이 일을 함으로써, 두 가지 목적을 다 이룰 수 있는가? "그렇다"고 대답할 수 있다면 그대로 실행하라.

새로운 재능이 드러나고 외부의 상황이 달라지면 목적도 변할 수 있다. 부모가 되면 '가족'이라는 새로운 목적을 발견하게 되고, 기업에서 경영진이 되면 사회적 요구에 응해야 할 때도 있다. 예를 들어, 존 우드는 마이크로소프트 사에서 제3세계 국가의 문맹 퇴치를 위한 비영리 단체를 만들기 위해 높은 지위도 고사했다. 그 결정은 오직 자신의 삶의 목적을 달성하기 위해서였기에 옳았다.

| 목적을 따를 것인가, 열정을 따를 것인가

삶의 목적을 따르라고 강조할 때 종종 이런 질문을 받는다.

"열정을 추구하면 안 되는 건가요? 거장들이나 스타들을 보면 그렇던데 말입니다."

부모들이여, 아이들에게 일생 동안 목적(봉사) 대신 열정(자아)만을 따르라고 하는 것은 좋지 않은 조언이다.

"너의 열정을 따르도록 하거라. 다른 사람이 너에게 아무 말도 하지 못하게 하렴."

간혹 이런 식으로 아이를 양육하는 부모들이 있다. 하지만 그런 교육철학은 수많은 사람의 삶을 파멸시켰고, 삶의 목적이 없는 사람으로 만들었으며, 사회에 기여하지 못하고 엉뚱한 일만 만들었다.

젊은이들이 열정을 추구한다는 것에는 물론 장점이 있다. 관점을 개발하는 데 도움을 주고, 자신들의 타고난 재능을 알게 해주며, 호기심을 갖게 해준다. 그러나 점차 성인이 되면서 봉사의 기쁨 또한 알아야 한다. 정신적 성숙의 본질은 삶의 목적을 따르면서 기쁨을 느끼는 것이지, 열정에 지배당하는 게 아니다.

내가 성인이 되어 음악에 대한 열정을 추구했을 때, 나의 가족들은 경제적·정신적으로 비탄에 빠져야 했다. 뚜렷한 직업이 없었으니 당연히 월급도 없었다. 가족들이 힘들어하는 모습을 본 후, 나의 주된 삶의 목적은 가족의 건강과 행복을 지키는 것이어야 한다는 걸 깨달았다. 그 후 음악은 내 삶의 중심이 아닌 취미로 남게 되었다.

내게 있어서 음악은 열정이었지 삶의 목적은 아니었다. 음악을 한 이유는 그것을 즐겼기 때문이다. 음악을 직업으로 삼으려면 음반을 제작하기 위한 계약금이 필요했다. 만약 음악이 진정한 목적이었고, 다른 사람들에게도 기쁨을 주었다면, 다른 방법으로 음악에 다가갔어야 했다. 내가 빠른 시일 내로 음악을 취미로 바꿔야 했던 이유는 열정이라는 것의 소모성 때문이었다.

자아는 매우 강력하고, 열정은 타오르기 시작하면 어느 것도 막지 못한다. 뭔가에 열중하기 시작하면 시간이 흐르는 줄도 모른 채 집중하게 되는 것과 같은 이유이다. 그땐 힘들어하지 않고 같은 일을 몇 시간 동안 할 수 있다. 세상의 모든 근심과 문제는 열정이 불타는 동안에는 사라진다. 열정의 영향력 때문이 아니라 열정이 가져오는 행복감 때문이다. 이런 사실을 알지 못한다면, 당신은 다른 의무를 회피하거나, 열정을 불태우기 위해 다른 기회들을 방치하게 될 것이다. 이는 내가 가족이라는 삶의 목적을 발견하기 전까지 방향을 찾지 못하고 샛길 인생을 살아야 했던 이유이기도 하다.

많은 사람이 당신이 좋아하는 것을 하라 말하고, 다른 길은 당신을 비참하게 만들 거라고 조언한다. 헬렌 켈러는 이렇게 말했다.

"많은 사람은 행복을 이루는 것들에 대해 잘못된 생각을 갖고 있다.

행복은 자신만 만족해서 되는 것이 아니라, 가치 있는 목적을 충실하게 이룰 때 진정한 의미가 있다."

열정이 일할 때 좋은 영향을 미친다는 것을 부정하고 싶지는 않다. 우리는 정신적으로 뭔가와 연결될 때 강렬한 욕구와 힘을 얻을 수 있기 때문이다. 무척 좋은 면이다. 나 역시 오랫동안 나의 삶의 목적을 이루기 위해 열정적이었다. 하지만, 지금은 음악에 대한 열정을 글과 강연에 쏟아부었고, 음악처럼 지금 나의 일에 대한 사랑을 키웠다.

기억하라. 삶의 목적, 즉 당신이 성인이 되었을 때 삶의 목적을 따름으로써 비롯되는 충족감은, 흥미로운 게임을 하면서 몰입하던 어린 시절의 모습으로 돌아가게 해줄 것이다.

| 삶의 목적은 믿음과 인내를 만든다

삶의 목적은 자신감을 안정적으로 유지시켜 준다. 제임스 알렌은 이렇게 말했다.

"삶의 중심에 목적이 없는 사람은 사소한 걱정에도 쓰러지고 만다."

목표의식이 없거나 이기적이면 어떤 작은 변화에도 동요하게 된다. 그런 사람들은 '이것이 나에게 무슨 의미가 있을까?'라고 반응한다. 이런 냉소적인 태도는 개인에게 위기로 다가온다. 또한 당신이 처해 있는 상황을 아무도 알아주지 않는다는 느낌을 갖게 할 것이다. 그러면 다른 사람의 비판에 더욱 예민해지고, 불안감에 휩싸여서 쉽게 좌절하며, 시작한 일을 끝내지 못하게 된다. 결국 당신은 영감이 결여된 사람이 될 것이다.

나폴레온 힐은 "마음을 다스리는 가장 좋은 방법은 명확한 삶의 목적을 갖고 열심히 살아가는 것이다"라고 했다. 삶의 목적에 따를 때 작은 문제들은 사소한 것들이 된다. 그러면 자신감을 얻고 불확실성을 떨쳐버릴 수 있게 된다. 삶의 목적은 비관론자들로부터도 당신을 지켜줄 것이다. 그리고 당신은 한낱 사소한 문제들보다는 해결책에 더 집중하게 될 것이다.

또한 삶의 목적은 자신감을 고취시켜 준다. 자신감을 갖게 되면 차이를 만들어내려고 노력하게 만들고, 자부심을 갖게 한다. 당신은 노력만이 성공을 불러올 수 있다는 것을 깨닫게 될 것이다. 또한 다른 사람과 절대자가 자신과 함께할 것이라는 믿음을 가질 때 우리는 더욱 강해진다. 삶의 목적에 따르면서 살아가면 작은 성취도 의미를 갖게 되며, 이는 영혼에 좋은 호르몬을 분비하게 할 것이다. 빅터 프랭클은 평생의 연구와 경험을 통해 "삶에서 의미는 매우 중요한 것이며, 이를 느낄 수 있을 때 우리는 그 어떤 종류의 고난도 이겨낼 수 있다"라고 말했다.

직장 생활에서 삶의 목적은, 나에게 육체적으로나 정신적으로 끊임

없는 활력을 가져다주었다. 내가 처음으로 직업적 목표의식을 갖게 된 계기가 있었다. 미디어 학자이자 매사추세츠공과대학 미디어랩의 설립자인 니콜라스 네그로폰테Nicholas Negroponte의 저서 『디지털이라는 것Being Digital』을 읽고 나서였다.

저자는 이 책에서 향후에는 모든 사람이 정보기술의 혜택을 누림으로써, 기업과 정치에 직접적인 영향을 미칠 것이라고 예측했다. 이 책은 앞으로 언제 어디서나 컴퓨터, 혹은 모바일을 통해 정보를 공유하고 소비하는 디지털 시대가 열릴 것이라고 했다. 또한 세계 모든 곳에서, 그런 환경이 만들어질 것이라 지적했다. 책을 다 읽고 나자 어떤 사명과 목표의식을 느끼게 되었다.

'정보화 시대를 만들자.'

나는 정보화 시대가 세상을 더 좋은 쪽으로 변화시키고, 수많은 사람에게 기회를 주고, 공정하며 투명한 시대를 창조할 것이라고 믿었다. 이런 목표의식은 직장에서 나를 더욱 활동적인 사람으로 만들었다. 나는 동료 중에서 나만큼이나 인터넷의 미래에 고취되어 있는 신봉자들을 가려내기 시작했다. 그리고 웹의 잠재력을 바탕으로 비즈니스 목표를 확대해나가려는 여러 회사들과 함께 조직을 구성하려고 했다. 우리는 서로 관련 서적을 추천해주고, 최근의 무역박람회의 발표에서 제시된 아이디어들을 교환하며, 고객과 관련된 업무에서 깨달은 것들을 공유했다.

이런 활동은 나를 비롯해 동료의 자신감을 높여 주었다. 인터넷혁명을 일으키고자 하는 나의 열망도 더욱 타올랐다. 나는 내 능력을 더욱 갈고 닦기 위해 '까마귀 둥지'로 불리는 회사의 대회의장에서 동료를 대상으로 월요일 아침마다 발표를 했다. 회의장을 찾는 동료는 매주 늘어났고, 나중에는 기술자와 고객, 심지어 비즈니스 파트너들까지 모여들었다. 어느 날은 경영 전문가인 톰 피터스^{Tom Peters}가 나의 아침 강연을 들으러 오기도 했다.

결국 이 목표의식은 나 자신을 일개 세일즈맨이 아닌 인터넷 전도사로 재정의해주었다. 또한 모든 고객들에게 어떻게 하면 정보화혁명을 위협이 아닌 기회로 삼아 도약할 수 있을지를 조언하는 역할을 하게 됐다. 고객과의 모든 만남은 인터넷혁명을 진전시키기 위한 또 하나의 기회였다.

2001년부터 2003년까지는 야후의 문제 해결을 위한 최고 책임자로서 늘 장거리를 여행했다. 나는 전 세계 여러 나라를 바쁘게 돌아다니느라 때로 끼니를 거르기도 했다. 신속히 처리해야 할 일도 많았다, 신속히 계약을 체결해야 할 때도 있었다. 나와 동료들은 생존을 위해 싸웠고 동시에 세계적인 기업으로 다시금 키워낼 수 있었다. 내가 비행기에서 수많은 시간을 기쁜 마음으로 보낼 수 있었던 것은, 지금 내가 하고 있는 이 일이 세상에 큰 변화를 가져오고 있다고 믿었기 때문이었다. 당시를 회고하면, 힘들었다기보다는 가장 왕성하게 활동했고 재미있었던 시간으로 기억한다.

그때부터 나는 자극이 필요할 때마다 목표를 일깨우곤 했다. 이 방법은 강력하고도 확신에 찬 내면의 격려가 된다. 다음에 또 벽에 부딪히면, 왜 그 일을 해야 하는지를 생각하라. 사명감을 갖고 목표를 이루려고 영웅의 길에 서 있는 당신 자신을 그려보라.

[원칙 7]
약속하고 약속 지키기

2006년 어느 화창한 가을날이었다. 스테이시가 일하는 회사의 판매 책임자인 돈이라는 여성이 그녀의 인생을 완전히 바꿀 질문을 던졌다.

"혹시 금연할 생각을 안 해봤나요?"

"글쎄요. 저는 금연은 못할 것 같은데요."

스테이시는 한 번도 자신이 의지가 강한 사람이라고 생각해본 적이 없었다. 25년째 담배를 피워온 그녀에게, 흡연은 이미 습관이자 버릇이었다.

며칠 후, 건강 진단을 받으러 병원을 찾은 스테이시에게 의사가 같은 질문을 던졌다. 스테이시는 똑같이 대답했다. 그러자 의사는 그녀에게 흡연 욕구를 줄여주고, 담배 맛을 감퇴시켜 주는 챈틱스^{Chantix}라는 약물에 대해 설명을 했다.

"직장의 상사와 의사가 이렇게까지 권유하는데, 뭐라고 대답할 수 있겠어요?"

스테이시는 나와의 인터뷰에서 그렇게 말했다. 그녀는 곧 두 사람에게 담배를 끊겠다고 약속했다. 챈틱스 덕분에 금단현상은 생각보다 덜했지만, 이십오 년간 피워오던 담배를 끊기란 쉬운 일이 아니었다.

"달력에 체크했죠. 금연을 시작한 날에 표시하고, 만약 중간에 담배를 피우게 되면 시작한 날짜를 다시 표시하는 방식으로요. 정말 해내고 싶었어요."

스테이시는 직장 사람들에게도 금연 사실을 알렸다. 얼마 안 돼서 모든 사람이 그녀의 금연을 돕기 시작했다. 2007년 2월, 자메이카에서 휴가를 보내던 스테이시는, 마침내 자신이 담배와 영원히 결별하게 되었음을 깨달았다. 금연을 성원해주는 사람들이 단 한 사람도 없었고, 엄청난 애연가들로 둘러싸여 있던 자메이카에서, 단 한 번도 담배를 피우고 싶다는 생각이 들지 않았던 것이다. 그 경험 덕분에 그녀는 평생 담배를 입에 대지 않게 되었다.

몇 주 후에 스테이시의 주치의는 그녀에게 또 다른 과제를 주었다. 바로 다이어트와의 전쟁이었다.

"금연도 성공했잖아요. 이제 살도 좀 빼고 식습관도 바꿔보죠."

의사의 권유에 스테이시는 주저하지 않았다. 이번에도 그녀는 주변 사람들에게 알리고, 체중계와 같이 다이어트 과정을 눈으로 직접 볼 수 있는 기구를 준비했다. 그리고는 목표를 정했다. 그녀는 근본적으로 먹는 습관부터 바꿨다. 패스트푸드나 과자는 일절 입에 대지 않았고, 규칙적으로 운동했다.

"담배는 끊을 수 있지만, 음식을 끊는 것은 말이 안 되잖아요. 그래서 금연보다 더 힘들 거란 걸 예상했죠. 하지만, 저는 그 전보다 훨씬 강한 사람이 됐고, 어떤 것도 극복할 수 있을 거라고 믿었어요."

스테이시의 말대로 일 년이 채 되지 않아 약 30킬로그램을 감량했다. 자신과의 싸움에서 두 번째 승리를 거둔 그녀는, 자기 자신을 '할 수 없는 사람'에서 '뭐든지 할 수 있는 사람'으로 재정의했다. 모든 것을 비관적으로 생각했던 사고를 버리고 삶에 대해 긍정적인 태도를 갖게 되었다.

그리고 금연과 같은 개인적인 삶에서뿐 아니라, 업무에 대해서도 더욱 긍정적인 마인드를 갖게 되었다. 그녀는 다음 목표로 과장에서 부장으로 승진하겠다는 목표를 세웠다. 지난 몇 년 동안 자신의 업무가 판에 박힌 일이라고 비관했었는데, 생각을 바꿔 당장부터 열정적으로 일하기 시작했다. 그리고 기회가 주어질 때마다 회사에 변화를 일으키려고 노력했다. 그녀는 스스로에게 말했다.

"너 그거 아니? 넌 일 년만에 금연에도 성공했고, 살도 30킬로그램이나 뺐어. 넌 뭐든지 할 수 있다고. 승진하길 원해? 좋아, 그럼 그렇게 할 수 있어!"

스테이시는 상사에게 비즈니스 계획과 왜 자신이 승진해야만 하는

지에 대해 적은 보고서를 제출했다. 몇 주 후에 그 계획서가 완전히 묵살됐다는 소식을 듣게 되었고, 그녀는 좌절했다. 회사를 그만둘까 하는 생각도 잠시 했다. 하지만 그녀는 금연과 다이어트를 떠올렸고, 이번 일도 다시 도전해야겠다는 생각으로 바꿨다.

몇 개월 후에 스테이시는 승진에 관한 보고서를 다시 작성했다. 계획서는 수락되었고, 마침내 승진했다. 나중에 알게 된 사실이지만, 첫 번째 제출서가 거절된 이유는 시기가 좋지 않았기 때문이었다. 그녀가 승진에 실패한 건 자격이 불충분해서가 아니라 단지 좋지 않은 때에 시도했던 것이다.

그 즈음, 챈틱스를 제조하는 화이자제약에서 연락이 왔다. 스테이시에게 챈틱스의 홍보 요원이 되어달라는 것이었다. 스테이시는 금연에 성공한 후, 제약회사의 소비자센터에 전화를 걸어 훌륭한 제품을 만들어줘서 고맙다는 인사를 했던 적이 있었다. 화이자의 경영진들은 감동을 받았고, 스테이시의 허락을 구해 그녀의 사진과 경험담을 금연 용품에 담았다.

그리고 화이자제약의 대변인으로부터 금연 클리닉에서 강연해달라는 요청을 받았다. 예전에 스테이시도 참석했던 적이 있었던 그 강연 자리에서 참석자들에게 자신의 경험담을 들려주었고, 금연에 성공할 수 있도록 용기를 북돋아 주었다. 작은 약속 하나를 계기로 결국 그녀의 인생은 180도 바뀌었다.

나는 그녀에게 '벌여놓은 일 마무리 짓기'에 관해 점수를 물은 적이 있었다. 2005년의 자신에게 10점 만점에 몇 점을 주겠냐고 물었다.

"10점 만점에 4점만 줄래요. 저는 일을 벌여놓기만 하고 절대 마무리를 짓지 못했었죠. 약속은 허구헌날 못 지키고 말이에요. 그게 제 모습이었어요."

그렇다면 2007년의 자신에게는 몇 점을 주겠냐고 물었다. 스테이시가 금연과 다이어트에 모두 성공한 해였다.

"그때 정도라면 6점을 줄 수 있겠네요."

"왜 점수가 그렇게 올랐죠?"

"금연은 나 자신을 다르게 바라보는 계기가 됐어요. 긍정적인 결과를 만들어냄으로써, 나도 뭔가를 해낼 수 있다는 자신감을 갖게 됐죠. 금연에 성공하고 나니, 그런 삶의 태도를 다른 곳에도 적용할 수 있게 되었고요."

요즘 자신에 대한 그녀의 점수는 9점까지 올라가 있다. 그녀 자신도 점수가 높아진 이유에 대해서는 정확히 모르고 있었는데, 나의 연구와 조사에 따르면 이유는 간단하다. 자기 자신도 모르는 사이에 긍정적인 자아상을 갖게 되었기 때문이다.

담배를 끊게 되었을 때, 스테이시는 평소 존경하고 또 신뢰했던 사람들로부터 긍정적이고 호의적인 평가를 받았다. 체중 감량에 성공할 때쯤에도 역시 같은 평가를 받았다. 이후로 그녀는 이렇게 확실한 마무리 짓기 기술과 긍정적인 태도를 업무에 적용했다. 주변 사람들로부터 더욱 긍정적 평가를 받게 됨은 물론이고, 화이자제약은 그녀의 이런 긍정적인 삶의 태도를 더욱 굳건히 해주었다. 회사를 대신해 대중들에게 강연해달라고 부탁을 받자, 스테이시는 더욱 많은 사람에게 도움을 줄 수 있게 되었고, 이 덕분에 그들로부터 극찬을 들었다. 금연 클리닉 참석자들은 그녀가 얼마나 많은 자극을 주었고, 또 얼마나 큰 도움이 되었는지, 침이 마르도록 칭찬했다. 이런 일은 스테이시를 더욱 긍정적으로 변화시켰다.

"이젠 그 어떤 부정적인 생각도 제게 영향을 미치지 못해요. 전보다 훨씬 강한 사람이 됐죠. 세상에 불가능한 것은 없어요. 더불어 그 어떤 것도 나 자신을 지배할 수 없다는 것도 알게 됐고요."

빌리 할머니라면 스테이시가 어려운 약속을 지켜내고, 또 단호한 의지를 보임으로써 자신의 잠재력을 한층 높였다고 말할 것이다. 나와 할머니에게 있어서 그보다 더 훌륭한 성취는 없었다. 나는 시작한 일을 마무리하는 사람, 혹은 하겠다고 말한 것은 성취해내고 마는 사람에게 불가능이란 없다고 배웠다.

"약속했으면 그 약속을 지켜야지."

내가 학교 합창단이 너무 힘들어·그만두고 싶어할 때도 할머니는 같은 말을 하며, 또한 적어도 일 년은 활동하겠다는 선생님과의 약속을 지켜야 된다고 타일렀다. 할머니가 가졌던 신념 중에서 가장 중요한 것은 진실함이었다.

"진실성이 가장 중요하단다."

할머니의 말씀이 맞았다. 자기 자신을 존중할 수 있어야만 이 책에서 제시하는 여러 원칙들도 효과를 발휘할 수 있다. 진실한 행동이야말로 당신이 어떤 사람인지를 잘 설명해준다. 특히 살면서 얼마나 약속을 잘 지켰는가가 거짓말쟁이인지, 혹은 진실한 사람인지를 구분하는 척도가 될 것이다.

강조하고 싶은 말은 이것 하나다. 약속을 지키고 이행하라. 그럴 때마다 스테이시가 느꼈던 것과 같이 승리의 기쁨을 맛보게 될 것이다. 특히 고난과 역경 속에서 시작한 일을 마무리할 때, 사람은 한층 성숙해지고 또 긍정적인 자아를 갖게 된다. 그리고 인생에서 더 많은 일들을 할 수 있다.

부모가 되기 위해, 혹은 보다 멋진 삶을 위해 나쁜 습관이나 버릇을 고치는 것만큼 훌륭한 시작은 없다. 즐겨하지만, 인생에 있어서 해가 되는 그런 나쁜 습관을 포기하겠다고 다짐하라. 그리고 그 다짐을 지키고, 또 스스로를 의지력이 강하고 단호한 사람으로 재정립하라. 맥스웰 몰츠는 이렇게 말했다.

"습관이나 버릇은 말 그대로 우리의 성격이 입고 있는 옷과 같다."

좋은 습관이 됐든(사람들의 생일 기억하기) 나쁜 습관이 됐든(흡연), 그런 습관과 버릇은 자신이 누구인지를 그대로 나타낸다. 끊어야 할 나쁜 습관이 있다는 것을 알고, 이를 중단하면 자신을 바라보는 눈도 달라진다. 결심한 것을 지킬 때도 마찬가지다. 약속이나 다짐을 하고 이를 지키지 않으면, 다른 사람들에게 당신의 이미지가 흐려진다. 계획이나 프로젝트를 세워놓고 반복적으로 중도에 포기한다면, 결국 무엇이든 포기하는 사람이 되어버리는 것이다. 물론 그러면 나쁜 습관을 고치지도 못한다.

아주 가벼운 약속일지라도 이를 지키지 않으면 무의식은 이것을 기억하게 된다. 그렇게 되면 어떤 일을 할 때, 자신도 모르게 '난 할 수 없어. 난 아무것도 끝낼 수 없어. 그런 적도 없고, 앞으로도 그럴 수 없을 거야'라는 태도를 갖게 된다. 예전에 끝내지 못했던 어떤 일들을 무의식은 모두 기억하고 있다가 수시로 사기를 떨어뜨린다.

약속을 지키는 성향을 로켓 연료의 탱크, 즉 자신감이라고 가정해보자. 약속을 지킬 때마다 자신에 대한 존중감과 진실성은 높아진다. 또 자신을 신뢰할 수 있는 사람으로 여기게 된다. 작은 실수로 인한 자신감 상실도 방지해준다. 다른 사람들에게 "당신을 의지할 수 있네요"라거나 "실천력이 굉장하군요"라는 평가를 받는다면 좋지 않겠는가.

나폴레온 힐은 『놓치고 싶지 않은 나의 꿈 나의 인생』에서 성공한 사람들에 대해 이야기한다. 책에 따르면 성공한 사람들은 얼마나 힘든 과제가 되었든, 자신이 얼마나 약속을 잘 지켜내는지를 기록하고, 그 덕분에 강인한 자아상을 지켜낼 수 있었다고 한다. 그는 이렇게 말했다.

"비록 '지속'이라는 단어 자체가 엄청난 의미를 갖지는 않지만, 이것은 사람에게 있어서 철강에 포함된 탄소와도 같다."

약속하고 지키는 것은 하나의 행동 철칙이다. 내뱉은 말을 지키기 위해 억지로 자신을 꾸짖으라는 게 아니다. 꾸준히 약속을 지키는 사람이 되고 싶다면, 약속할 때마다 굉장히 신중해야 한다. 약속이 지켜지지 않는 것은 대부분 사람들이 약속을 잊어버리거나, 혹은 무시해버리거나, 또는 약속을 중요하지 않게 여기기 때문이다. 훈련을 통해 그런 나쁜 습관은 고칠 수 있다. 지금부터 그 훈련 방법에 대해 설명하면서 마무리하려고 한다.

| 약속을 지키게 해주는 시스템

성공한 기업가는 비즈니스 아이템을 구상하고, 이를 착수하고 운영하는 데에 있어서 하나의 시스템을 만들어서 철저하게 따른다.

먼저 어떤 비즈니스를 할 것인지 정하는 것부터 시작한다. 그런 다음에 이행할 계획을 세우고 각종 자원을 모은다. 마지막으로 제공할 상품이나 서비스로부터 비즈니스 컨셉을 정한다. 위와 같은 과정은 그때그때 만드는 시스템이 아니다. 성공한 기업가라면 이런 일률적인 시스템을 정해 놓고 비즈니스를 진행한다. 이런 시스템이 없으면 비즈니스의 방향을 잡기가 어렵다.

약속에도 이렇게 시스템을 적용하는 것이 좋다. 하나의 회사를 세우듯, 약속도 결국은 결과를 창출해내기 때문이다. 대부분의 약속들이 지켜지지 않는 이유는 그저 약속을 가벼운 대화거리로 생각하기 때문이다. 나의 약속 시스템은 만들기, 계획하기, 그리고 실행하기 이렇게 세 단계로 구성되어 있다.

뭔가를 약속하기 전엔 곱씹어 생각해보도록 하라. 철학가 장 자크 루소는 『사회계약론The Social Contract』에서 "약속할 때 시간이 오래 걸리는 사람일수록 더 믿을 만한 결과를 내놓는다"라고 했다. 도전이나 기회에 있어서 사람들은 너무 쉽게 약속을 한다. 또는 상대방의 문제를 듣고 곧바로 무언가를 약속한 후, 나중에 내가 왜 그런 약속을 했을까 후회하기도 한다.

대화 중에 "나 그거 잘하는 사람 아는데!"라고 말하지 마라. 그 잘한다는 사람에 대해 제대로 확인도 안한 채로 입에서 저절로 튀어나오는 대로 말하지 말라는 것이다. 빠르게 대답하는 것만이 최선은 아니다. 그런 행동이 실제로 상대방에게 도움을 주는 경우는 그다지 많지 않다. 요즘 같은 정보화 시대에는 모든 사람이 인맥을 형성하는 데에 혈

안이 되어 있다. 그저 아는 사람을 연결만 해주고, 실제로 상대방이 어떤 도움을 받게 될지는 깊이 생각하지 않는게 문제다.

그래서 약속을 지키기 위한 철칙 중에 하나는, 누군가가 고민을 털어놓는다거나, 도전해야 할 일이 생겼거나, 혹은 기회가 생겼을 때 첫 번째 대답이 약속이 되어서는 안 된다는 점이다. 그 전에 상황을 제대로 이해할 수 있도록 머릿속에서 질문들을 먼저 정리해보라. 그런 다음 조금 더 생각해 보고 또 생각해 본 다음, 그래도 내가 도움이나 좋은 결과를 가져다줄 수 있을 것 같으면 그때 약속해도 늦지 않다.

물론 그렇게 하는 것이 쉽지 않을 수도 있다. 누군가의 도움에 바로 응답하는 것만큼 성취감 있고 뿌듯한 일도 없기 때문이다. 하지만 위의 과정은 그 만족감을 잠시 미뤄둘 뿐이다. 또한 지키지 못할 약속을 하는 등의 실수를 방지하는 셈이 된다. 할 수 없는 일을 약속하지 말고, 이행할 수 없는 일은 부탁받지 않도록 해야 한다.

감정적인 상황에서 뭔가를 약속하는 것도 피해야 한다. 좋은 감정이든 나쁜 감정이든 중요하지 않다. 기분 좋은 일이 생기면 사람은 관대해지는 법이다. 지금 막 승진이 되었든, 갑자기 공돈이 생겼든, 혹은 눈에 띄는 굉장한 성취를 이뤘든 간에 쉽게 약속하면 안 된다. 그럴 때는 뇌 속에 도파민과 엔돌핀이 가득 차 있다. 그래서 기쁨을 여기저기 흩뿌리고 싶고 알리고 싶어진다. 결국 이런 상황에서 하는 약속은 지키지 못할 확률이 매우 높다.

우울할 때 역시 그 상황을 벗어나고 싶어 뭔가를 약속하게 되는 경우가 많다. 굉장히 단호하게 어떤 의지를 다질 때, 당장의 우울함은 잠시 잊혀질 수 있다. 그러나 그 나쁜 상황이 잠시 완화된 것처럼 느껴질지라도, 그건 삑삑대는 알람의 중지 버튼을 누른 것과 다를 게 없다. 얼마 안 있어 우울함은 되돌아온다. 감정적일 때는 그런 기분 상태에서 벗어나기 전까지 약속을 해서는 안 된다. 결국 더 많은 실수를 만들어낼 뿐이다.

상대방의 의견에 동의하는 것도 일종의 약속이다. 가끔은 단호하게 "아니오"라고 말하는 것도 필요하다. 지금까지는 나 자신이 하는 약속에 대해 설명했다면, 지금 말하는 상대방에게 동의함으로써 하게 되는 약속은 조금 달라 보인다. 그러나 따지고 보면 우리가 만들어내는 많은 약속들은 대부분 상대의 의견에 동의하는 형태로 이뤄진다. 뭔가를 해달라는 부탁에 동의하는 순간 약속이 만들어지듯 말이다. 그러면 그것에 대해 책임져야 하며, 특정한 역할을 맡게 된다.

나중에 그 다짐이나 약속을 지키지 않으면, 바로 약속을 어긴 사람이 된다. 이 때문에 누군가 어떤 일이나 상품에 대해 제안해오면, 받아들이기 전에 신중해야 한다. 내가 과연 그 일을 해낼 수 있을까에 대해 생각해보고, 시간적 여유가 있는지도 생각해봐야 한다. 확신이 서지 않는다면 수락하지 말고 조언을 구해도 좋다. 결국 그 일을 할 수 없을 것 같다면, 언제든 "아니오"라고 말해야 한다. 그리고 왜 그 제안을 받아들일 수 없는지 명확히 설명해야 한다. 어쩔 수 없는 상황이라고 꽉 찬 자신의 스케줄을 보여주며 설명할 수도 있다.

일단 약속하게 되면 이를 수첩에 적어둬야 한다. 그렇지 않으면 잊어버린다. 사람들은 우리가 생각하는 것보다 훨씬 더 자주 뭔가를 하겠다고 말하고 잊는다. 나중에 가서 "깜빡했어요"라든가 "기억나지 않아요"라는 말로 약속 어긴 것을 무마시킬 수는 없다.

회의 중이라면 수첩에 각종 약속 및 다짐 등을 기록해둬라. 나의 경우 회의하러 갈 때는 반드시 수첩을 갖고 간다. 페이지 맨 위에는 회의 제목과 당일 날짜, 그리고 참가자 등을 적는다. 그리고 종이를 세로로 반으로 접어 뒷장이 앞으로 오게끔 한다. 그 부분에는 내가 하는 각종 약속이나 다짐 등을 적어 넣는다. 이렇게 하면 회의 때 휘갈겨 쓴 메모 사이에 섞여 자칫 잊어버릴 수도 있었던 약속도 말끔히 챙길 수 있다.

그리고 약속한 사람에겐 이메일을 보내서 약속 내용을 확인하도록 한다. 특히 그 일에 소요될 시간과 현실적으로 가능한 결과 등을 미리 확실하게 해둬야 문제가 없다.

기상청이 정확한 날씨 예보를 위해 노력하는 것만큼 신중을 기하라. 그 일과 관련된 다른 사람들에게도 마찬가지로 약속을 확실히 해두고 자신이 한 약속으로 다른 사람들이 어떤 기대를 하게 될지도 고려해야 한다. 가령 그들이 원하는 성공이란 과연 어떤 모습일까? 비상 상황이 발생할 가능성은 없을까? 아무런 조건 없는 약속인가? 이런 식으로 고민하여 상대방이 원하는 결과를 이끌어내는 게 굉장히 중요하기 때문에 반드시 이같은 질문을 자기 자신에게 던져봐야 한다.

결과가 상대방의 기대에 못 미칠 경우, 두 사람 사이는 불편해지기 마련이다. 이 때문에 상대방이 지나치게 높은 기대를 갖고 있다는 것을 깨닫는 순간, 그 즉시 바로잡아주어야 한다. 내가 내놓는 결과와 상대방이 기대하는 결과의 차이가 클수록 상황은 더 나빠진다. 약속하고 나면, 이것을 어떻게 실행할지 생각해보라. 약속했다면 그 즉시 이행할 계획을 세워야 한다. 만약 시간이 명확하게 주어지지 않은 경우에는 '가능한 한 당장' 지켜야 할 약속으로 생각하라. 노먼 빈센트 필은 말했다.

"약속은 극장 안에서 울어대는 아기들과 같다. 요컨대 당장 해결해야 한다."

따라서 가능하다면 생각했던 것보다 조금 일찍 약속을 이행하라. 달력에 마감일을 표시해 놓는 것도 좋은 방법이다. 특별히 복잡한 약속들은 세세하게 떼어내어 각각의 일들에 대해 마감일을 정해 놓자. 예를 들어 업계 소식지에 기사를 쓰기로 약속했다면 조사, 개요 잡기, 초안 짜기, 작성하기 등과 같이 세세하게 분류해서 각각 마감 시간을 정해 놓는 것이다. 이렇게 해놓으면 진행 상황을 보다 쉽게 파악할 수 있을 뿐 아니라, 마감 전날 밤을 새워 일하지 않아도 된다. 물론 부실한 결과도 절대 안 내놓게 될 테고 말이다.

그리고 약속에 대한 결과를 상대방에게 전달한다. 생각보다 어려운 작업이었어도 내색하면 안 된다. 자발적으로 한 약속이었음에도 불구하고 이를 해내는 데 어려웠다며 불평을 늘어놓지 마라. 왜냐하면 자신이 얼마나 약속을 형편 없게 생각하는지 그대로 드러내는 꼴이 되기 때문이다. 그러면 자신이 베풀었던 호의는 불평불만으로 상쇄되고, 일을 잘 마무리하는 사람이 아니라 불평쟁이로 낙인 찍힐 뿐이다.

상대방의 요구에 잘 부응했는지를 검증함으로써 모든 약속을 마무리한다. 제대로 지켜지지 않은 약속은 안 지켜진 약속이나 다름없다. 약속은 확실히 지켰거나 혹은 안 지켰다고만 판단된다. 결코 중간은 없다. 위의 시스템은 약속을 만들고, 이를 관리하고, 또 지켜내는 데 있어 최고의 방법이다. 이 시스템을 잘 활용할수록 약속을 지키는 확률은 점점 높아질 것이다.

| 끈기 기르기

가끔 약속을 까먹거나 혹은 중요하게 여기지 않아서 약속을 어기는 경우가 있다. 앞서 언급한 시스템이 그런 원인들을 바로잡아 줄 수 있다. 그러나 지키지 못하는 대부분의 약속들은 무엇을 잘못해서 일어나는 것이 아니라, 예측하지 못한 어려움이나 장애물 때문에 약속을 어기게 된다.

그러나 사실, 그런 예측할 수 없는 어려움도 실제로 존재한다기보다는 우리가 마음으로 만들어내는 산물이다. 우리는 어려움이 닥칠 때마다 자주 '불가능'이라는 딱지를 붙인다. 그래서 시간이 지날수록 해낼 수 있을 것 같은 일이 점점 더 줄어든다. 끊임없는 노력을 통해 성공을 거둔 위대한 사람들을 떠올려보라.

"정신력과 끈기가 있으면 무엇이든 해낼 수 있다"

- 벤저민 프랭클린

"실패한 많은 사람은 자신들이 성공에 거의 도달했다는 사실을 깨닫지 못해서 포기하고 만다."

- 토머스 에디슨

"자신의 성공은 두뇌 덕분이 아니라, 발생한 문제를 해결하려고 끈기 있게 노력했기 때문이다."

- 알베르트 아인슈타인

이 세 사람은 모두 끈기 있게 노력하고 또 노력했다. 그러면서 실패를 이겨내는 습관을 들였고, 중간에 그만두는 행위는 그야말로 최후의 방책이었다. 이들 외에도 끈질기게 자신의 일을 지속해온 사람들을 조사해보았다. 그 결과 끈기를 기르는 몇 가지의 방법을 발견할 수 있었다.

우리는 간혹 너무 감정이 앞서서 그만두고 싶어질 때가 있는데, 그럴수록 더욱 이를 악물고 딱 한 단계만 더 나아가자고 마음을 먹자. 한

번만 더 시도해보고, 하루만 더 버텨보자고 생각하는 것이다. 에디슨의 말처럼 대부분은 한 걸음만 더 나아가면 문제를 해결하거나 혹은 결과에 거의 이르게 된다. 또 이것을 통해 새로운 활력을 얻게 되고 말이다. 때로는 헛수고가 될 수도 있지만, 그것은 해보지 않고서는 알 수 없는 일 아닌가.

만약 헛수고가 될 것처럼 보여도 다른 방법을 적용해서 다시 한 번 시도해보라. 한마디로 여전히 결승선을 향해 가되 조금 다른 경로를 이용하라는 말이다. 다른 사람들은 이런 일을 어떻게 처리했을까 고민하고 그들의 방법을 따라해봐도 좋다. 이전에 묵살했던 방법들을 이번 기회에 다시 시도해라. 밑져야 본전 아닌가.

그리고 일을 마무리하기 위해 자신의 무의식을 활용하는 것도 좋다. 거울을 보고 스스로에게 활력을 불어넣는 말을 해보자. 자신의 눈을 바라보며 자신이 했던 약속을 크게 말한다거나, 혹은 일을 성취했다고 가정하고 수상 소감을 말해보는 것이다. 가끔 약속을 지키는 데에 큰 도움이 될 만한 중요한 정보를 잊어버리거나, 일의 범위가 얼마나 되는지에 대해 깨닫지 못하는 경우가 많다. 그러나 무의식은 이를 기억했다가, 갑자기 튀어나와 일을 해결하는 데 도움을 준다. 정말 간단한 문제 해결 방법이나 상황, 아이디어 등이 갑자기 떠오를 때가 있을 것이다. 무의식은 뇌 속에 있는 하드 드라이브와도 같다. 온갖 방법들을 저장해두었다가 필요할 때 이를 꺼내 쓸 수 있게 해준다.

장애물을 극복하기 위해 창의적인 대안을 생각해내야 할 때도 있다. 약속할 때 가끔 자신의 창의력을 너무 과대평가하거나 혹은 주변 상황을 과소평가할 때가 있을 것이다. 창의력은 간혹 사람을 정신적·육체적으로 힘들게 만들기도 한다. 이럴 때에도 무의식은 큰 도움이 된다. 영국의 코미디언이자 교수인 존 클리스Joen Cleese는 무의식을 활용하는 방법을 밝혔다. 그것은 바로 자신의 무의식에게 수행할 과제를 주고 잠자는 것이다. 가끔 영화 대본이나 코미디 프로그램을 구상하다가 일이 꽉 막혀 버릴 때 그는 잠시 일을 제쳐두고 잠을 청했다. 그리고 자신에게 "문제를 해결하라"고 명령을 내려두고 나면 다음 날 잠에서 깨었을 때 일이 해결됐다.

그런데 사실상 우리가 장애물이라고 여겼던 것이 애초에 문제 자체가 아닌 경우도 많다. 심신이 지쳐서 뇌운동이 무뎌져 단잠이 필요했을 뿐인 경우가 많은 것이다. 클리스는 이 방법을 활용할 때, 어느 정도는 일을 진행해놓아야 한다고 충고한다. 즉, 그 일을 해결하기 위한 어느 정도의 조사를 마쳐놓고, 최대한 노력을 사전에 해봐야 편하다. 아무것도 해놓지 않고 단지 잠을 청하는 것만으로는 문제를 해결할 수 없다. 할 수 있는 만큼 온 힘을 다해 놓으면, 무의식이 나머지 빈 부분을 해결해줄 것이다.

나는 무의식을 활성화시키기 위해 이 방법을 조금 변형해서 적용해보았다. 간혹 뭔가 창의적인 아이디어를 떠올려야 하는데 생각나지 않을 때가 있다. 그럴땐 컴퓨터에서 잠깐 멀어져 산책하거나 근처를 어슬렁거린다. 또는 해결해야 할 문제에 대해 혼자 중얼거리며 마당을 쓸기도 한다. 그러다 좋은 생각이 떠오르면 주머니 속에서 수첩을 꺼내 즉시 적어내려 간다.

힐과 브리스톨 역시 이런 방법에 대해 조언을 했다. 머릿속으로는 계속 의식하되 일할 때는 생각하지 않고 가볍게 하는 것이다. 이를 반복하면 나폴레온 힐이 말하는 '무한 지식' 상태에 도달할 수 있게 된다. 내가 지금 도전해야 할 일을 인생 일대의 목표를 이루기 위한 과정의 예행연습이라고 생각함으로써, '해야만 하는' 일을 '기꺼이 해야 할 일'로 전환하는 방법이 있다.

원대한 꿈을 쫓는 태도로 약속을 지키려고 노력하라. 그 둘이 얼마나 연관되어 있는지를 나중에 깨닫게 될 것이다. 심호흡을 크게 하고 본인에게 이렇게 말하라.

"나는 강인함을 기르기 위해 이 어려운 일을 꼭 해내고 말거야. 불가능한 일을 해냈을 때, 얼마나 쉽게 그 상황을 극복했는지 기억해두겠어."

마지막으로 모든 방법이 실패했을 때는 약속 지키기 파트너를 구하는 것도 좋다. 만약 나쁜 습관을 고치고 싶다면 더 많은 사람에게 당신의 다짐을 알려라. 이를 통해 든든한 지원을 받을 수 있다. 예를 들어 공원주차장에 숨어 몰래 담배를 피우고 싶을 때, 친구가 나타나서 금연하기로 했지 않느냐며 일깨워준다면, 담배를 바로 꺼버릴 수밖에 없을 것이다.

비즈니스 약속도 마찬가지다. 파트너, 관리자, 또는 직장 동료까지 모두 당신이 결심을 지켜낼 수 있도록 확실히 밀어주는 지원군이 될 수 있다. 원한다면 당신을 위해 기꺼이 노먼 빈센트 필 박사가 되어줄 것이다. 지원군이 있으면, 그의 균형 잡힌 시각도 얻을 수도 있다. 나의 경험상 불가능해보였던 일이 사실은 별일이 아닐 수 있기 때문이다. 무의식적으로는 알지만 실제로는 깨닫지 못한 간단한 해결책도 그런 지원군들이 제시해줄 수 있다. 또한 그들은 내가 알지 못했던 나의 또 다른 안 좋은 버릇도 지적해줄 수 있고 말이다.

내가 겪고 있는 문제를 누군가와 이야기하는 것만으로도 에너지를 얻고 재충전할 수 있다. 끈기를 기르는 것을 마치 내 인생에서 최고로 중요한 프로젝트 중의 하나라고 생각해보라. 일을 마치는 것만큼이나 중요한 건 없다고 느낄 것이다. 이 세상에서 끈기를 대체할 만한 것은 없다. 재능이 끈기를 대신할 수 없다. 재능이 있어도 성공하지 못한 사람이 세상에 너무 많지 않은가. 아무리 천재여도 마찬가지다. 아무런 보람도 얻지 못한 천재들 역시 흔하게 널렸다. 교육도 역시 끈기를 대신할 수 없다. 세상에 좋은 교육을 받은 잘난 사람들이 얼마나 많은가. 끈기와 투지만이 무한한 능력을 발휘할 수 있게 해준다. '끝까지 밀어붙이자'라는 정신은 인류의 어떤 문제도 해결해왔고, 앞으로도 해결해나갈것이다.

| 내뱉은 말에 책임지기

우리는 무엇을 그만두는 행위가 미칠 파급효과에 대해서 잘 생각하지 않는다. 상황이 바뀌었으므로, 이젠 그 약속은 유효하지 않을 거라며 자기 합리화한다. 이것은 사실 상황을 부인하는 것이다. 약속 지키기의 달인이 되려면, 그렇게 책임감을 대충 정의해버리는 사고방식을 고쳐야 한다.

약속을 지키지 못함으로써 치러야 할 대가에 대해 준비가 되어 있다면, 어느 정도는 책임감이 있는 편이라고 할 수 있다. 그러다보면 서서히 책임감에 대해 배울 수 있기 때문이다. 약속을 지키지 않음으로써 내가 치러야 할 대가를 생각할 때는, 약속의 근원만을 고려해야 한다. 즉, 나 자신을 위해서 약속을 지켜야지, 나와 약속한 사람 때문에 약속을 지켜서는 안 된다. 약속을 지킬지 혹은 그만둬야할지를 고려할 때, 상대방이 누구냐에 따라 결정이 달라져서는 안 된다. 이같은 태도는 굉장히 모순적일 뿐더러 자기 자신에게도 부정적인 영향을 미친다.

일반적으로 사람들은 약속한 사람이 내게 얼마나 중요한가에 따라서 약속을 지키기 위해 노력하는 정도를 결정한다. 가령, 회사 사장님이나 교회의 목사님, 혹은 친한 친구처럼 자신이 존중하는 사람과 약속했다고 하자. 하지만 그 약속을 지키기가 매우 어려워 보인다. 그럼 당신은 약속 지키기를 과연 포기할까? 당신에 대한 이 사람들의 평가가 정말 중요한데도? 이럴땐 아마도 어떤 어려움이 닥쳐도 약속을 지킬 가능성이 크다. 반면, 좀 더 가벼운 관계에 있는 사람과의 약속이나 혹은 직장의 가장 낮은 계급에 있는 사람과의 약속을 생각해보자. 역시 이번에도 약속을 지키기 굉장히 어려워 보이는 상황일 때, 당신은 이 약속을 지키기 위해 얼마나 노력할까?

처음 예를 들었던 사람들처럼 엄청나게 중요한 사람들과의 약속과, 두 번째 예처럼 그다지 중요하지 않은 사람들과의 약속을 포기하게 될 시점은 과연 얼마나 차이가 있을까? 그 차이를 좁히는 게 매우 중요하다. 실전연습을 통해 차이를 좁히고, 상대가 누가 됐든 간에 언제나 끈기 있게 약속을 지키려고 노력해야 한다.

어떤 일을 포기하고 싶어질 때, 미래의 나를 머릿속에 그려보라. 미래의 나는 시작한 일은 무조건 마무리 짓는 성실하고 진실된 사람으로 회자되고 있을까? 아니면 무엇이든 포기해버리는 형편없는 사람으로 기억될까? 안타깝게도 그 중간쯤 가는 사람은 거의 없다고 봐도 무방하다. 때문에 어떤 일을 중도 포기해버림으로써 치르게 될 대가를 진지하게 생각해봐야 한다. 나라는 사람이 내뱉는 말이 얼마나 진실한지에 대한 여론이 조성되는 데에는, 앞서 예를 들었던 '덜' 중요하다고 여기는 사람들도 엄청나게 중요한 사람들만큼이나 크게 영향을 미친다. 하지만 앞서 말했듯이 그 사람들을 위해 약속을 지켜야 하는 것이 아니다. 약속은 나 스스로를 위해 지키는 것이다.

무의식은 약속을 지킬 때마다 이것을 기억한다. 그리고 그 무의식은 알게 모르게 자아상을 형성하는 데에 지대한 영향을 미친다. 내뱉은 말에 책임지는 사람이 되는 방법 중에 하나는, 바로 약속의 결과와 지키지 않을 때 치르게 될 대가에 관계없이 약속을 이행하는 것이다. 어떤 일을 하겠다고 약속하고 보니, 투자할 시간과 노력에 비해 매우 미미한 결과를 낳게 되는 경우도 있겠지만 결과에 상관없이 약속을 수행하라. 섣부른 약속으로 인해 엄청난 괴로움을 겪게 되더라도, 이를 지킴으로써 책임감을 기를 수 있다. 또한 약속할 때에는 더욱 신중해야 한다는 교훈을 얻게 될 것이다. 무의식은 그런 기억을 모두 저장해뒀다가 또 같은 실수를 저지르려고할 때 이를 제지해준다.

나에게도 비슷한 경험이 있었다. 당시 나는 실리콘 밸리에 살았는데, 그곳은 사업 아이디어로 넘쳐나는 사람들이 가득 찬 곳이었다. 그곳에서 만난 친구 중에 하나가 '닷컴' 기업에 대한 사업 구상을 하고 있었는데, 나는 그 친구에게 비즈니스 계획을 구상하는 일과 투자자를 모으는 업무를 돕겠다고 말해버렸다. 제법 진지하게 사업을 구상중이었던 그 친구는 내 제안을 받아들였고, 비즈니스 계획서의 가장 첫 문장부터 예상 비용, 수익 계산서까지 모든 단계마다 내가 함께하기를 원했다. 그때까지만 해도 내가 그 일에 그토록 많은 시간과 노력을 투자하게 될 줄은 꿈에도 상상하지 못했다.

그때 당시, 검증되지도 않은 단순한 사업 아이디어를 들고 투자자를 찾아다니기란 생각처럼 쉽지 않았다. 당시엔 과제도 내팽개치고 친구 일을 도왔다. 몇몇의 사람들이 투자에 관심을 보였지만, 몇백만 달러를 투자하기엔 친구가 경험이 너무 부족하다며 이내 제안을 철회했다. 당장 내뱉은 말을 취소하고 싶었지만, 나는 자기 자신에게 '이 위기를 벗어날 방법은 단 한 가지야. 그가 포기할 때까지 계속 그를 도와야 해'라고 말하곤 했다. 수십 번의 회의와 셀 수도 없는 많은 날이 흐른 후에 친구는 마침내 사업을 포기했고, 원래의 직장으로 돌아갔다.

그 이후로 나는 무엇이든 약속하는 데에 굉장히 신중해졌다. 그 약속이나 다짐이 얼마나 많은 노력과 시간을 필요로할지, 그 일의 실행 가능성은 얼마나 되는지를 미리 가늠하게 된 것이다. 그때의 경험이 없었더라면, 나는 여전히 내가 누구든 도울 수 있을 거라고 착각하며 여기 저기 도움의 손길을 내밀었을 것이다.

약속을 어길 경우엔 온갖 당혹스러움과 어색함을 감당해낼 준비를 해야 한다. 우선 약속했던 당사자를 직접 만나 솔직히 말하자. 이메일이나 음성 메시지 등으로 하지 말고, 그 사람과 직접 얼굴을 마주하고 이야기해야 한다. 굉장한 곤욕을 치르게 될지도 모른다. 실시간으로 당사자로부터 쓴 소리를 듣게 될 것이고, 그 탓에 엄청난 마음의 상처를 받을 수도 있다. 그러나 덕분에 앞으로는 지키지 못할 약속을 하는 일은 없을 것이다.

변명하거나 다른 뭔가를 탓하면 상황은 결국 더 복잡해진다. 사실을 그대로 말하고 모든 책임을 감당하며 무조건 사과하자. 약속한 일을 중도 포기하기로 마음먹었다면, 바로 지체 없이 보고하도록 한다. 일분 일초가 흐를수록 지키지도 못할 약속을 질질 끌면서 거짓말하고 있는 꼴밖에 되지 않는다.

약속을 지키지 못하게 될 경우엔 그에 대한 보상을 제시해야 한다. 설령 그 상황이 마감 시간을 조금 늦추게 되는 단순한 경우라 해도, 이는 원래의 약속을 어긴 것이다. 만약 약속된 기한보다 일주일 정도 시간이 더 걸릴 것 같다면, 보수를 조금 덜 받겠다고 말하거나 혹은 만회하기 위한 다른 제안을 해야 한다. 만약 한 사람 혹은 단체와 여러 가지의 약속을 해놓은 상황이라면 나머지 약속에 대한 결과는 계획보다 일찍 내놓도록 하라. 약속을 어기면 항상 그에 대한 대가를 치러야 한다는 걸 깨닫는 순간, 앞으로는 약속을 지키는 데에 더 많은 노력을 기울이게 될 뿐 아니라, 더욱 끈기 있는 태도로 삶에 임할 것이다.

🏆

2004년 어느 날, 나는 기념품 상자를 정리하다가 뉴멕시코 주의 로스웰이라는 동네 체육대회에서 받은, 2등 수상이라고 적혀진 리본을 발견했다. 그 헤지고 낡은 리본을 손에 쥐는 순간, 그때의 기억이 생생하게 떠올랐다. 내가 자라던 동네에서는 학창 시절에 인기를 얻기 위해, 혹은 원만한 사회생활을 위해 운동 능력이 탁월해야 했다. 운동을 잘하면 모임에 소속될 수 있었던 것이다.

어린 시절, 작고 말랐던 나는 스포츠 경기에서 다른 친구들과 경쟁할 만큼 좋은 체력을 갖추지 못했다. 게다가 당시에 기관지 질환 때문에 '쌕쌕이Wheezer'라는 별명도 갖고 있었다. 정말 나름대로 8학년 내내 시도해보지 않은 운동이 없었다. 미식축구팀에 소속돼 있을 때는 단 한 번도 점수를 얻지 못했고, 농구팀에서는 일주일 만에 쫓겨났다. 그해 겨울, 마지막으로 시도한 운동이 바로 육상이었고, 나는 달리기 종목을 택했다.

호이 코치는 지난해 동네 경기에서 쉽게 금메달을 따낸 버디 허토라는 선수가 있었기 때문에 교내 달리기 선수가 이젠 필요 없다고 했다. 그러나 예비 선수 자리는 비어 있었다. 호이 코치는 '한번 이 쌕쌕이한테 맡겨볼까?'하고는 나를 입단시켰다. 연습 경기 중에 처음 100미터 정도는 그 버디라는 친구를 따라잡을 수 있었지만, 나머지 거리는 도저히 고통스러워서 뛸 수가 없었다. 400여 미터 되는 트랙 네 바퀴를 도는 데에 때로는 20분이 넘게 걸렸지만 아무도 신경 쓰는 사람이 없었다.

나는 실력은 형편없었지만 팀을 따라 전지훈련도 갔고, 지역 경기가 있기 전에 열렸던 총 다섯 번의 체육대회에도 참가했다. 매 경기마다 나는 제대로 된 경기력을 보여주지 못했다. 내가 세 번째 바퀴를 돌 때에 다른 선수들은 경기를 모두 마쳤거나 혹은 마지막 바퀴를 돌고 있었다. 가끔은 나보다 한 바퀴 앞선 친구의 꽁무니를 쫓아 뛰기도 했다. 그럴땐 너무나 창피해서 모두가 경기를 마칠 때쯤엔 나도 뛰는 걸 멈춰 포기하곤 했다. 눈에 띄기 싫었기 때문이다.

텍시코에서 열렸던 체전에 참가했을 때에는, 경기를 마치고 나서 2등 리본을 받았다. 아마도 착오가 생긴 모양이었다. 하지만 나는 겨우 세 바퀴밖에 돌지 않았다고 솔직하게 말하는 대신, 메달을 받고 기뻐했다. 그러자 호이 코치가 다가와 말했다.

"쌕쌕아, 그 리본 얼른 갖다줘라."

내 평생에 그 리본을 심사위원단에게 돌려줄 때만큼 창피했던 순간은 없었을 것이다. 우리 팀원들은 나를 별로 좋아하지 않았다. 중도 포기하는 사람을 좋아하는 사람이 어디 있겠는가. 그런 사람이 같은 유니폼을 입고 한 팀에 속해 있다면 누구나 미워하기 마련이다. 심지어 나는 '3분의 1 달리기 선수'라는 새로운 별명도 얻었다. 나는 항상 놀림감이었고, 라커룸에서 수건으로 맞거나 혹은 벤치 끝에 결승선 테이프로 감기는 등 괴롭힘을 당했다.

지역 경기가 열리는 날, 팀원 중의 한 사람은 내 유니폼 안에 호랑이 연고를 덕지덕지 발라 놓으면 웃길 거라고 생각했나보다. 호랑이 연고는 몸에 바르면 열을 내어 근육을 완화시키는데, 특히 햇볕 아래에선 그 효과가 더욱 강력해진다. 그 더운 여름날, 나는 뙤약볕 아래에서 온 몸이 불타오르는 듯한 느낌을 받으며 달려야 했다. 달리기는 그날의 마지막 경기였다. 처음 시작은 매우 좋았다. 하지만 언제나 그렇듯 아드레날린 분비가 줄어들면서 나는 점차 뒤처지기 시작했다. 계속해서 달리기가 너무 힘겨워졌다. 결국 달리다가 멈춰서 기침하고, 또 걷다가 다시 달리다가 기침하고 그러기를 반복했다.

내가 세 번째 바퀴를 거의 다 돌았을 때쯤 나머지 친구들은 경주를 모두 마쳤고, 대회가 거의 마무리됐다. 하지만 그때, 나는 멈추지 않고 계속 달렸다. 적어도 한 번쯤은 경주를 제대로 마치고 싶었다. 어디선가 빌리 할머니의 목소리가 계속해서 들리는 듯했다.

"나폴레옹은 '중도 포기자는 절대 이길 수 없어. 그리고 승리하는 사람은 절대 중간에 포기하지 않아'라고 말했단다."

우리 팀은 내가 한 바퀴 더 돌 때까지 약 10분 정도는 기다려줄 것 같았다. 직선 코스를 간신히 지나갈 때쯤, 나는 일부러 관람석이 아닌 텅 비어 있는 잔디밭 쪽으로 고개를 돌렸다. 나를 놀려대고 있을 사람들을 보고 싶지 않았기 때문이다. 그저 경기를 끝마치고 싶었다.

그런데 코너를 돌아서 결승점에 거의 다다랐을 때, 관중석으로부터 환호성이 들리기 시작했다. 우리 팀원들이었다. 모두 일어서 있거나 혹은 방방 뛰면서 나를 응원하고 있었다.

"달려! 쌕쌕아!! 달려!!"

내 인생에서 그렇게 빨리 달려본 적은 한 번도 없던 것 같다. 내가 더 힘을 내서 열심히 달릴수록 그들은 더 열광적으로 환호했다. 경기

위원 두 사람이 달려와 나를 위해 결승 테이프를 들어주었고, 테이프를 끊으며 결승점에 들어오는 순간 나는 그야말로 자리에서 쓰러지고 말았다. 온 몸이 천근만근 무거웠고, 간신히 숨을 쉬었으며, 넘어져서 무릎에 피멍이 들었다.

평소엔 고약하게 굴던 친구들이 그날만큼은 따뜻한 마음과 동정 어린 시선을 보내주었다. 트랙에 모두 내려와 일렬로 서서 나와 악수하고, 등을 두드리며 수고했다고 말해주었다. 내 몸의 두 배에 달하는 거대한 몸집의 우리팀 투포환 선수는 나를 어깨에 태워 버스까지 데려다 주었다. 나는 왕따들이 흔히 앉는 자리인 운전기사 바로 뒷자석에 앉았다. 평소엔 혼자 앉았지만, 그날은 우리팀 주장이 내 옆에 앉았다. 주장은 대회에서 평소와 마찬가지로 다섯 개의 1등상과 한 개의 2등상을 거머쥐었다. 그는 미식축구팀의 쿼터백이자 학교의 우상과도 같은 존재였다. 집에 도착할 즈음에 주장은 내 쪽으로 고개를 돌리더니 말했다.

"손좀 뻗어봐."

나는 또 어떤 괴롭힘을 당할까 조금 두려웠지만, 오른손을 슬쩍 내밀었다. 왠지 조금은 용기를 얻은 날이었기 때문이다. 그는 주머니를 부스럭거리더니, 자신의 2등상 리본을 꺼냈다. '지역'이라고 선명하게 새겨진 리본이었다.

"오늘 쌕쌕이 네가 정말 자랑스러웠다."

주장이 내 손에 리본을 쥐어주곤 활짝 웃으며 말했다. 나는 대답도 못한 채 침을 꿀꺽 삼켰다.

"오늘 네가 어떤 사람인지 확실히 보여줬어. 이 리본은 네 거야. 지난번에 텍시코에서 받은 리본은 돌려줘야만 했었잖아. 이거 받아. 너야말로 오늘의 승리자야."

30주년 기념 동창회에 참석했을 때, 나는 재클린을 동창들에게 소개했었다. 그들 중에 몇 명은 그녀에게 '쌕쌕이가 멈추지 않고 달렸던 그날'의 추억을 들려주었다. 그날의 경험은 친구들에게 강렬한 인상을 남겼을 뿐 아니라, 클로비스에서의 내 학창 시절에도 전환점이 되었다. 유니폼에 호랑이 연고를 발랐던 녀석은 이후에 내가 오 년간 학교 회장을 할 때, 기꺼이 내 오른팔이 되어주었다.

나의 이 경험 속에 시작한 일을 마무리함으로써 얻는 각종 예기치 못한 이득과 성취가 있다. 첫째, 약속을 지키고 그대로 행하자. 둘째, 끈기와 고집만 있으면 어떤 사람이든 내 편으로 만들 수 있다. 셋째, 맞선 상대가 누가 됐든 간에, 지각이 있는 존재라면 끈기와 투지에 응답하지 않을 수 없다. 넷째, 아무리 헛되거나 이루기 어려워 보여도 한번 내뱉은 약속을 지킨다면, 인간관계의 승리자가 될 것이다. 나아가 의심으로 가득한 사람들도 설득할 수 있게 되고, 또 나에게 손가락질하며 험담을 늘어놓았던 사람도 나를 응원하는 사람으로 바꿔놓을 수 있다.

내 이야기가 여러 매체를 통해 소개됐을 때, 무엇이든 실천하는 사람이라는 명성을 빠르게 얻게 됐다. 대부분의 많은 사람은 약속을 설정하고 이를 지키기가 조금이라도 어려워지면 곧 포기하곤 한다. 하지만 내게 있어 나의 모든 윤리는 학창시절에 형성된, 혹은 자극받은 산물이다. 결승점을 마지막으로 골인했지만, 결국 승리의 리본을 들고 집에 돌아간 한 작은 아이의 그 경험 말이다.

행복의 고리 안으로 첫 걸음 내딛기

지난 몇 년간 이 책을 쓰기 위해 머나먼 여정을 떠났었다. 그러는 동안 생각보다 훨씬 심오하게 가족 이야기를 파헤치게 됐다. 빌리 할머니가 가르쳐준 교훈을 하나하나 떠올리며, 그것들이 내게 어떤 의미였는지 곱씹어볼 수 있었다. 문제 투성이였던 유년 시절과 아버지의 죽음에 대해서도 다시 생각해볼 수 있었다.

또한 나와 빌리 할머니에 대한 놀라운 점을 발견했다. 난생 처음으로 그녀와 나의 운명적이고 특별한 관계에 대해서 깨달은 것이다. 우리는 그야말로 서로에게 의존하는 사이였다. 내가 힘들 때마다 그녀가 내 곁에 있어주었던 것처럼, 나 역시 그 옆에 있음으로써 빌리 할머니의 인생을 바꿔놓았고, 또 풍요롭게 만들어주었다.

클로비스로 돌아갈 때마다, 혹은 공항에서부터 차를 몰고 집으로 돌아갈 때마다, 나는 텍사스에 있는 그 워터 타워에 들르곤 한다. 그곳은 나를 무조건 사랑하고 아껴준, 새엄마 빌리 할머니를 만난 장소다. 나는 그곳에 들르면 사진 몇 장을 찍고, 잠시 회상에 잠긴다. 할머니를 만나면, 내가 그 워터 타워를 볼 때마다 그녀에게 얼마나 감사하는지를 말하곤 한다. 그러면 할머니는 귀를 쫑긋 세우고는 내 이야기를 들어준다. 몇 년 전, 그 워터 타워가 마치 내 인생에 두번째 기회와도 같았다고 말했더니, 그녀는 "내게도 그렇단다!"라며 진심으로 기뻐해주었다.

그때는 그게 무슨 뜻인지 잘 이해하지 못했다. 그러다 최근 깨달았다. 내가 할머니를 처음 만났을 때, 그녀는 나름대로 힘든 나날을 보내고 있었다. 1960년대 초, 그녀는 결혼의 실패로 인해 세상의 그 어떤 것도 믿지 않게 되었고 부정했었다. 당시 워터 타워에서 나를 발견하고 당신의 자식으로 키우겠다고 마음먹었을 때, 비로소 그녀는 세상의 좋은 면만을 바라보기로 다시 마음먹게 됐다. 그 후로도 몇 년 동안은 힘든 시간을 보냈을 것이다. 남편을 잃고, 재산도 잃고, 또 아들까지 잃음으로써 얻게 된 우울함과 분노는 억누르기 매우 힘들었을테니 말이다.

전기 담장으로 둘러 싸여 있던 집으로 클라렌스가 찾아왔던 날부터 할머니는 진심으로 마음의 문을 열고, 긍정적인 삶의 태도를 갖게 되었다. 바로 내가 이 책에서 설명한 것처럼 말이다. 그녀는 처음으로 혼자 할 수 없었던 농장 일을 한 남자에게 믿고 맡기게 됐다. 결과는 훌륭했다. 게다가 누군가를 믿는다는 행위 자체가 그녀에게는 굉장한 발전이었다. 그 남자에게 할머니는 얼마 안 되는 쌈짓돈까지 챙겨서 약속했던 것보다 더 많은 보수를 주었다. 돈 걱정을 하며 끙끙 앓기보다는 기회가 있을 때 남에게 베풀자는 삶의 태도를 그 일을 시작으로 갖게 된 것이다. 그때부터 "우리는 부자다"라는 미래에 대한 비전과 전망을 갖게 되었다. 빌리 할머니는 돈이 많지 않았다. 그러나 마음만은 풍요로웠다. 적어도 남들에게 베풀 정도로 풍요로운 마음이 있었다. 그날, 진정한 인생의 풍요로움을 나는 볼 수 있었다. 어른이 된 지금까지도 그날을 잊을 수 없다.

시간이 흐르면서, 빌리 할머니는 내게 많은 가르침을 주었고, 또 스스로도 항상 교훈을 얻었다. 아침마다 욕조에 걸터앉아 듣던 할머니의 자신감 수업은 손자인 나보다 본인 스스로에게도 가르침을 주는 그런 시간이었다. 물론 그저 작은 꼬맹이에 불과했던 나에게도 그때의 가르침은 의미 깊었다.

거울을 바라보며 자기 자신에게도 많은 교훈을 되뇌던 그녀를 기억한다. 세상의 무엇이 아름답고, 좋고, 또 진실된 것인지를 자신에게 되뇌던 할머니의 모습이 아직도 생생하다. 항상 마인드 컨트롤로 긍정적 태도를 유지하던 할머니에게는 유방암 같은 신체적 고통도 아무런 해를 끼치지 못했다.

빌리 할머니는 여전히 그녀가 그동안 아껴준 수많은 사람에게서 돌

봄을 받으며 살고 있다. 언제나 그랬듯 사람들에게 좋은 말을 들려주고, 주변 사람들에게 사랑을 아낌없이 표현한다. 어느덧 할머니는 내가 이 글을 쓰는 지금 올해로 95살이다. 누구보다 건강하고 누구보다 행복한 그녀다. 할머니는 내 인생을 바꿔놓았을 뿐 아니라, 더불어 할머니 역시 긍정적 삶의 태도를 갖게 됐다. 평생을 써도 닳지 않을 연료까지 충전한 로켓과도 같은 사람이 된 것이다. 할머니는 내가 책을 쓰거나 각종 강연을 할 때마다, 혹은 두 손을 맞잡고 기도 드릴 때마다 인생의 결실을 즐기며 하나님께 감사한다. 할머니는 죽음도 두려워하지 않는 완전한 삶을 살고 있다.

다른 사람들의 삶을 변화시키고, 그런 결과들이 나의 몸과 영혼까지 재충전해주는 하나의 선순환 고리를 만들며 이 책을 마치고 싶다. 빌리 할머니가 가르쳐준 철칙과 철학들을 항상 연습하고 실행하면, 모든 게 가능하다는 것을 알고 있다. 그리고 그 행복의 고리 안에 이제 독자들을 모두 초대한다. 세상의 모든 사람이 들어올 수 있을 만큼 이곳은 넓고 아늑하다.

🏆

이 책에서 설명한 것처럼, 빌리 할머니는 항상 긍정적인 태도를 유지하기 위해 생각하고, 감사하고, 나눠주고, 또 마무리할 수 있도록 나를 격려해주었다. 이런 습관은 굉장한 성과를 항상 가져다주었고, 긍정적인 평가를 해주었다. 또 내가 지금 올바른 일을 하고 있다고 느끼게 해줌으로써 자신감을 안겨주었다. 어느 날 밤, 할머니는 내게 물었다.

"사람들이 왜 성경책을 좋은 책이라고 말하는 줄 아니? 왜냐하면 좋은 일들에 대해서 알려주는 책이기 때문이지. 그리고 그 좋은 일들을 행하면 기분이 너무 좋아져서 계속 더 하고 싶어지게 만든단다. 그래서 계속하게 되고 이런 선순환이 반복되면, 그게 바로 행복한 인생을 사는 비결이란다!"

그녀는 '행복의 고리 안에서 사는 것이 지구상에 존재하는 천국'이라고 말했다.

성경의 〈야고보서〉는 '행동 없는 믿음은 죽은 믿음'이라고 말한다. 행복의 고리 안에 들어가기 위해서는 행동을 취해야 한다는 뜻이다. 그저 이 책을 다 읽는 것만으로 인생을 바꿀 수 없다. 긍정적 사고와 태도는 어떠한 철칙을 통해 규정된 것이 아닌, 자연스럽게 얻게 되는 결과이다. 여기에는 많은 노력과 자기 절제가 필요하다. 인생에 대한 전반적 태도에 대한 결정이기 때문이다.

필자는 이 책을 통해 독자들이 오늘 당장부터 실천에 옮길 수 있는 다양한 행동철칙과 방법을 제시했다. 행복의 고리 안에 발을 들여놓기 위한 첫 걸음으로 이 중에 하나를 선택해서 행동하자. 마치 빌리 할머니가 수단에 있는 그 워터 타워에서 어린 아이였던 나를 데려왔듯이 말이다. 몇 년 후, 그때의 사진을 보며 감명을 받았던 나 역시 행복의 고리 안에 발을 들여놓을 수 있었다.

나의 경우 아침마다 성경책이나 다른 좋은 책을 읽으며 긍정적 마인드를 갖기 위해 노력했던 것이 행복의 고리 안에 들어설 수 있게 된 첫 번째 단계였다. 그런 습관은 곧바로 긍정적 결과를 낳았고, 더 많은 철칙들을 연습하고 익혔다. 하나의 행동을 오랜 시간 동안 끈기 있게 해내는 것은 내 인생에 상승 곡선을 그리게 하는 데에 충분했다. 당신도 이같이 행하기를 바란다.

이 책에서 마음에 드는 원칙이나 방법 한 가지를 골라 자기 자신에게 약속하자. 그리고 파올라 쿠퍼처럼 다음 달까지 그 약속을 지켜보도록 하자. 절대 비밀리에 진행해서는 안 된다. 친구들에게 알리고, 주변 사람들도 모두 그 다짐을 알게 하자. 직장 상사에게 알려도 좋다. 원한다면 필자에게 메일을 보내 공유하는 방법도 있다. 당신의 그 약속이 무엇인지를 적어서 내게 이메일을 보내도 좋다. tim@timsanders.com

나의 다짐이나 앞으로의 계획을 여기저기에 알리면, 앞서 말했듯이 든든한 지원군을 얻게 될 것이다. 그 지원군은 다짐을 지켜낼 수 있도록 도움을 줄테고 말이다. 혹시 모르는 일 아닌가. 그렇게 계획을 공유하고 다짐을 알림으로써 다른 사람들에게 당신이 긍정의 영향을 끼치게 되는지도.

그렇게 첫 번째 발걸음을 내딛을 때, 다른 사람들이 어떻게 반응하는지, 또 당신의 인생이 어떻게 향상되는지를 적어두도록 하자. 그리고 책에서 제시한 일곱 가지 원칙에 따라 행동을 교정하기 위해 더 많은 시간을 투자하라.

자, 이제 독자 여러분도 행복의 고리 안에 발을 들여놓기 시작했다. 이 고리 안에 머무는 한, 누구나 '지구상에 존재하는 천국'을 찾게 될 것이다.

1만 년이 지나도 변하지 않는
부의 진실

초판 1쇄 발행 2012년 2월 13일
개정 2판 1쇄 발행 2019년 7월 3일

지은이 팀 샌더스(Tim Sanders)
옮긴이 권혜아
펴낸이 이범상
펴낸곳 (주)비전비엔피·비전코리아

기획 편집 이경원 심은정 유지현 김승희 조은아
디자인 김은주 이상재
마케팅 한상철 이성호 최은석
전자책 김성화 김희정 이병준
관리 이다정

주소 우) 04034 서울특별시 마포구 잔다리로7길 12 (서교동)
전화 02) 338-2411 | **팩스** 02) 338-2413
홈페이지 www.visionbp.co.kr
인스타그램 www.instagram.com/visioncorea
포스트 post.naver.com/visioncorea
이메일 visioncorea@naver.com
원고투고 editor@visionbp.co.kr

등록번호 제313-2005-224호

ISBN 978-89-6322-154-0 03190

이 도서의 국립중앙도서관 출판시도서목록(CIP)은 e-CIP홈페이지(http://www.nl.go.kr/ecip)와 국가자료공동목록시스템 (http://www.nl.go.kr/kolisnet)에서 이용하실 수 있습니다.(CIP제어번호: CIP2019023022)